Oscar saggi

Jean Illsley Clarke
Connie Dawson
David Bredehoft

Digli di no, fallo per lui!

Perché divieti e regole sono necessari ai nostri figli

Traduzione di Claudia Terraneo

OSCAR MONDADORI

Titolo originale dell'opera: *How Much Is Enough?*

I edizione Oscar saggi maggio 2008

ISBN 978-88-04-57821-5

Questo volume è stato stampato
presso Mondadori Printing S.p.A.
Stabilimento NSM - Cles (TN)
Stampato in Italia. Printed in Italy

Ristampe:

1 2 3 4 5 6 7 8 9 10 11

2008 2009 2010 2011 2012 2013

Disegni di Pauline Neuwirth, Neuwirth and Associates, Inc.

Indice

Premessa

di David Walsh*

La nostra cultura trabocca di eccessi. Sebbene la maggior parte di noi sia in grado di soddisfare ogni sua esigenza primaria, e anche qualcuna di più, ogni giorno ci sentiamo ripetere fino alla nausea che abbiamo bisogno di qualcos'altro. Le aziende, con la loro merce da vendere, ci assordano con i loro ben congegnati messaggi mediatici. La loro sopravvivenza dipende dal fatto che riescano a convincerci che la nostra vita sarebbe migliore se solo comprassimo quel prodotto, se richiedessimo quel servizio, se facessimo quell'esperienza. A volte sembra che il PRENDI TUTTO non sia solo uno slogan pubblicitario, ma il nostro motto nazionale.

Tutti sappiamo che cedere al desiderio di avere di più può mettere a dura prova il nostro conto in banca. Troppo spesso non ci curiamo del fatto che acquistare continuamente cose nuove possa influire su di noi, sulle nostre vite, sulle nostre relazioni. All'inizio degli anni Novanta T. Boone Pickens, ex amministratore delegato di Allied Stores, disse agli azionisti: «Il nostro lavoro consiste nel rendere la gente insoddisfatta di ciò che ha». Probabilmente questa sarà una strategia eccezionale per far quadrare i conti dell'azienda, ma è un modo terribile di tutelare la salute del consumatore. Tutta quell'insoddisfazione indotta è destinata a straripare nella vita delle persone, una volta uscite dal centro commerciale. Eppure, il martellamento costante dei messaggi che ci inducono ad avere di più continua.

* David Walsh è presidente e fondatore del National Institute on Media and the Family ed è l'autore di *Selling Out America's Children*.

Come genitori non siamo immuni a questa strategia e molti dei messaggi che ci vengono indirizzati cercano di raggiungere il nostro portafoglio attraverso l'amore per i nostri figli. La pubblicità della Visa recita così: «Forse non potrai regalarle tutto ciò che vuole, ma per tutto il resto c'è Visa Gold». Se si prendono alla lettera le parole del pubblicitario, volere bene è sinonimo di spendere e regalare.

Così, molti di noi genitori veniamo indotti a credere che uno dei modi migliori per dimostrare il nostro amore sia regalare oggetti, soldi, opportunità, divertimento. Ma se stiamo a sentire i consigli dei pubblicitari, non saremo mai abbastanza premurosi. C'è sempre qualcosa di nuovo da offrire ai figli. Se compriamo una bicicletta a nostro figlio, lui ha bisogno dell'automobile. Se portiamo nostra figlia al parco dei divertimenti, lei si merita senz'altro una crociera. A ogni possibile occasione, la nostra cultura satura di pubblicità promuove una sconfinata generosità.

Il problema dell'eccessiva indulgenza è che lede uno dei valori di cui i nostri figli hanno più bisogno: l'autodisciplina. Se i nostri figli ottengono sempre ciò che vogliono, come possono imparare a superare la delusione? Come possiamo pretendere che mettano le esigenze di un altro davanti alle loro? Come fanno a imparare a rimandare la gratificazione? Perché mai dovrebbero accontentarsi di quello che hanno? L'eccesso di indulgenza non solo prosciuga il nostro conto in banca, ma può anche limitare le chance che i nostri figli hanno di diventare degli adulti sani e felici.

Affrontando in modo diretto il problema dell'eccessiva indulgenza, questo libro illustra tutti i modi attraverso i quali possiamo privare i nostri figli della possibilità di sviluppare la preziosa virtù dell'autodisciplina. Riportando alcune testimonianze toccanti ed esponendo i risultati di una scrupolosa ricerca, Jean Illsley Clarke, Connie Dawson e David Bredehoft ci aiutano a comprendere la gravità della situazione. E, cosa ancora più importante, *Digli di no, fallo per lui!* non si limita a descrivere il problema, ma offre ai genitori le risposte di cui hanno bisogno per aiutare i loro figli e, nel farlo, li avvicina a loro.

Al lettore

Ecco che cosa abbiamo imparato sull'eccessiva indulgenza:

- Non è esattamente uguale a viziare.
- Ne siamo circondati.
- Deriva da un cuore generoso.
- Causa molto più dolore di quanto potremmo mai immaginare.
- Non è solo questione di soldi. Può interessare qualunque reddito.
- Non riguarda solo le famiglie disadattate. Può accadere in qualunque nucleo familiare.
- Non è un fatto che interessa solo i figli unici o gli ultimi arrivati. Può verificarsi con tutti i bambini.
- Non ha a che fare solo con l'avere troppo o troppi privilegi. Riguarda anche l'eccesso di attenzioni e la mancanza di regole.
- Non sono solo i nonni a concedere troppo. Lo fanno anche i genitori.
- Non è innocua. Aumenta le probabilità di delusioni e fallimenti nella vita adulta del bambino, e può rendere il compito del genitore un percorso molto accidentato.
- Non è intenzionale. Nessun genitore si alza al mattino e dice: «Credo proprio che oggi farò del male a mio figlio concedendogli tutto ciò che vuole».
- Può essere riconosciuta e controllata.
- I bambini e gli adulti che sono stati educati con troppa indulgenza possono guarire.

- Come facciamo a sapere queste cose? Abbiamo condotto tre ricerche diverse sull'argomento, e questo libro illustra ciò che abbiamo imparato. Se volete sapere qualcosa di più sugli studi che abbiamo effettuato, potete leggere l'Appendice D (p. 347) e visitare il nostro sito Internet, all'indirizzo www.overindulgence.info.

A questo punto il nostro compito è quello di esaminare queste nuove informazioni, rapportandole alla nostra realtà familiare. Possiamo rallegrarci per quello che stiamo facendo bene, e cambiare ciò che deve essere migliorato. Possiamo fare appello al nostro coraggio per non cedere alle pressioni che ci inducono a essere troppo indulgenti con i nostri figli e con noi stessi.

Unisciti a noi in questo viaggio entusiasmante.

Jean, Connie e David

Digli di no, fallo per lui!

Per Athalie Terry,
che dimora nel regno dell'Aldilà

Introduzione

Che cosa si intende per eccessiva indulgenza

Quando abbiamo troppo,
il tutto diventa il niente.

SUSAN CLARKE

Tutti noi vogliamo il meglio per i nostri figli

Gabe trasalì di fronte al miracolo del suo primo figlio. Dopo aver adagiato il neonato nel seggiolino per l'auto e averlo legato, si voltò verso l'infermiera e disse: «Quando ho comprato il seggiolino mi hanno dato un manuale di istruzioni. Non c'è un manuale anche per lui?». L'infermiera sorrise. Sua moglie Ada scosse la testa.

Come tutti i genitori, Gabe e Ada vogliono il meglio per la loro bambina. Desiderano offrirle tutto ciò che possono, ma quando Gabe guarda la pila di minuscoli vestitini che le hanno regalato, non può fare a meno di pensare che ben presto saranno troppo piccoli per lei. Si domanda quando anche lei, come sua cugina, incomincerà a chiedere scarpe all'ultima moda, vestiti costosi, il nuovo modello di computer, e un viaggio per le vacanze di primavera. O forse, come il figlio dei vicini, pretenderà una macchina nuova per il suo sedicesimo compleanno? Gabe guarda Ada e si chiede: «Saremo capaci di capire quando dobbiamo dire sì, e quando invece dobbiamo dire no?».

I genitori, che siano giovani o vecchi, single o sposati oppure che convivano, hanno tutti lo stesso obiettivo: offrire ai loro figli il meglio. Si domandano: «Sarò in grado di capire le necessità di questo bambino, e la sua personalità? Sarò capace di consolarlo e sostenerlo? Saprò sopportare il suo dolore, quando dovrà imparare dai suoi errori? Saprò capire quando bisogna porre dei limiti? Come farò a capire quando gli ho dato abbastanza, in questo mondo dell'opulenza?».

Non sempre "di più" è meglio

Il nostro desiderio di genitori è quello di offrire ai nostri figli l'abbondanza che rende piacevole la vita, senza però superare il limite e rischiare gli effetti negativi dell'eccessiva indulgenza. Per farlo, dobbiamo prima capire che cosa questa sia, che effetti ha sui bambini quando sono piccoli e nella loro vita adulta, e come evitarla.

Le domande cruciali sono:

Che cos'è l'eccessiva indulgenza?

In che modo essere troppo indulgenti con i propri figli provoca dolore nella loro vita adulta?

Come cerco di evitare di essere troppo indulgente con i miei figli, quando sono piccoli e quando diventano giovani adulti, con i miei nipoti e con i figli degli altri? E che cosa invece faccio nella realtà?

Se i miei genitori sono stati troppo indulgenti con me, come posso evitare di trasmettere le stesse abitudini ai miei figli, e come posso superare questo da solo?

Questo libro è basato su tre studi relativi all'eccessiva indulgenza,[1] condotti su un campione di 1195 partecipanti. Le nostre ricerche ci hanno aiutato a capire che cos'è l'eccesso di indulgenza, quali sono i suoi effetti, chi tende a essere troppo indulgente e perché. Inoltre, gli studi evidenziano uno stretto legame fra l'eccesso di indulgenza durante l'infanzia, da un lato, e l'incapacità di affrontare la vita, gli atteggiamenti inconcludenti e la mancanza di opinioni in età adulta dall'altro.

Ecco come la descrivono gli adulti che ne hanno ricevuta troppa da bambini.

Tre modi di essere troppo indulgenti

Dai tre studi condotti è emerso che esistono tre tipi diversi di eccessiva indulgenza. Il primo, naturalmente, è quello all'insegna del *"troppo"* e dell'incapacità di comprendere il concetto di *"abbastanza"*. Il secondo consiste nell'*offrire troppe attenzioni,* facendo troppo per i propri figli, viziandoli, facendo cose che dovrebbero imparare a fare da soli, e permettendo loro di pensare soltanto a se stessi, non agli altri. Il terzo è rappresentato dalla mancanza di una soli-

CHE COS'È L'ECCESSIVA INDULGENZA?

Essere troppo indulgenti con i propri figli è dare loro troppo, troppo presto, troppo a lungo. È offrire loro cose o esperienze che non sono adeguate alla loro età, ai loro interessi, alle loro doti. È dare al bambino cose che servono a soddisfare le necessità dell'adulto, non le sue.

L'eccessiva indulgenza è offrire una quantità sproporzionata di risorse a uno o più figli, in un modo che apparentemente soddisfa le necessità del bambino, ma in realtà non lo fa, facendogli mancare qualcosa nonostante l'abbondanza.

L'eccessiva indulgenza è fare o avere così tanto da nuocere a una persona, o quanto meno impedirle di svilupparе appieno il proprio potenziale.

L'eccessiva indulgenza è un modo di trascurare il bambino, impedendogli di eseguire i compiti di sviluppo adeguati alla sua età, e di apprendere ciò che la vita insegna.

da *struttura di riferimento,* caso in cui i genitori non hanno un sistema di regole, o non insistono sull'importanza di seguire quelle che ci sono; o quando proteggono i loro figli dalle conseguenze del loro comportamento e delle loro scelte, e non insistono affinché imparino ad affrontare la vita; o ancora, quando non insegnano ai loro figli a tenere conto dell'impatto che le loro azioni hanno sulla famiglia, il gruppo, la società.

L'eccesso di indulgenza può anche manifestarsi contemporaneamente in due o in tutti e tre i modi descritti.

Troppa indulgenza verso i nostri figli potrebbe farli soffrire una volta adulti

Indipendentemente dalle cause, tutti noi sappiamo che l'eccessiva indulgenza può provocare dolore durante la vita adulta. Questo spesso viene nascosto come un segreto che, se rivelato, potrebbe coprirci di ridicolo. Il dolore spesso nasce dall'imbarazzo dovuto al fatto di non saper fare qualcosa che tutti sembrano essere perfettamente in grado di fare, dalla sensazione spiacevole che gli altri ce l'abbiano con noi, dalla pretesa di essere al centro dell'attenzione e che qualcun altro sia responsabile per noi, e dallo stress che deriva dal non sapere quanto sia abbastanza: abbastanza cibo, abbastanza vestiti, abbastanza soldi, lavoro, divertimento, e così via.

Gli adulti trattati con troppa indulgenza da bambini possono far soffrire gli altri

Gli atteggiamenti, le aspettative e le incapacità di quegli adulti che sono stati trattati con troppa indulgenza possono provocare sofferenza e irritazione negli altri. Leggete questa conversazione fra Jean [Illsley Clarke, coautore] e un allenatore di atletica all'università:

ALLENATORE *Che cosa stai facendo in questi giorni?*

JEAN *Mi sto occupando di una ricerca sull'eccessiva indulgenza.*

ALLENATORE *Eh? Che roba è?*

JEAN *L'eccessiva indulgenza è concedere così tanto ai propri figli da impedire loro di apprendere i normali compiti di sviluppo della loro età, e questo ha un effetto negativo sulla loro vita adulta.*

ALLENATORE *Davvero? Per esempio troppi giocattoli?*

JEAN *Gli adulti che hanno partecipato al sondaggio, che a loro volta sono stati trattati con troppa indulgenza da bambini, hanno individuato tre modi di essere troppo indulgenti. Sì, uno è quello di dare troppe cose, ma ci sono anche l'eccesso di attenzioni e la mancanza di una solida struttura di riferimento.*

ALLENATORE *E cosa sono?*

JEAN *Per esempio, se gli atleti che alleni vengono trattati con troppa indulgenza, questo si rifletterà nel loro atteggiamento e nei loro comportamenti. Chi di loro ha ricevuto troppe cose non avrà alcun riguardo per le attrezzature. Se si rompe qualcosa, o se un attrezzo viene smarrito o messo nel posto sbagliato, non è importante, perché intanto "loro" – in questo caso tu – ne procureranno un altro.*

ALLENATORE *La cosa mi suona familiare.*

JEAN *Se invece uno dei tuoi atleti ha ricevuto troppe attenzioni, pretenderà altrettanto da te. Si aspetterà di ottenere sempre quello di cui "ha bisogno". Una retribuzione extra, più ore di allenamento, persino qualcuno che faccia gli esami per lui, o per lei. Questo spesso porta all'incapacità di distinguere fra desiderio e necessità.*

ALLENATORE *Anche questo mi è familiare.*

JEAN *Gli atleti che sono cresciuti in un ambiente privo di una struttura di riferimento potrebbero essere sprezzanti delle regole. È possibile che sappiano che c'è una regola, ma siano convinti che non vale per loro, e quindi si sentano autorizzati ad aggirarla o a ignorarla, anche se questo danneggia la squadra e l'istituto.*

ALLENATORE *Ho capito. Qui ne abbiamo di tutti e tre i tipi. Molte matricole arrivano qui e si aspettano di essere trattate come celebrità, credono di essere prima di tutto atleti, poi studenti. Non si rendono nemmeno conto di essere stati trattati con troppa indulgenza. L'unica cosa che "sanno" è che nel reparto di atletica non capiamo niente, perché vogliamo che siano studenti, prima che atleti. È una lotta continua, che ci fa perdere energia e tempo prezioso, sottraendoli allo scopo primario, che è quello di insegnare agli studenti e allenare gli atleti. Questo impedisce agli studenti di dare il meglio. Lo impedisce a tutti a noi, e a volte ci crea dei problemi.*

Le varie facce della troppa indulgenza

Tutte le storie contenute in questo libro sono ispirate a fatti veri. In qualche caso abbiamo modificato alcuni dettagli per proteggere la privacy delle persone coinvolte, ma il senso è stato mantenuto. Se qualcuno degli episodi narrati dovesse risultare artificioso o bizzarro, potete stare certi che non c'è nulla di inventato. Per quanto strani possano sembrare alcuni fatti riportati, sappiate che da qualche parte c'è un bambino che ha vissuto quell'esperienza.

Tuttavia, non sempre gli eccessi di indulgenza risultano bizzarri o fuori dall'ordinario. In alcuni casi nascono dalle migliori intenzioni, e possono verificarsi in ogni famiglia. Anche al genitore più saggio, infatti, qualche volta capiterà di essere troppo indulgente con i suoi figli. Se questo accade raramente, è improbabile che possa avere delle conseguenze, ma se diventa un comportamento cronico, o automatico, diventa dannoso.

Questo libro è stato scritto per tutti i genitori, non soltanto per le cosiddette "famiglie problematiche". Gli esempi citati sono tratti dall'esperienza di un'ampia tipologia familiare, non solo da casi esemplari di nuclei familiari con disturbi psicologici.

Lo scopo di questo libro è quello di insegnare come evitare l'eccessiva indulgenza, come individuarla e correggerla. Se vi accorgete che state trattando vostro figlio con troppa condiscendenza, i consigli contenuti in questo libro vi aiuteranno a indirizzare le vostre buone intenzioni verso un risultato migliore. Non c'è spazio per i sensi di colpa, pensate solo a quello che potete fare oggi. Cosa ancora più importante, qui troverete un'ampia gamma di competenze, strategie e linee guida per aiutare vostro figlio a crescere con educazione, sostegno, autodisciplina e affetto, ma senza troppa indulgenza.

Imparerete a gestire in modo efficace le pressioni che vi inducono a concedere più del necessario, alle quali siete costantemente sottoposti da parenti, amici, dai media e, naturalmente, dai vostri stessi figli. E se anche voi, da bambini, siete stati trattati con troppa indulgenza, da questo libro apprenderete come recuperare, superando gli effetti potenzialmente dolorosi della vostra esperienza.

Abbiamo scritto questo libro per aiutarvi a svolgere al meglio il vostro compito di genitori, indipendentemente dalla vostra situazione familiare. L'obiettivo più importante, però, è quello di aiutarvi ad amare i vostri figli e a stare bene con loro.

Voltate pagina, si comincia.

* * *

Tutti siamo capaci di cantare
e ballare e divertirci,
quando le cose vanno bene.
Quando si mette male,
però, nessuno sa come comportarsi,
e allora diventiamo
troppo indulgenti.

PAM GUINEY

PARTE PRIMA

Come riconoscere l'eccessiva indulgenza

1

Quando è troppo è troppo

L'eccessiva indulgenza serve?

La parola chiave nell'eccessiva indulgenza è BASTA.
A.V.A.

Eccesso di indulgenza e buone intenzioni

Un pizzico di accondiscendenza ogni tanto dà sapore alla vita, rendendola più dolce. Quando diventa un'abitudine, però, il risultato è molto diverso. In questi casi si parla di eccessiva indulgenza.

Molti di noi, sebbene spinti da buone intenzioni, sono stati troppo generosi con qualcuno, diventando troppo indulgenti. Ce ne siamo accorti perché, anziché ricevere apprezzamento e gratitudine, siamo stati ricompensati con lamentele e altre richieste. Questo accade quando l'intento positivo dell'indulgenza provoca l'effetto negativo dell'eccesso di indulgenza.

Ecco cosa ci hanno insegnato le 1200 persone circa che abbiamo intervistato:

- Essere troppo indulgenti è peggio che viziare.
- L'indulgenza eccessiva si manifesta in tre modi: dare troppo, offrire troppe attenzioni e non dare delle regole.
- Il bambino può apprezzare il fatto di essere trattato con indulgenza ogni tanto, ma gli eccessi possono nuocere a lui e alle persone che lo circondano.
- I bambini trattati con eccessiva indulgenza diventano esigenti e incapaci di apprezzare ciò che hanno.
- I bambini che ricevono una proposta troppo ampia per il loro tempo libero (musica, sport, danza ecc.), probabilmente saranno straordinariamente bravi, ma non saranno capaci di affrontare le piccole cose di ogni giorno.
- Le persone che sono state trattate con troppa indulgenza nel-

l'infanzia soffrono nel corso della loro vita adulta, quando devono affrontare delle situazioni in cui il loro esasperato concetto di diritto acquisito si scontra con la realtà, e sono incapaci di fare cose che gli altri danno per scontate.
- L'indulgenza eccessiva non è necessariamente limitata all'infanzia. A volte gli adulti sono cronicamente troppo indulgenti con altri adulti o con se stessi.

Essere troppo indulgenti è peggio che viziare

I termini "viziare" e "indulgere troppo" non sono intercambiabili. "Viziato" è un termine che in genere viene utilizzato per descrivere un bambino il cui comportamento risulta fastidioso per gli adulti. «Non fa che ripetere che vuole questo e quello. Mi interrompe in continuazione. Riesce sempre a passarla liscia.» Tuttavia, è possibile che un bambino trattato con troppa indulgenza non risulti pretenzioso, maleducato ed egocentrico, soprattutto se il messaggio dei suoi genitori è: «Farò questo per te se tu mi fai apparire un buon genitore agli occhi degli altri». È possibile che questi bambini siano piacevoli e ben educati. Inoltre, in base al tipo di personalità, alla neurologia, o alla storia passata, è anche possibile che un bambino "viziato" abbia dei genitori che non sono indulgenti con lui, ma fanno il possibile per correggere il suo comportamento irritante.

> **Essere eccessivamente indulgenti con i bambini è dare loro troppo di tutto ciò che crediamo possa fare bene, ma in realtà impedisce loro di apprendere i normali compiti di sviluppo della loro età e di apprendere le lezioni che la vita quotidianamente impartisce. Essere eccessivamente indulgenti con gli adulti è dare loro troppo di tutto ciò che crediamo possa fare bene, ma in realtà alimenta il loro concetto esasperato di diritto o la loro mancanza di competenze, responsabilità o iniziativa.**

Inoltre, l'indulgenza eccessiva ha implicazioni che vanno molto oltre la tendenza a viziare. Il bambino viziato agisce come se si aspettasse che tutti lo amino e lo adorino, ma più della metà degli adulti che hanno partecipato al nostro studio – che sono stati trattati con troppa indulgenza da bambini – hanno riferito di non essersi sentiti amati.

COME DEFINISCE LA SUA INFANZIA CHI È STATO TRATTATO CON ECCESSIVA INDULGENZA[1]

PERCENTUALE	COSA HANNO DETTO*
48%	Mi sono sentito amato.
44%	Ero confuso perché capivo che non era giusto, ma come si può biasimare qualcuno che fa così tanto per te?
40%	Ero imbarazzato, perché qualche volta ci si aspettava da me capacità che non avevo mai dovuto apprendere.
31%	Mi sentivo in colpa, stavo male, ero triste.
29%	Al momento stavo bene, ma poi mi vergognavo.
28%	Stavo bene perché ottenevo tutto quello che volevo.
27%	Ero imbarazzato, perché sapevo che non era giusto.
23%	Mi sentivo a disagio perché gli altri bambini non avevano quello che avevo io.
19%	Indipendentemente da quello che ottenevo, non bastava mai, e questo mi rendeva triste.
15%	Stavo bene, perché potevo decidere su tutto.
15%	Stavo male, perché gli altri bambini mi prendevano in giro.
14%	Ero in imbarazzo, perché gli altri bambini non avevano certe cose.
13%	Mi sentivo ignorato.
13%	Ero confuso.
11%	Ero imbarazzato, perché gli altri bambini mi prendevano di mira.
11%	Non importa quante cose avevo, non erano mai abbastanza, e questo mi faceva stare male.

* I soggetti intervistati potevano scegliere più di una risposta

I sette rischi del comportamento troppo indulgente

I bambini che hanno avuto dei genitori eccessivamente indulgenti potrebbero avere delle difficoltà in molti ambiti, sia da piccoli sia in età adulta. In particolare, potrebbero avere:

1. Difficoltà a imparare a rimandare il momento della gratificazione.
2. Difficoltà a rinunciare a essere costantemente al centro dell'attenzione.
3. Difficoltà ad acquisire:
   - la capacità di affrontare le situazioni di ogni giorno,
   - la capacità di prendersi cura di sé,
   - la capacità di relazionarsi con gli altri;

4. Difficoltà ad assumersi le proprie responsabilità.
5. Difficoltà a sviluppare una propria identità.
6. Difficoltà a capire quando è ora di dire basta.
7. Difficoltà a capire che cosa è normale per gli altri.

La tabella di pagina 23 mostra come hanno percepito la loro infanzia coloro che hanno partecipato al nostro primo studio. Dal sondaggio emerge che il 48% degli intervistati si è sentito amato. E gli altri? Come si sono sentiti? E il 40% ha parlato di mancanza di capacità.

Mancanza di capacità

Ecco come Hannah, figlia di genitori troppo indulgenti, descrive la sua infanzia.

> *Non ho mai imparato a prendermi cura dei miei vestiti. La mamma voleva che fossi sempre in ordine. Avevo un mucchio di vestiti. In casa mia c'era una domestica, e se lasciavo le mie cose sulla sedia, lei le metteva a posto dopo aver rifatto il letto. Trovavo la biancheria pulita ben piegata nell'armadio e nei cassetti. Se una maglietta aveva un buco o uno strappo, la buttavo. Quando andai al college, le mie compagne di stanza non potevano sopportarmi, e mi prendevano in giro senza pietà. Quando chiesi quale fosse la lavatrice e quale l'asciugatrice, pensavano che stessi scherzando. Non mi risposero. Non potete immaginare quanti errori imbarazzanti abbia commesso. Non ne potevo più di sentirmi dire: «Tutti sanno come si fa». Alla fine smisi di chiedere aiuto. Oggi, non sono ancora sicura se faccio le cose nel modo giusto. Per fortuna ho trovato un marito disposto a fare le cose al posto mio, così me la cavo.*

Hannah non si lamenta soltanto del fatto di avere avuto troppi vestiti ma, più in generale, dell'incapacità di arrangiarsi. Infatti, è possibile che l'eccesso di indulgenza non abbia niente a che fare con gli oggetti costosi.

Michael, che è cresciuto in una famiglia al di sotto della soglia di povertà, descrive la sua incapacità di assumersi delle responsabilità.

La mamma credeva che, dal momento che non avevamo praticamente nessuna soddisfazione di tipo materiale, io fossi libero di cercare una mia gratificazione ovunque volessi. Da bambino, mi era permesso andarmene in giro a zonzo. In casa non ero tenuto a fare niente. Adesso sono indipendente. Vedo raramente i miei, e non sento nessun obbligo verso la mia famiglia, o verso nient'altro, credo. I miei amici dicono che è per questo che non riesco a tenermi un lavoro.

Trattati con troppa indulgenza: in che modo?

Ecco i quindici principali modi di eccessiva indulgenza (dal più al meno frequente) nei quali gli intervistati sostengono di essere stati trattati quando erano bambini.[2]

INDICATORI DI UN COMPORTAMENTO TROPPO INDULGENTE[3]

QUANDO ERO BAMBINO

- ✓ i miei genitori facevano per me cose che avrei potuto/dovuto fare da solo/a
- ✓ i miei genitori non pretendevano che facessi i lavoretti di casa
- ✓ potevo avere tutti i vestiti che volevo
- ✓ mi venivano concessi molti privilegi
- ✓ i miei genitori mi regalavano molti giocattoli
- ✓ i miei genitori mi lasciavano troppa libertà
- ✓ i miei genitori mi permettevano di comandare o dominare la famiglia
- ✓ non ero tenuto a imparare le stesse abilità insegnate agli altri bambini
- ✓ i miei genitori mi amavano troppo e mi offrivano troppe attenzioni
- ✓ i miei genitori avevano delle regole che non ero tenuto/a a seguire
- ✓ i miei genitori non imponevano le loro regole
- ✓ i miei genitori organizzavano le mie attività, le lezioni, lo sport e le vacanze
- ✓ i miei genitori si preoccupavano del mio divertimento
- ✓ trascorrevo troppo tempo da solo/a, e troppo poco insieme a loro
- ✓ il fatto che facessi uso di droghe veniva tollerato o incoraggiato

Tre tipi di eccessiva indulgenza

Questi quindici indicatori di un comportamento troppo indulgente possono essere raggruppati in tre categorie: *dare troppo, offrire troppe attenzioni* e *non creare una solida struttura di riferimento.* Esaminiamoli uno per uno.[4]

DARE TROPPO

«Non è un'impresa facile insegnare a Charlie a prendersi cura dei suoi giocattoli» si lamentò sua madre. «Ne ha talmente tanti che se ne perde o ne rompe uno, non gliene importa nulla. Si mette a giocare con qualcos'altro.»

Il fatto di "dare troppo" non riguarda soltanto giocattoli e vestiti, ma qualunque cosa abbia un costo, come equipaggiamento sportivo, lezioni, divertimenti, vacanze, merendine, tabacco, alcol e droghe. Oltre al fatto di concedere troppe cose per le quali occorrono soldi, con "dare troppo" ci si riferisce anche al fatto di stanziare una quantità sproporzionata delle risorse familiari per uno o più figli. Spesso, la forma di eccessiva indulgenza etichettata con la definizione "dare troppo" in apparenza potrebbe sembrare semplicemente un modo per soddisfare le necessità del bambino, ma non è così. Il risultato è che il bambino manifesta delle carenze nonostante l'abbondanza.

Spesso, la forma di eccessiva indulgenza etichettata come "dare troppo" in apparenza potrebbe sembrare semplicemente un modo per soddisfare le necessità del bambino, ma non è così. Il risultato è che il bambino manifesta delle carenze nonostante l'abbondanza.

Letteralmente bombardati da troppe cose, spesso i bambini lamentano carenze perché non imparano a comprendere il concetto di *abbastanza*. Una delle questioni che sono emerse prepotentemente dal nostro studio è la paura delle persone di non essere in grado di capire quando bisogna dire basta al lavoro, al gioco, al denaro, ai vestiti, al cibo, al sesso, all'alcol, al divertimento, all'eccitazione o al sonno. Il concetto di *abbastanza* è difficile da comprendere per il bambino, ed è l'adulto che deve insegnarglielo nel corso degli anni, dicendogli che ha avuto abbastanza caramelle, regali, divertimento, emozioni, stimoli o qualunque altra cosa.

La sofferenza provocata dall'avere troppo non riguarda solo chi la riceve, ma anche chi la offre. Ne è un esempio un pezzo da un quotidiano,[5] nel quale si racconta che una madre, venendo a sapere che suo figlio aveva rapinato una banca, disse con voce rotta di pianto: «Non capisco perché lo abbia fatto. Gli ho sempre dato tutto quello che voleva».

OFFRIRE TROPPE ATTENZIONI

A tre anni, Sophie veniva portata ovunque desiderasse: dentro e fuori dall'asilo, dai grandi magazzini, dalla chiesa. A quattro anni, sua madre la vestiva e svestiva ancora. Sophie non era nemmeno capace di slacciarsi la giacca. A sua madre piaceva farlo, e non si accorgeva che gli altri bambini erano perfettamente in grado di vestirsi da soli. A sei anni, sua madre la opprimeva con un amore soffocante. «Mi dispiace dover cancellare il nostro pranzo» si scusava la mamma di Sophie con le sue amiche. «Stanotte Sophie ha fatto un brutto sogno e non ha dormito, per cui stamattina la tengo a casa e rimango con lei.»

Tutti i bambini hanno bisogno di cure per sopravvivere, ma offrendo troppe attenzioni si fanno per loro cose che essi potrebbero o dovrebbero fare da soli, o s'impedisce loro di imparare a gestire situazioni che dovrebbero saper padroneggiare. Questo equivale a soffocarli di attenzioni. Il risultato potrebbe essere un bambino furbo, incapace, o invadente. L'eccesso di attenzioni non ha nulla a che fare col troppo amore. Amando i vostri figli permettete loro di crescere, ma il vero amore non è intrusione, né è privare un bambino della possibilità di arrangiarsi da solo, di imparare cose nuove, di provare la soddisfazione di riuscire a fare qualcosa, e di gustarne le conseguenze. Amore non è continuare a fare per un bambino cose che non sono più adeguate alla sua età.

L'eccesso di attenzioni, che apparentemente potrebbe sembrare amore, soffoca il bambino. In realtà gli impedisce di sviluppare tutto il suo potenziale.

MANCANZA DI UNA SOLIDA STRUTTURA DI RIFERIMENTO

«Mio padre era molto severo» spiega Eric. «Avevamo troppe regole. In casa mia sarà diverso. Per i miei figli non ci saranno regole, né doveri.»

Molto probabilmente, per Eric saranno assai movimentati gli anni dell'adolescenza dei suoi figli, che cresceranno tra grandi acrobazie emotive, perché qualunque bambino ha bisogno di regole severe per sentirsi sicuro e poter diventare socialmente responsabile. Un sistema di riferimento solido prevede che ci siano delle regole precise e qualcuno che le faccia rispettare, dei limiti ben definiti, qualcuno che si preoccupi della sicurezza dei bambini e insegni loro ad arrangiarsi, e che insista perché diano una mano in casa.

Un sistema senza regole lascia al bambino troppa libertà e nessun freno, permettendogli di fare scelte ed esperienze inadeguate alla sua età, ai suoi interessi o alle sue predisposizioni, oppure non insistendo affinché impari alcune abilità vitali.

> Il troppo amore non esiste.

In mancanza di una solida struttura di riferimento, in cui gli adulti sono tenuti a guidare la famiglia, quel compito viene lasciato a lui, direttamente o in via predefinita. Lasciare che il bambino prenda decisioni che spetterebbero all'adulto gli dà un falso senso di potere o uno sproporzionato senso di responsabilità.

Non affidare al bambino alcun lavoretto domestico significa privarlo della possibilità di contribuire al successo e al benessere della famiglia. Il fatto di non essere stati obbligati ad aiutare nelle faccende di casa è uno dei comportamenti indulgenti di cui gli intervistati hanno risentito di più. Pensateci, la prossima volta che vostro figlio si lamenta perché deve riordinare la sua camera.

Aggravamento del problema

Il problema dell'eccessiva indulgenza si aggrava quando vi confluiscono più aspetti.

DARE TROPPO E OFFRIRE TROPPE ATTENZIONI

PROBLEMA *Emily perde regolarmente l'autobus che la porta a scuola. Le lamentele e i rimproveri dei suoi genitori non sono serviti a farla diventare puntuale.*

Il papà dell'undicenne Emily, nel tentativo di rendersi utile, la protegge troppo accompagnandola a scuola tutte le volte che perde l'autobus. Potrebbe dunque porre fine a questo errato comportamento uscendo per andare al lavoro prima dell'orario in cui passa il bus. La mamma di Emily, desiderando che a Emily piacciano i vestiti che indossa, gliene compera troppi e permette che ogni giorno la ragazzina perda del tempo nel decidere che cosa mettersi. Lei, allora, potrebbe invitare Emily a donare ai poveri i vestiti smessi, e abituarla a decidere come si vestirà il giorno dopo prima di andare a dormire, la sera. La mamma e il papà di Emily dovrebbero cercare di renderla un po' più indipendente, e se riuscissero a ridurre il loro eccesso di indulgenza, comportandosi un po' più da genitori, farebbero solo il suo bene.

DARE TROPPO ED ESSERE TROPPO ACCONDISCENDENTI

PROBLEMA *Jacob ha quattro anni, e i suoi giocattoli sono sempre sparsi sul pavimento. Le richieste e i rimproveri dei genitori non sono bastati a insegnargli a rimetterli in ordine.*

Al nonno di Jacob piace comperare dei giocattoli per suo nipote, e ogni volta che torna dai suoi viaggi di lavoro settimanali gliene porta uno nuovo. La mamma si lamenta, perché sono troppi e troppo costosi. Il nonno potrebbe diminuire il numero di regali, per esempio uno ogni due o tre viaggi, stabilendo un limite di prezzo. Una volta ogni tanto potrebbe anche comperare un regalo per sé, per soddisfare il piacere che gli dà l'acquisto di nuovi giochi. La mamma di Jacob vuole che il bambino metta via i suoi giochi ogni sera, prima di cena. Per cercare di farsi rispettare di più, potrebbe predisporre un spazio apposito per i giocattoli, riporne alcuni, almeno provvisoriamente, regalarne qualcun altro, oppure venderli. Potrebbe dare un segnale a Jacob, per esempio cantando la stessa canzone ogni volta che deve riporli. Qualche volta potrebbe anche aiutarlo.

Jacob ha quattro anni ed è lecito pretendere da lui che raccolga i suoi giochi quando gli viene chiesto, magari con un po' di aiuto. Troppi giocattoli e regole troppo morbide sul modo in cui deve tenerli sono un incentivo all'irresponsabilità.

OFFRIRE TROPPE ATTENZIONI ED ESSERE TROPPO ACCONDISCENDENTI

PROBLEMA *Nel tentativo di consentire a Matthew di usare la macchina quando vuole, i suoi genitori hanno stabilito la regola secondo la quale il giovedì sera si decide chi userà la macchina nel fine settimana. Matthew, ancora una volta, ha passato il sabato mattina brontolando e insistendo per poter prendere l'auto.*

La mamma di Matthew è troppo premurosa nei confronti del figlio, si immedesima e si dispiace per lui, gli ripete in continuazione che vorrebbe tanto che potessero permettersi un'altra macchina, e si domanda come può fare ad aiutarlo a ottenere ciò che vuole. Al contrario, potrebbe semplicemente ignorare le sue lamentele, limitandosi a dire: «È una cosa che abbiamo deciso giovedì sera. Oggi è sabato». L'incapacità del papà di far rispettare le regole emerge quando discute con Matthew e finisce per cedere cambiando i suoi programmi, in modo che il ragazzo possa usare la macchina. Invece dovrebbe dire: «Matthew, se la regola del giovedì sera non ti sta bene, proponi una soluzione. Fino ad allora, funzionerà così. Il fatto che continui a brontolare non mi invoglia certo a venirti incontro. Questa è la mia ultima parola. Fammi sapere che mezzi intendi usare stanotte».

La troppa condiscendenza accorda libertà e concessioni eccessive ai figli, permettendo loro di fare scelte ed esperienze inadeguate alla loro età, ai loro interessi o alle loro predisposizioni. Può anche essere nociva al loro poter imparare a cavarsela da soli.

Se entrambi i genitori sceglieranno una posizione ferma, e la manterranno, probabilmente all'inizio Matthew si comporterà peggio del solito, soprattutto se finora gli è sempre stato concesso tutto. Ma poiché qualunque figlio, soprattutto durante l'adolescenza, ha bisogno della sicurezza che nasce da un sistema di regole rigoroso, questo comportamento migliorerà, specialmente se i genitori persevereranno.

TRIPLA COMBINAZIONE: DARE TROPPO, OFFRIRE TROPPE ATTENZIONI E NON ADOTTARE STRUTTURE RIGIDE

PROBLEMA *I genitori di Madison sanno che a due anni è normale fare i capricci, ma la mamma li trova logoranti e sta diventando sempre più insofferente.*
L'ultima volta che Madison fatto i capricci è stato quando i suoi nonni le hanno portato l'ennesima scatola piena di giocattoli, che però erano troppo complicati per la sua età, al punto che lei non riusciva a farli funzionare. Li ha lanciati in aria e si è messa a urlare. Ieri sua mamma ha perso la pazienza e le ha ordinato di smettere di fri-

gnare. Il papà l'ha presa in braccio, l'ha coccolata e le ha sussurrato: «La mamma non voleva sgridarti. Mi dispiace. Andiamo, principessa, io e te usciamo a fare una passeggiata».

La famiglia di Madison è animata da buone intenzioni, ma la bambina è sottoposta a una dose tripla di indulgenza. Probabilmente il nonno e la nonna non avevano idea che i giocattoli regalati non fossero adatti alla sua età, e il loro desiderio di essere dei bravi nonni, magari anche lontani, li ha portati a esagerare. Forse, per far sentire la loro presenza anche da lontano basterebbe che le mandassero un unico giocattolo insieme a una loro fotografia, mettendo da parte il resto dei soldi per gli studi o su un libretto di risparmi, e chiedendo a Madison di dare loro una sua foto. Il papà di Madison voleva soltanto essere affettuoso, e farle sentire che è partecipe, ma non trascorrendo insieme alla bambina tanto tempo quanto ne passa la mamma, non ha idea di quanto possano essere snervanti i suoi capricci. Inoltre, non capisce che contrastare in maniera collerica un capriccio non aiuta. Prendere in braccio la bambina finché non si calma può essere utile, ma cedere ai suoi capricci equivale a dedicarle troppe attenzioni. Questo pone una bimba di soli due anni al centro dell'universo familiare, quando uno degli obiettivi in questa fase della sua crescita è imparare il compromesso.

> **Il mancato affidamento di piccoli compiti è stato individuato come quell'area di eccessiva indulgenza di cui risentiva la maggioranza dei genitori intervistati.**

Anche l'incapacità della mamma di dettare regole rigide nasce dalle migliori intenzioni. Anche lei vuole essere affettuosa. Non sapendo come reagire ai capricci di Madison, lascia correre, fino a quando la frustrazione non ha il sopravvento, e a quel punto esplode. Poi si pente di aver gridato, e si infuria con suo marito perché la disapprova.

Nessuno l'ha aiutata a fermarsi un attimo e valutare la situazione. La cosa migliore da fare è mettere in una scatola i giocattoli fino a quando Madison non sarà in grado di usarli, e placare i suoi capricci facendole capire che non c'è nulla di sba-

...to in lei e che riuscirà nel suo intento al momento opportuno. I genitori non possono eliminare tutte le frustrazioni dalla vita dei loro figlie, e del resto serve anche questo, perché è così che il bambino impara a gestirle, a piccole dosi e a tutte le età. Nel caso di Madison, però, la delusione provocata dai giocattoli – troppi e troppo complicati per lei – è stata grande. Non dovrebbe sorprenderci, pensandoci bene, che una bambina di due anni abbia reagito così al fatto di aver ricevuto troppe cose dai nonni, di avere ottenuto troppe attenzioni dal papà, e di non aver trovato un giusto rigore nella mamma.

In questo caso, l'eccessiva indulgenza nasce da buone intenzioni, ma questo non toglie che faccia male sia a chi la dà sia a chi la riceve.

Uno per volta

In ognuna delle storie citate, il bambino viene trattato con troppa indulgenza da due o più adulti, ciascuno in modo diverso. Se una persona eccede in due o addirittura in tre modi diversi, la cosa migliore da fare è identificare ogni aspetto del problema separatamente e partire da quello che sembra più facile da risolvere, invece di cercare di cambiare tutto e subito. Quando siete soddisfatti del risultato che avete ottenuto, passate all'aspetto successivo. Spesso, dopo aver ottenuto un miglioramento nel primo tipo di comportamento, gli altri due sembrano più facili da affrontare. Nel caso di Madison, dopo che il papà ha smesso di cedere ai capricci della bambina e di criticare la mamma, per la donna è stato più facile affrontare con calma gli scatti di capricciosità della figlia. Tuttavia, se vi accorgete che per voi è molto difficile cambiare un tipo di comportamento, fermatevi un attimo e provate a riflettere: «Ho bisogno di aiuto? A chi potrei rivolgermi? Forse questo è un tentativo di soddisfare un mio bisogno, e io non me ne sono accorto?» Se è così, ricordate che i bambini stanno meglio con genitori appagati. È giusto quindi che il genitore soddisfi le sue esigenze con i suoi pari, e non attraverso il bambino.

Test del 4

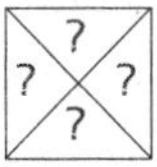

1. La situazione impedisce al bambino di imparare le cose che dovrebbe saper fare in questa fase del suo sviluppo e del suo apprendimento?
2. Si è creata una situazione tale per cui una quantità sproporzionata delle risorse della famiglia viene destinata a uno (o più di uno) dei figli? (Per risorse si intendono denaro, spazio, tempo, energie, attenzione e stimoli).
3. Di questa situazione beneficia l'adulto più del bambino?
4. Il comportamento del bambino potrebbe nuocere agli altri, alla società o, in senso lato, al pianeta?

Se uno qualunque di questi quattro indizi è presente, significa che c'è un eccesso di indulgenza.

Citeremo spesso il *Test del 4* nel corso della nostra trattazione. Provando a usarlo anche voi, vi accorgerete che è un modo semplice, pratico ed efficace per aiutarvi a prendere la decisione giusta. Il primo indizio è particolarmente importante perché, dalla nascita in poi, il bambino cerca di avere percezione di se stesso e del mondo. L'Appendice A (p. 321) contiene alcune informazioni sulle tappe dello sviluppo del bambino durante le varie fasi della sua crescita. I bambini osservano, e da queste osservazioni nascono le loro decisioni, che possono influire in modo determinante sulla loro vita adulta.

Basta un solo indizio

Quando usate il *Test del 4,* in genere la cosa migliore è prendere in considerazione tutti e quattro gli indizi. Tuttavia, un netto sì a uno solo dei quattro è sufficiente per indicare un problema di eccessiva indulgenza. Vogliamo raccontare la storia di Joe, che si preoccupa solo di ciò che vuole e di cui ha bisogno, senza curarsi dei quattro indizi, e del fatto che con il suo comportamento potrebbe nuocere agli altri o all'ambiente.

La mamma di Joseph, un bambino fragile, voleva solo il meglio per lui, così gli procurava le cose migliori, e lo proteggeva da situazioni difficili, in particolare dagli altri bambini. Joseph finì col credere di essere al centro dell'universo, e che il mondo esistesse solo per soddisfare le sue esigenze. Ora Joseph non è più fragile e, ormai adulto, viaggia in tutto il mondo, ma sempre con tutte le comodità possibili. Per semplificare le cose, butta i suoi vestiti in valigia. Una volta arrivato in albergo, indipendentemente dalle risorse idriche disponibili nel paese in cui si trova, appende i vestiti stropicciati sopra la vasca da bagno, apre al massimo il getto dell'acqua calda, chiude la porta del bagno, ed esce. Quando torna nella sua stanza, qualche ora più tardi, i suoi vestiti non hanno più grinze. Quando un suo amico, esterrefatto da questo spreco, gli ha chiesto se gli sembra giusto sprecare l'acqua in quel modo, lui ha risposto, stringendosi nelle spalle: «Certo, è lì per me».

Avendo ricevuto troppe attenzioni da bambino, da adulto Joe tratta se stesso nello stesso modo. In questo caso, per capire se si tratta di un caso di indulgenza basta provare a dare una risposta alla domanda «Faccio del male a qualcuno?». Un esempio estremo? Sì, ma non è l'unico. I risultati della ricerca hanno portato alla luce moltissime storie sorprendenti, tanto assurde da sembrare inventate, ma la maggior parte non lo sono. Le conseguenze dell'eccessiva indulgenza a volte sono innocue, ma a volte non lo sono affatto.

Le conseguenze dell'eccessiva indulgenza

L'eccesso di indulgenza è davvero così dannoso come farebbero pensare le storie che vi abbiamo raccontato? Giudicate voi. Leggete quello che hanno detto alcune delle persone che hanno partecipato allo studio in merito agli effetti di un comportamento troppo indulgente nelle loro vite. Tutti i commenti riportati sono citazioni dirette, che abbiamo sentito ripetere molte volte.

Queste testimonianze dirette descrivono i sentimenti, i pensieri e i comportamenti che derivano da troppa indulgenza nell'infanzia. Ricordate che i bambini si sforzano di comprendere il senso dell'esistenza, prendono delle decisioni, si formano delle opinioni su se stessi, sugli altri, e sulla vita. Alcune di queste decisioni e opinioni, che risalgono alla prima parte della loro esistenza, possono influire profondamente sulla loro vita adulta. Le tabelle riportate alle pp. 37-38 contengono alcuni esempi di decisioni che i bambini si trovano a dover prendere durante ciascuna delle varie fasi di sviluppo.

GLI EFFETTI DI UN COMPORTAMENTO TROPPO INDULGENTE NELLA VITA ADULTA

QUALI SONO LE CONSEGUENZE DEGLI ECCESSI DI INDULGENZA NELLA VOSTRA VITA?

- ✓ Quando le cose non vanno come avevo previsto, o non ottengo ciò che voglio, mi sento triste e arrabbiato.
- ✓ Ero confuso perché loro dicevano di amarmi, e io non li amavo, non provavo gli stessi sentimenti, o non sapevo come avrei dovuto sentirmi.
- ✓ Spesso sono disorientato dagli altri. Mi sento deluso. Più do, più mi aspetto di ricevere in cambio.
- ✓ Non sono cresciuto. Non sono realistico rispetto alla vita.
- ✓ Sono così pieno di debiti che non riesco a vedere una via d'uscita. Sono sovrappeso e detesto il fatto di essere sempre stanco.
- ✓ Ho due matrimoni falliti alle spalle.
- ✓ Non sono capace di distinguere la realtà – faccio fatica a metterla a fuoco.
- ✓ Sono insoddisfatta, sovrappeso, mi piace bere, cucino troppo e do troppo da mangiare ai bambini e agli ospiti, oppure non gliene do abbastanza. Non sono capace di stabilire dei limiti. Faccio fatica a pianificare il tempo e i soldi.
- ✓ I miei fratelli ne hanno sofferto di più. Per loro è stato devastante. Non seguono nessuna regola, non sono capaci di affrontare le situazioni che si presentano. Sono infelici.
- ✓ Sono grasso, eppure mi sento sempre vuoto.

Chi, io?

Se vi accorgete di esservi comportati in modo troppo indulgente, evitate i sensi di colpa e ricordate che avete agito in buona fede. Se non ne siete sicuri, effettuate il test per scoprire se siete genitori troppo indulgenti riportato nell'Appendice B (p. 343). Sforzatevi di modificare un tipo di comportamento che desiderate cambiare, e fatelo subito. Non aspettatevi che vostro figlio vi ringrazi. All'inizio farà resistenza, ma voi tenete duro.

Se, a vostra volta, siete stati trattati con troppa indulgenza, *non è colpa vostra*! Potete usare questo libro per cercare di recuperare.

E ancora, non cadete dell'errore di vedere comportamenti compiacenti in agguato dietro ogni angolo. A volte, quando pensiamo a qualcosa in un modo nuovo, finiamo per esserne ossessionati. Il 2° capitolo ci insegna che alcune situazioni comuni, che apparentemente potrebbero sembrarci esempi di eccessiva indulgenza, in realtà non lo sono.

* * *

L'eccessiva indulgenza
non vuole nuocere al bambino,
ma è un meccanismo
per superare la giornata.

LAURIE KANYER

LE DECISIONI DI FRONTE ALLE QUALI PUÒ TROVARSI IL BAMBINO DURANTE LE VARIE FASI DI SVILUPPO

COMPITI DEL BAMBINO NELLE VARIE FASI EVOLUTIVE	COMPORTAMENTI COSTRUTTIVI DEI GENITORI	DECISIONI CORRETTE CHE IL BAMBINO POTREBBE PRENDERE	ESEMPI DI ECCESSIVA INDULGENZA	DECISIONI DI UN BAMBINO TRATTATTO CON ECCESSIVA INDULGENZA
Dalla nascita ai 6 mesi Decidere di esistere, vivere, stabilire un legame con chi si prende cura di lui, attirare l'attenzione affinché i suoi bisogni vengano soddisfatti.	La mamma aspetta finché Zach non la chiama o si lamenta rumorosamente, o cerca di comunicare in altro modo. A questo punto controlla se deve essere cambiato, se deve essere calmato,	*Posso capire di che cosa ho bisogno e chiederlo.*	La mamma attacca Zach al seno o gli dà il biberon tutte le volte che si lamenta, o quando "sembra affamato", o ancora quando lei ritiene che debba esserlo.	*Non sono in grado di capire quando ho fame. Non c'è bisogno che io chieda, il mondo provvederà a darmi quello che mi serve.*
Dai 6 ai 18 mesi Esplorare il suo mondo e imparare a fidarsi dei suoi sensi. Affezionarsi a chi si prende cura di lui/lei.	I genitori creano una zona sicura in cui ci sono degli oggetti che Stephanie può imparare a conoscere a modo suo. I genitori la lasciano giocare con pentole e padelle, e le danno pochi giocattoli alla volta.	*È importante che io impari a conoscere il mio mondo. Posso fidarmi dei miei sensi.*	Ogni volta che Stephanie allunga la mano per prendere un giocattolo, i suoi genitori glielo avvicinano o ci giocano per lei. Mamma e papà la sommergono di giocattoli troppo complicati per la sua età.	*Non c'è bisogno che io mi sforzi per prendere quello che voglio. Non so come esplorare il mio mondo.*
Dai 18 mesi ai 3 anni Incominciare a pensare in termini di causa ed effetto, smettere di credere di essere il centro dell'universo. Imparare a eseguire alcuni piccoli ordini: vieni, fermati, vai, aspetta, siediti.	A volte Charlie ottiene quello che vuole, a volte no. Gli adulti applicano questa regola in modo pratico, senza censure. Gli adulti si aspettano che Charlie ubbidisca ad alcuni semplici ordini: vieni, fermati, vai, aspetta, siediti.	*Devo tenere conto delle esigenze degli altri. Posso dire di no e arrabbiarmi, e loro continueranno ad amarmi. Devo imparare a seguire le loro indicazioni.*	Ogni volta che Charlie dice di no, gli adulti cedono. Ottiene sempre quello che vuole, e anche di più. Un capriccio o un atteggiamento insistente gli bastano per ottenere qualunque cosa.	*Io sono il centro dell'universo. Posso avere quello che voglio. Non devo tenere conto delle altre persone.*

COMPITI DEL BAMBINO NELLE VARIE FASI EVOLUTIVE	COMPORTAMENTI COSTRUTTIVI DEI GENITORI	DECISIONI CORRETTE CHE IL BAMBINO POTREBBE PRENDERE	ESEMPI DI ECCESSIVA INDULGENZA	DECISIONI DI UN BAMBINO TRATTATTO CON ECCESSIVA INDULGENZA
Da 3 a 6 anni Affermare un'identità distinta da quella degli altri. Imparare come esercitare il proprio potere. Capire che ogni comportamento ha delle conseguenze.	Prima di entrare al supermercato, a Julie viene detto se potrà avere le caramelle oppure no. Tale comportamento sarà senza critiche né scuse. Julie, incomincia ad aiutare a fare alcune semplici faccende di casa.	*Posso chiedere ciò che desidero e aspettarmi che i miei genitori e le loro regole siano variabili. Posso diventare brava.*	Mentre è in fila alla cassa, Julie piange perché vuole un bastoncino di cioccolato. Suo papà le dice di no per tre volte, poi finisce per comprargliene due.	*Conta solo ciò che voglio. Non devo curarmi dei desideri, delle necessità o dei sentimenti degli altri. Posso ottenere tutto ciò che voglio.*
Età scolare Imparare quali sono le responsabilità proprie e quelle altrui, e anche le loro regole.	Il papà di Jerrod gli chiede se ha bisogno di qualche consiglio per riuscire a essere pronto in tempo per quando passa il pulmino della scuola, e non lo giustifica con l'insegnante se arriva tardi in classe. Jerrod dà una mano in casa, svolgendo alcune faccende un po' più complesse.	*Devo imparare a essere responsabile per me stesso e gli altri. Sono in grado di farlo.*	A Jerrod capita spesso di essere in ritardo e perdere il pulmino che lo porta a scuola, così suo papà gli prepara il pacchetto del pranzo, lo aspetta e lo accompagna a scuola.	*Non sono capace. Non c'è bisogno che io impari a prendermi cura di me stesso. Non devo curarmi degli altri.*
Adolescenza Distinguersi gradualmente come una persona indipendente, sensibile verso gli altri e responsabile dei propri sentimenti, bisogni e atteggiamenti.	I genitori di Rosa pattuiscono con lei un aiuto ragionevole per le faccende domestiche; lo stesso per come e quando può uscire per andare dove deve o vuole.	*Sono responsabile per me stessa e gli altri. Sono un membro della famiglia, e devo contribuire. Sono in grado di farlo.*	Rosa ha molti impegni scolastici, così i genitori fanno al posto suo le faccende di casa che spetterebbero a lei. I genitori di Rosa spesso cambiano i loro programmi per accompagnarla, se ha bisogno di un passaggio.	*Non c'è bisogno che io sia capace. Non sono abbastanza competente né abbastanza stimata per essere un membro attivo del mio gruppo delle elementari.*

2

Com'è viziato quel bambino!

Quando potrebbe trattarsi di eccessiva indulgenza e invece non lo è

Spesso l'apparenza inganna.
ESOPO (550 a.C.)

Se giudichiamo una situazione di eccessiva indulgenza soltanto da ciò che appare, potremmo cadere in errore, come insegnano le tre storie seguenti.

Dare troppo

Un giorno la mamma conduce ai grandi magazzini Elizabeth, cinque anni, per comperare un regalo per una sua amichetta. Camminano su e giù per il reparto giocattoli, alla ricerca di qualcosa che possa piacere ad Alexis. Elizabeth vorrebbe comperare una bambola con un bel vestito, ma la mamma le ricorda che la madre di Alexis non le compera quel genere di bambole. Elizabeth sa che ad Alexis piace inventare storie ambientate in un castello, così continua a cercare, finché non trova una corona tempestata di gioielli. «Spero proprio che ad Alexis piaccia» dice Elizabeth, mentre la mamma paga alla cassa. «Così può fingere di essere la principessa del castello.» Mentre escono dal grande magazzino, attraversano il reparto dei vestiti, ed Elizabeth vede una tuta bianca e blu. Prende sua mamma per mano e la porta più vicino, poi la guarda, e chiede: «Posso averla, mamma?». La mamma, dopo averla osservata, dice: «È un po' cara, ma sì, puoi averla. Del resto, un'altra tuta ti serve». La donna sorride, mentre porge la tuta a Elizabeth, felicissima, e si dirige verso la cassa.

Se aveste assistito a questa scena, sareste in grado di dire se, comprando la tuta, la mamma di Elizabeth è stata troppo indulgente con lei?

Test del 4

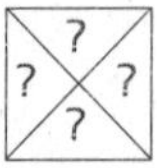

1. Il fatto di comperare la tuta ha impedito a Elizabeth di apprendere i suoi compiti di sviluppo?
2. L'acquisto ha comportato una spesa eccessiva rispetto alle risorse della famiglia?
3. La mamma di Elizabeth ha accettato la richiesta della figlia per farla contenta, oppure per soddisfare la sua esigenza di sentirsi una brava mamma?
4. È stato arrecato un danno agli altri, all'ambiente o alla società?

Queste sono le informazioni che abbiamo: Elizabeth non ha fatto i capricci, né ha pianto quando sua madre le ha spiegato che, anche se a lei la bambola piaceva molto, probabilmente non sarebbe stato il regalo giusto per Alexis. Poi Elizabeth ha trovato un regalo adeguato all'età della sua amica, ed era sicura che Alexis lo avrebbe gradito. E quando ha chiesto alla mamma di acquistarle la tuta, lo ha fatto senza capricci né insistenze. Inoltre, Elizabeth aveva bisogno di una tuta nuova e, anche se quella da lei scelta non era propriamente a buon mercato, si trattava di una spesa che la famiglia poteva permettersi. Comperarla non avrebbe comportato altre rinunce.

Un osservatore distaccato potrebbe pensare che quello della madre di Elizabeth è stato un comportamento troppo indulgente, perché l'unica cosa che la bambina ha dovuto fare è stato chiedere la tuta, e sua madre l'ha acquistata di buon grado. In effetti, se questa fosse una situazione frequente, si potrebbe dire che la mamma di Elizabeth è troppo indulgente con lei. Se invece si tratta di episodi occasionali, che capitano solo quando Elizabeth effettivamente necessita di qualcosa, non si può certo parlare di eccessiva indulgenza.

Tuttavia, forse la mamma è stata troppo indulgente con se stessa.

Elizabeth non ha molti vestiti, mentre sua madre ha pile e pile di scatole di scarpe accuratamente etichettate e ordinatamente riposte.

Nella maggior parte dei casi si tratta di scarpe da cerimonia ormai consumate. C'è anche un paio di scarpe che è l'esatta copia, mai messa, delle scarpe che usa quasi tutti i giorni.

Test del 4

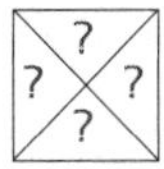

1. Questa situazione ha un impatto sul suo sviluppo, oppure su quello di Elizabeth?
2. Per l'acquisto delle scarpe della mamma viene utilizzata una quantità eccessiva delle risorse della famiglia?
3. Quali esigenze vengono soddisfatte acquistando tante paia di scarpe? È una necessità giustificata?
4. Viene danneggiato qualcuno? L'acquisto continuo di scarpe nuove da parte della mamma crea un modello di comportamento eccessivamente indulgente agli occhi della figlia?

Per un osservatore esterno non è facile comprendere la situazione. È vero che la mamma di Elizabeth ha molte scarpe, ma bisogna considerare anche che molte sono vecchie di anni, e che la donna le ha acquistate nell'arco di un decennio, senza superare il budget destinato al rinnovo del guardaroba, tutto sommato ragionevole. Non è facile per lei trovare delle scarpe adatte, così nel corso degli anni ha imparato che è meglio comprare un paio di scarpe in più, quando trova un modello che le calza bene, soprattutto se sono in saldo. Questo sistema ha funzionato, infatti non ha più problemi di calli o infiammazioni all'alluce. La mamma di Elizabeth tiene le sue cose con molta cura, e quando le mode cambiano, cerca fra le vecchie paia se c'è un modello che possa sembrare ancora abbastanza attuale. Lei ed Elizabeth hanno parlato del perché la donna conservi tutte le scarpe vecchie, e di quanto sia importante indossare scarpe comode. Ha insegnato a sua figlia a lucidarle, e insiste perché ne abbia cura.

In base a queste informazioni, quella che agli occhi di un osservatore superficiale può sembrare indulgenza, in questo caso è un uso accorto delle risorse familiari, l'esempio di un giusto approccio all'acquisto e di un comportamento oculato da parte del genitore.

Eccesso di attenzioni

Se un adulto fa qualcosa che il bambino è in grado di fare da solo, possiamo dire con certezza che ha ecceduto con le attenzioni nei suoi confronti? Prendiamo l'esempio di Christopher, vittima di episodi di bullismo da parte dei suoi compagni di scuola.

Un giorno la mamma di Christopher si reca alla scuola di suo figlio, decisa a risolvere la questione una volta per tutte. Entra a testa alta nell'ufficio del preside e gli parla con molta franchezza: «Questo problema sta andando avanti da troppo tempo. Esigo che lei faccia qualcosa. Mio figlio non riesce più a tenere a bada la sua compagna». In almeno cinque occasioni diverse Christopher, che frequenta la quarta elementare, aveva raccontato alla mamma che Sarah, una sua compagna di classe, durante l'intervallo gli aveva detto delle parolacce e lo aveva insultato. Gli era scivolata accanto, nel corridoio, e gli aveva sussurrato all'orecchio che avrebbe voluto fare sesso con lui. Quando gli aveva toccato l'inguine, lui si era rivolto a sua mamma e le aveva detto che ne aveva abbastanza. Dopo aver spiegato la situazione al preside, la mamma di Christopher aggiunge: «E se è necessario l'intervento della direzione del distretto scolastico per risolvere questo problema, spero che lei lo richieda. Lei ha delle responsabilità verso mio figlio e gli altri bambini. Voglio sapere quali provvedimenti prenderete, e sono disposta a fare tutto quello serve per aiutarvi».

Ecco qualche informazione supplementare: tre settimane prima Christopher aveva chiesto a sua madre qualche suggerimento per fare in modo che Sarah smettesse di comportasi in quel modo con lui. Lei gli aveva consigliato di ignorarla, cosa che lui aveva fatto, ma non aveva funzionato. Christopher aveva riferito del comportamento di Sarah al bidello e all'insegnante, chiedendo loro di fermarla, ma non era successo nulla. Anzi, la situazione era peggiorata.

La mamma di Christopher aveva già parlato con il preside, e lui le aveva detto di essere al corrente del comportamento della bambina. Le aveva detto: «Abbiamo già parlato con sua madre, ma non abbiamo ottenuto alcun tipo di collaborazione da parte sua. Gli insegnanti di questa scuola si ricordano ancora di lei, e del modo in cui si comportava quando frequentava la scuola. Le cose non sono cambiate. Abbiamo fatto tutto quello che potevamo». Il preside non aveva spiegato perché non fossero stati presi provvedimenti dagli insegnanti o dall'inserviente scolastico.

Se un osservatore esterno assistesse solo al secondo incontro fra la mamma di Christopher e il preside, potrebbe pensare che la donna si sia intromessa, giudicandola iperprotettiva e troppo indulgente nei confronti di suo figlio, dal momento che ha fatto qualcosa che avrebbe potuto fare da solo. Tuttavia, prima di arrivare a questo aveva incoraggiato suo figlio a risolvere autonomamente il problema, aiutandolo a trovare il modo giusto per farlo. In seguito aveva continuato a tenere la situazione sotto controllo, chiedendo a Christopher come stessero andando le cose. È stato solo quando il bambino ha incominciato ad arrabbiarsi anche con l'insegnante e l'inserviente che lei ha deciso di intervenire per risolvere la situazione.

Test del 4

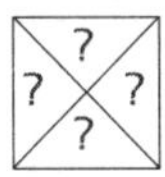

1. Il comportamento della mamma di Christopher gli ha impedito in qualche modo di apprendere i suoi compiti di sviluppo?
2. Quello che ha fatto ha richiesto una quantità eccessiva di tempo o energia?
3. Ha fatto qualcosa per Christopher che lui avrebbe potuto fare da solo? Ha soddisfatto le sue esigenze oppure quelle di Christopher?
4. Qualcuno è stato danneggiato dal suo comportamento?

Con ogni probabilità, non si tratta di un caso di eccessiva indulgenza, ma proviamo ad approfondire la domanda n. 3. È possibile che la mamma di Christopher sia andata a scuola anche per soddisfare il proprio bisogno di sentirsi un bravo genitore. Tuttavia, dal momento che nel farlo ha soddisfatto una necessità legittima di suo figlio, non si è trattato di indulgenza. Anzi, se *non* fosse intervenuta avrebbe danneggiato sia Christopher sia Sarah. Dopo tutto, è compito dell'adulto preservare il bambino da danni fisici *ed* emotivi. Se il bambino ha fatto del suo meglio per assumersi le proprie responsabilità, e non è abbastanza, i genitori devono intervenire.

Mancanza di una solida struttura di riferimento

Dai nostri studi[1] è emerso che uno degli indicatori dell'eccessiva indulgenza in età infantile è il fatto di non pretendere che il bambino svolga le faccende domestiche, e non prevedere conseguenze negative in caso non lo faccia.

La vita andava avanti. *Non era poi così importante che io portassi fuori la spazzatura.*

Dovendo svolgere dei piccoli compiti in modo regolare, il bambino impara quanto sia importante contribuire alla vita familiare e incomincia ad apprendere il concetto di aiuto reciproco. Qualcuno prepara la cena, qualcuno guida o va a fare la spesa, mentre a qualcun altro spetta il compito di portare fuori la spazzatura. Quando un membro del gruppo non dà il proprio contributo, mentre gli altri lo fanno, nascono i rancori; se invece tutti collaborano, l'unità della famiglia si rafforza.

Ecco la storia di Lauren:

Lauren va trovare la famiglia di suo fratello, a Dallas, e si ferma per una settimana. Con il passare dei giorni si accorge di un fatto curioso. In quella casa, gestita in modo perfetto, è sua cognata Jessica a portare fuori la spazzatura. «Che cosa sta succedendo qui?» si domanda. «Mio nipote Nicholas gioca, parla con i suoi amici o passa il tempo davanti al computer, e non porta fuori la spazzatura. Mio fratello e sua moglie devono essersi sbagliati.»

Il quarto giorno, quando Jessica rientra in casa, dopo aver portato fuori la spazzatura, Lauren non riesce a trattenersi, e le chiede: «Come mai non è Nicholas a farlo?». Jessica soffoca una risatina. «La settimana scorsa mi sono dimenticata di andare a prendere Nicholas dopo l'allenamento di calcio, e lui mi ha aspettata per quasi un'ora. Gli ho chiesto scusa, e mi sono offerta di portare fuori la spazzatura per una settimana per restituirgli il tempo che gli ho fatto perdere. Lui ha accettato molto volentieri. Per fortuna domani è l'ultimo giorno.»

Test del 4

1. Il fatto che Jessica abbia svolto un incarico che in realtà spettava a Nicholas gli ha impedito di apprendere dei compiti di sviluppo importanti? A Nicholas è stato dato troppo potere?

2. Il compito svolto da Jessica ha sottratto una quantità eccessiva delle sue risorse personali o di quelle della famiglia?
3. Quali esigenze sono state appagate? Quelle di Jessica o quelle di Nicholas?
4. Qualcuno è stato danneggiato?

Per Jessica è molto importante rispettare gli accordi e rimediare ai propri errori. Da un lato, la sua offerta di porre rimedio al disagio che ha provocato a Nicholas è un modo per dargli un esempio di come bisognerebbe comportarsi in questi casi, dall'altro ha cercato di fargli capire che, se non rispetta gli impegni presi, anche lui deve rimediare. Il risultato di questo tipo di accordi è il rispetto reciproco e l'assunzione di responsabilità. La famiglia e le relazioni fra le persone che la compongono si rafforzano, e non ci sono stati comportamenti troppo permissivi o eccessivamente indulgenti.

Per far funzionare l'equilibrio familiare, è importante porre dei limiti rapportati all'età e tenere conto del livello di responsabilità del bambino. Per questo, è necessario che tutti i membri della famiglia sappiano:

- chi deve fare che cosa;
- cosa succede se una cosa non viene fatta;
- se una cosa non viene fatta, sicuramente *succederà* qualcosa.

Il quadro completo

Osservando solo una parte del quadro, quello che in apparenza potrebbe sembrare un comportamento indulgente in realtà potrebbe non esserlo. Se invece avete a disposizione tutti gli elementi (se non li avete, cercate di raccoglierli), provate a rispondere alle domande del test dei quattro indizi, e capirete se quello che avete intenzione di fare è nell'interesse di vostro figlio e della vostra famiglia.

Se la mamma di Elizabeth avesse comperato la tuta a sua figlia per appagare *se stessa*, dimostrando di essere capace di offrire a Elizabeth tutto quello che vuole, il suo sarebbe stato un comportamento indulgente. Se la mamma di Christopher fosse andata a parlare con il preside per soddisfare il *suo* bisogno di autorità e controllo, o per salvare suo figlio e fare quello che lui in realtà era in grado di fare da solo, il suo sarebbe stato un comportamento indulgente. E se Jessica avesse portato fuori la spazzatura al posto di Nicholas per poter dire alle sue amiche «Visto che brava mamma sono?», il suo sarebbe stato un comportamento indulgente.

Se a volte quella che in apparenza potrebbe sembrare eccessiva indulgenza in realtà non lo è, può darsi che quella che *non* sembra indulgenza in realtà lo sia? Certo che è possibile, ed è di questo che ci occuperemo nel prossimo capitolo.

* * *

Un pizzico di indulgenza
ogni tanto dà colore alla vita.
Se però quel gesto diventa un'abitudine,
si trasforma in eccessiva indulgenza.

INDIRA NEWELL

3
Che cosa c'è di sbagliato?
Casi in cui la situazione sembra normale, ma in realtà è un esempio di eccessiva indulgenza

L'effetto non sempre corrisponde alle intenzioni.
VALERIE BATTS

Nel capitolo precedente abbiamo esaminato alcune situazioni caratterizzate da un comportamento apparentemente indulgente, mentre in realtà non lo era. Del resto, in alcuni casi l'indulgenza non è facile da riconoscere. Analizzando tre situazioni in cui inizialmente un certo tipo di comportamento sembra costruttivo, mentre in realtà non lo è, impareremo a distinguere fra i casi in cui l'aiuto offerto è veramente utile e quelli in cui indebolisce, impone, o comporta un prezzo da pagare.

Troppe risorse

Taylor ha quindici anni, è intelligente, è una brava studentessa e un'eccellente pattinatrice. Sua madre la accompagna alla pista di pattinaggio su ghiaccio cinque giorni alla settimana, compiendo un tragitto di circa 150 chilometri, su una strada generalmente molto trafficata, per permetterle di fare due ore di allenamento al giorno. Taylor fa i compiti in macchina, e le dispiace di non avere tempo per uscire con gli amici e praticare altre attività extrascolastiche. Vorrebbe partecipare agli incontri in oratorio, ma non può, a causa degli allenamenti. La prossima estate, Taylor e sua madre trascorreranno otto settimane in una città lontana, in modo che Taylor possa allenarsi con un istruttore di fama nazionale.

Test del 4

1. I genitori di Taylor le impediscono in qualche modo di apprendere i suoi compiti di sviluppo?
2. I genitori di Taylor destinano alla figlia una quantità eccessiva delle risorse familiari?
3. Quali esigenze vengono appagate?
4. Viene danneggiato qualcuno?

Offrire ai giovani l'opportunità di imparare e sviluppare le proprie capacità fa parte dei compiti di un genitore. In questo caso, la madre di Taylor sembra votata ad aiutare la figlia a diventare una brava pattinatrice. Tuttavia, nel farlo la donna trascura il bisogno di Taylor di dedicarsi ai compiti di sviluppo propri dell'adolescenza (cfr. p. 333). Durante l'adolescenza l'aggregazione con i propri coetanei è essenziale, ma a Taylor questa possibilità viene negata. La ragazza ha bisogno di capire chi è, in cosa crede e cosa è importante per lei, di scoprire in cosa si avvicina o si discosta dalle persone che contano nella sua vita. Come può farlo, se dedica tutto il suo tempo a una sola attività, che svolge con un unico gruppo di persone?

Analizziamo meglio i fatti. La mamma di Taylor è cresciuta con una madre disinteressata, che non si è mai curata del talento della figlia e ha sempre ignorato il suo desiderio di prendere lezioni di pattinaggio. Dal giorno in cui è nata Taylor, sua madre ha giurato che a sua figlia non sarebbe stata negata l'opportunità che lei non aveva avuto.

Adrienne, la sorella minore di Taylor, sta imparando a cavalcare in un maneggio poco lontano da casa. Il suo istruttore ritiene che sia molto brava, e le ha consigliato di intensificare gli allenamenti in una struttura più grande, nel paese vicino. Questo, però, interferirebbe con i programmi di Taylor, quindi non è possibile.

In base a tutte e quattro le domande del test, Taylor viene trattata con troppa indulgenza. Sì, le opportunità della ragazza di apprendere i compiti di sviluppo vengono limitate; sì, le necessità della madre sono un fattore determinante nell'incoraggiamento che dà alla figlia; sì, gli allenamenti di Taylor assorbono una quantità eccessiva delle risorse familiari (il tempo della mamma); e sì, questa situazione nuoce alla sorella minore di Taylor.

Per capire se ci si trova di fronte a un comportamento iperindulgente è molto importante stabilire di chi sono le esigenze che vengono assecondate. Il genitore potrebbe farsi questa domanda: *Quello che sto facendo è per il bene di mio figlio o per il mio? Quel comportamento, quella scelta, quell'evento, quell'oggetto sono per mio figlio, oppure per me?* Una risposta sincera a queste domande può impedirci di fare del male alle persone che amiamo.

Se Taylor fosse realmente motivata, se sua sorella la sostenesse nel suo intento di competere ed eccellere, se l'obiettivo dell'intera famiglia fosse quello di aiutare la ragazza a partecipare alle Olimpiadi, o di raggiungere un traguardo molto importante per lei, e le conseguenze di questo sforzo fossero positive per tutti i membri della famiglia, con ogni probabilità non ci troveremmo di fronte a un eccesso di indulgenza. Alcuni bambini sembrano nati apposta per praticare un determinato sport.

Per il bene del bambino

Per la maggior parte dei bambini, lo sport dovrebbe essere a misura loro. Annie ha cinque anni, e si sta preparando per un saggio di danza. Il giorno delle prove generali, Annie sale sul palco per ballare con il suo gruppo, poi raggiunge la mamma fra il pubblico e assiste al resto dello spettacolo. Il giorno del saggio, Annie deve aspettare in classe fino a quando non arriva il suo turno, poi deve ritornare in classe e aspettare fino al termine del saggio. «Voglio stare con te, mamma» dice.

«No, Annie, devi stare qui.»

«Allora voglio che tu rimanga qui con me.»

«Annie, non posso. Ieri, alle prove, sei rimasta con me e abbiamo guardato insieme tutto lo spettacolo» risponde la mamma, appoggiando le mani sulle spalle della bambina e guardandola negli occhi. «Oggi abbiamo dei compiti diversi. Tu ti devi esibire. Il tuo compito è stare qui, salire sul palcoscenico e ballare, e poi tornare in classe. Il mio compito è quello di rimanere fra il pubblico. Ora devo andare. Tornerò a prenderti quando lo spettacolo sarà finito. Ci sono anche il nonno e la nonna, e stasera ceneremo tutti insieme.»

Dopo essere tornata al suo posto, la mamma di Annie dice alla nonna: «Credo che tutto questo faccia bene ad Annie. Sta imparando a fare parte di un gruppo. Ha la possibilità di stare sul palco, senza essere il centro dell'attenzione. Mi piace questa scuola di danza. Non è costosa, è così vicina a casa che possiamo venirci a piedi, e i bambini sono bellissimi da vedere. L'insegnante, poi, fa in modo che tutti abbiano successo».

La mamma di Annie ha capito che lo sport può aiutare sua figlia ad apprendere alcuni compiti di sviluppo importanti per la sua età. Insistendo perché sia lei sia la bambina portassero a termine i loro rispettivi compiti, ha aiutato Annie a rispondere alle domande sull'identità che un bambino di cinque anni incomincia a porsi: chi sono? chi sono loro? che cosa significa?

In questo caso il *Test del 4* è stato superato.

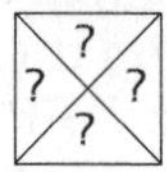

1. L'attività praticata da Annie favorisce il suo sviluppo e le offre la possibilità di adottare un comportamento socialmente corretto, di scoprire gli effetti che questo può avere sugli altri, e di trovare il suo ruolo nel gruppo (cfr. p. 327 per maggiori dettagli).
2. L'investimento in termini di tempo, energia e denaro è proporzionato alle risorse della famiglia.
3. L'esibizione di Annie non è la risposta a un'esigenza di appagamento dell'ego dei suoi genitori, che non hanno anteposto i loro bisogni a quelli della bambina. Non è stato arrecato alcun danno.
4. Nessuno è stato danneggiato.

Eccesso di attenzioni

A Nate, un vivace e ricciuto bimbetto di due anni, piace giocare con suo padre Bryce. Insieme si divertono a rotolarsi sul pavimento, Bryce fa il solletico a Nate e gioca a nascondino con la sua pancia, oppure si divertono a imitare i versi degli animali.

Alla sera, è Bryce che mette a letto Nate. Gli fa il bagnetto, lo coccola, gli racconta una storia, poi gli rimbocca le coperte. Gli dà il bacio della buonanotte, e tre minuti dopo Nate comincia a piangere e lo chiama Bryce. Lui lo porta in soggiorno, e dice: «Okay, piccolo. Hai bisogno di rimanere un altro po' con il tuo paparino». Bryce sembra un papà affettuoso, a cui piace prendersi cura di suo figlio.

Test del 4

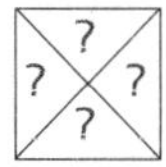

1. Il papà di Nate sta aiutando suo figlio ad apprendere i compiti di sviluppo? Fra questi rientra il fatto di saper seguire dei semplici ordini, come "fermati, vieni qui, va' lì, sta' qui" e cominciare a capire che lui non è il centro dell'universo (cfr. p. 324 per maggiori dettagli).
2. A Nate viene destinata una quantità eccessiva delle risorse emotive del papà?
3. Quali esigenze vengono appagate, quelle di Nate o quelle del papà?
4. Qualcuno viene danneggiato?

In apparenza sembra che Bryce trascorra del tempo di qualità insieme a suo figlio, ma è possibile che sia troppo indulgente con lui? Non abbiamo abbastanza elementi per giudicare. Forse la chiave sta in quello che succede dopo:

Quando Nate torna in soggiorno, Bryce appoggia il bambino sulle gambe, lo culla, poi si rimette a leggere il giornale. Nate cerca di divincolarsi. «No, Nate» gli dice Bryce, ma il bambino colpisce il giornale, afferra gli occhiali del papà e gli tira i capelli. A questo punto Bryce è piuttosto arrabbiato, e sembra che sia Nate ad avere il controllo della situazione e di Bryce.

Il comportamento di Nate dovrebbe essere un campanello d'allarme per Bryce. Se vuole che il bambino resti a letto, deve imporsi e far capire al bambino che sa qual è la cosa giusta per lui e per se stesso, e comportarsi di conseguenza. Se è infastidito dal comportamento di Nate, non dovrebbe cedere, ma fargli capire che deve smetterla. Nate non deve pensare di essere il centro dell'universo, né deve credere che qualunque atteggiamento venga tollerato. Deve imparare che può fidarsi degli adulti che gli vogliono bene, e sanno quando non è il caso di assecondare le sue richieste. Un bambino di due anni al quale viene permesso di dominare gli adulti diventa fastidioso e sgradevole, consumando le energie dei genitori.

A questo punto è evidente che Nate viene trattato con troppa indulgenza. Ecco come dovrebbe comportarsi Bryce. Può continuare a giocare con suo figlio e dedicargli del tempo prima di metterlo a nanna, ma quando è ora di dormire deve dirgli: «Bene, per stasera basta così». Poi, senza esitazione, deve abbracciare Nate o dargli un bacio affettuoso e rassicurante.

Se Nate esce dalla sua stanza, Bryce può fargli capire con uno sguardo che non è affatto contento, e domandargli in tono pacato se vuole tornare a letto da solo e se preferisce che lui lo accompagni. Oppure può semplicemente prenderlo in braccio e riportarlo in camera. Se Nate si lamenta o piange, Bryce può dirgli: «Ti voglio bene, Nate. Ci vediamo domani mattina», e uscire dalla stanza.

Questa situazione, però, non riguarda soltanto il rapporto fra padre e figlio. Proviamo ad analizzare il contesto familiare:

La mamma torna a casa, dopo aver fatto la spesa, vede Nate nel soggiorno e dice: «Nate, a quest'ora dovresti essere già a letto». Nate salta giù dal divano, corre dalla mamma e incomincia a colpirla alle gambe. Lei lo prende in braccio, decisa, gli blocca il braccio e dice: «Non si danno le botte». A questo punto interviene il papà e rimprovera la moglie: «Non sgridarlo! Lascialo fare». Lei mette giù il bambino ed esce dalla stanza.

Se i genitori di Nate cedono sempre, come si comporterà il bambino quando andrà a scuola? E quando sarà adolescente? O adulto? Per riuscire a capire quali esigenze vengono soddisfatte in questa situazione, bisognerebbe avere qualche informazione in più. Ancora qualche domanda: la mamma e papà sono d'accordo sul tipo di comportamento da tenere con Nate? Il loro atteggiamento è la conseguenza di difficoltà irrisolte nel loro rapporto? Stanno cercando di compiacere qualcuno (per esempio i nonni) o degli amici?

Mancanza di una solida struttura di riferimento

I genitori di Damian vanno a parlare del suo rendimento scolastico con la maestra del bambino, che frequenta la quinta elementare. Soddisfatti dei progressi che ha fatto nella lettura e in matematica, esprimono le loro perplessità sui voti scarsi presi nel test di ortografia. «Quando lo aiutiamo a fare i compiti, la sera prima del compito in classe, ottiene dei risultati decisamente migliori» dice il papà. «Ed è molto soddisfatto di sé quando prende un bel voto, ma si dimentica sempre di portare a casa il compito» aggiunge la mamma. «Lei può aiutarci?»

Test del 4

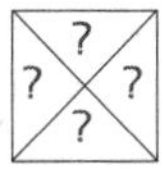

1. I genitori di Damian lo stanno aiutando ad apprendere i compiti di sviluppo o lo stanno dissuadendo dal farlo? Fra questi compiti rientrano la capacità di apprendimento, il fatto di imparare dai propri errori, stabilire se si è adeguati e imparare a collaborare (cfr. p. 330 per maggiori dettagli).
2. Mamma e papà stanno investendo una quantità eccessiva delle loro energie per risolvere il problema di Damian?
3. Quali esigenze vengono soddisfatte?
4. Qualcuno viene danneggiato?

Si tratta di un caso di eccessiva indulgenza? I genitori di Damian sembrano ansiosi di aiutarlo. Abbiamo abbastanza elementi per poter giudicare? Ecco qualche informazione supplementare:

Dopo che l'insegnante si è complimentata con i genitori per l'interesse dimostrato verso il rendimento del bambino, la mamma chiede: «Potrebbe controllare se il martedì, quando esce da scuola, Damian si ricorda di mettere in cartella il compito di grammatica?». Quando la maestra si rifiuta educatamente di farlo, spiegando che è una cosa che deve fare Damian, il padre reagisce di scatto e lancia alla moglie uno sguardo di intesa: «Se non siamo noi a ricordaglielo, anche a casa lui si dimentica di fare quello che dovrebbe. Dobbiamo ripeterglielo un mucchio di volte, e anche così non basta. Il più delle volte dobbiamo chiedere a suo fratello maggiore di tagliare il prato, perché lui non lo ha fatto».

A questo punto il quadro è completo. Non dimenticate che in questo capitolo stiamo esaminando le situazioni che apparentemente non sono casi di eccessiva indulgenza. La verità emerge dall'analisi dei dettagli. Damian non sta imparando le cose che i bambini in età scolare normalmente apprendono aiutando nelle faccende domestiche. I genitori di Damian non lo ritengono responsabile del fatto che non porta a termine i compiti che gli spettano, ma questo ha delle conseguenze negative per lui e per suo fratello. Pur senza volerlo, non possono fare a meno di essere infastiditi dal fatto che il bambino non contribuisce alla vita familiare. Questo comportamento indulgente, dettato dalla mancanza di regole severe, si estende anche all'ambiente scolastico. È evidente, infatti, che Damian non offre il suo contributo nemmeno in quel contesto. Damian non è né pigro né cattivo.[1] È solo un bambino che è stato portato a credere che la vita vada avanti comunque, anche senza il suo aiuto. Avendo imparato a ignorare le lamentele, riesce a evitare di svolgere i suoi compiti senza fastidiose conseguenze. Per avere effetto, le conseguenze del suo atteggiamento dovrebbero essere più serie.

La mamma e il papà di Damian ne hanno discusso e hanno stabilito un piano di azione. Ecco che cosa hanno detto a Damian: «Vogliamo chiederti scusa per aver fatto più di quello che fai tu per imparare l'ortografia. D'ora in poi, sarà soltanto compito tuo. Se vuoi il nostro aiuto, non devi fare altro che chiederlo. A proposito, ti ricordi che avevamo deciso che non saresti andato all'allenamento o alla partita se non avessi prima falciato il prato? Abbiamo sbagliato anche in questo. D'ora in poi, niente prato, niente uscite».

A volte l'apparenza inganna, e se non si hanno tutte le informazioni necessarie è facile scambiare un atteggiamento eccessivamente indulgente per un comportamento educativo. Tuttavia, il *Test del 4* ci aiuta a capire quando ci stiamo comportando come genitori saggi e affettuosi, e quando, invece, quello che stiamo per compiere (o abbiamo già compiuto) è un gesto di indulgenza eccessiva. Se non avete ancora usato il test per scoprire se siete genitori troppo indulgenti riportato nell'Appendice B, potreste farlo adesso.

* * *

Quando i genitori sono troppo efficienti,
i figli reagiscono con l'inefficienza.

MARK HENNINGSEN

PARTE SECONDA

Troppo

4
Prendine ancora
I molti modi del concedere troppo

Se date troppa acqua a una pianta, muore.
Ma anche se la innaffiate per troppo amore.
Morirà comunque.

ADA ALDEN

A tutti noi sarà capitato di dare troppa acqua a una pianta, e probabilmente a tutti noi sarà capitato di concedere troppo a nostro figlio, per il desiderio di non fargli mancare nulla. Spesso è difficile, se non impossibile, riuscire a capire qual è la misura esatta. Allora facciamo del nostro meglio, ma a volte diamo troppo, a volte il giusto, a volte troppo poco. In questo capitolo ci occuperemo del troppo, del troppo spesso e del troppo a lungo.

Troppi e troppo

Troppo significa troppe risorse o troppi beni materiali. Aver bisogno di un maglione nuovo e riceverne tre. Andare a fare shopping con la mamma, e tornarsene con due paia di jeans, perché non si riesce a decidere fra i due. Comperare i pattini in linea, usarli una volta, e decidere che era meglio lo skateboard. Quando lo si è ottenuto, chiederne un altro, più bello e più costoso. Lo perdete, e i vostri genitori ve ne comperano un altro. Avete una quantità esagerata di costosissimi vestiti sportivi, e troppi giocattoli negli scatoloni. Ce ne sono troppi anche in garage, al punto che non c'è spazio per l'automobile. Aprite i regali senza sosta, senza fermarvi a guardarli. Passate dall'uno all'altro in modo frenetico, e quando li avete aperti tutti, vi resta la delusione. Troppe lezioni, troppo sport, troppi film. Troppa televisione, troppi viaggi: «Sono stato lì, ho fatto questo e quello...» I CD, i DVD, il computer portatile, il palmare, i programmi, gli accessori, i giochi per il computer, i videogame. Troppo di tutto.

Troppe cose

Gli studenti di una classe del college hanno scritto una poesiola,[1] nella quale descrivono cosa succede quando i bambini hanno troppe cose.

TROPPE COSE

Ecco come il bambino usa le cose:
le disprezza
le distrugge
le ostenta
se ne vanta
Invece di
apprezzarle
usare le cose per migliorare la vita

Il bambino può decidere:
Le cose non hanno bisogno di nessun
investimento da parte mia.
Non ho le idee chiare su quale sia il prezzo
che dovrei pagare per le cose.
Le cose mi servono solo nel momento
in cui le voglio.
Ho il potere di manipolare gli adulti
per ottenere le cose.
Non devo lavorare né fare progetti per avere
le cose di cui ho bisogno.

La scatola di prugne

Una donna ci ha raccontato questa storia, che parla di una bambina che aveva troppe cose:

Avevo tutto. Ottenevo qualunque cosa, che la chiedessi oppure no. Non dicevo mai che mi piaceva qualcosa, altrimenti qualcuno si sarebbe precipitato a comprarmela. A Natale, mi chiedevano: «Che co-

sa vuoi?», ma io non volevo niente. Avevo tutto. Avevo più di quello che avrei desiderato. Ma loro insistevano, così dicevo: «Voglio una scatola di prugne». Non so perché desiderassi una scatola di prugne. Pensavo solo che fosse divertente. Così chiedevo una scatola di prugne, e in cambio ricevevo espressioni di disgusto.

Il giorno di Natale ricevetti pile e pile di regali. Giocattoli, vestiti, libri, musica, biglietti per il teatro, tutte cose che avevo già, ma niente prugne.

Quella notte sognai di essere circondata da un mucchio di scaffali pieni di scatole. Decine di scatole. A un certo punto le scatole incominciarono a cadermi addosso. Non mi facevano male, però continuavano a cadere. Non riuscivo a fermarle.

Un giorno, un insegnante mi chiese: «Tu aiuti la mamma e il papà nelle faccende di casa?». Risposi: «Sì, spazzo il pavimento». Non lo avevo mai fatto. Non avevo mai tenuto una scopa in mano. Non avevo mai aiutato a pulire, in nessun modo. Al college ottenni un impiego part-time come donna delle pulizie. Mi piaceva. Finalmente imparai a pulire in casa.

La donna che ci ha raccontato questa storia ha capito che aveva troppe cose, e ha reagito. Ma non succede così per tutti.

Che cosa succede quando concediamo troppo

La nostra ricerca ha dimostrato che i bambini che hanno sempre avuto troppe cose, di solito:

- non conoscono il concetto di "abbastanza"
- non hanno rispetto per gli oggetti e le persone
- sono convinti e agiscono come se fossero il centro dell'universo.

La voce di chi ha sofferto

Alcuni genitori trattati con troppa indulgenza hanno raccontato di avere difficoltà a distinguere fra *essere* e *avere*. «Io sono solo se ho» ci ha detto uno di loro. «Devo avere per essere sicuro di essere vivo.»

Ascoltate le testimonianze di alcuni degli adulti con i quali abbiamo parlato mentre descrivono ciò che provano.

TESTIMONIANZE DIRETTE

QUANDO I TUOI GENITORI ERANO TROPPO INDULGENTI CON TE, COME TI SENTIVI?

- ✓ Mi arrabbiavo quando qualcuno mi dava dei regali pensati in realtà per sé.
- ✓ Mi sentivo a disagio, perché gli altri bambini non avevano quello che avevo io.
- ✓ Ero imbarazzato, perché c'erano bambini che non avevano nulla.
- ✓ Ero imbarazzato, perché capivo che c'era qualcosa di sbagliato.
- ✓ Ero ferito, perché quando mi facevano dei regali, i miei genitori non tenevano conto delle mie necessità/preferenze.

QUALI MESSAGGI CREDI CHE DIA A SUO FIGLIO UN GENITORE TROPPO INDULGENTE?

- ✓ Non chiedere quello di cui hai bisogno.
- ✓ Lascia perdere i sensi di colpa quando ricevi un regalo. Non ascoltare la tua coscienza. Devi accettare i doni, che tu li voglia o no, anche se questo va a discapito di qualcun altro. Io credo che la pressione che nasce dal fatto di essere forzati ad agire contro la propria coscienza provochi una lotta interiore molto faticosa e ingiusta.

QUANDO ERI BAMBINO, HAI MAI PROVATO A OPPORTI AGLI ECCESSI DI INDULGENZA?

- ✓ Da adolescente ho incominciato a restituire i regali di Natale troppo costosi e indesiderati.
- ✓ Sì. Dopo aver ricevuto una macchina nuova (che non volevo) da mio padre, a sedici anni, ho deciso che non avrei più accettato alcun regalo da lui – a eccezione del fatto che ero pagato più del dovuto quando lavoravo nella sua azienda, in estate. Mia madre ha smesso di regalarmi tempo e soldi solo dopo che è morta, quando io avevo quarant'anni. Non riuscivo a sopportare la sua presenza ossessiva. Insisteva per tenere le registrazioni contabili dell'impresa di famiglia, e praticamente ha rifatto lo stesso lavoro del mio commercialista per due anni.

Troppo: ma di che cosa?

Le persone che hanno partecipato al nostro studio e hanno ammesso di essere state trattate con troppa indulgenza nella loro infanzia hanno identificato cinque ambiti nei quali hanno ricevuto troppo.

1. I miei genitori mi regalavano un numero esagerato di giocattoli.[2]
2. Potevo avere tutti i vestiti che volevo.

3. I miei genitori organizzavano per me le attività, le lezioni, lo sport e le vacanze estive.
4. Mi venivano concessi moltissimi privilegi.
5. I miei genitori facevano in modo che ci fosse sempre qualcosa o qualcuno a divertirmi.

Nei capitoli seguenti ci occuperemo delle conseguenze di tutto questo "troppo", analizzando in che modo si può dare abbastanza, senza eccedere, in ciascuna delle cinque aree citate.

* * *

A volte, il fatto di non ricevere ciò che si vuole
è un incredibile colpo di fortuna.

DALAI LAMA

5

Voglio qualcosa con cui giocare

Quando ero bambino, i miei genitori mi regalavano un mucchio di giocattoli

Quello che ha più giocattoli perde.

Il gioco è il lavoro dei bambini

Osso, cuoio, paglia, pezza o legno – nel corso dei secoli le bambine hanno giocato con bambole realizzate con i materiali naturali più diversi. Per generazioni, le nostre piccole antenate hanno osservato le loro mamme e si sono prese cura delle loro bambole. Si tratta di un gioco, è vero, ma il gioco è il lavoro del bambino, poiché gli insegna cose che lo preparano a diventare un elemento produttivo della società.

Tradizionalmente, in tutto il mondo i giocattoli hanno sempre avuto un ruolo cruciale nelle esperienze che preparano i bambini al ruolo che avranno da adulti nelle loro rispettive culture. Nelle popolazioni di cacciatori, i ragazzini giocano con bastoncini che diventano lance; nei popoli di guerrieri, il bastoncino diventa una spada. Per avere un bastone nuovo, però, non bisognava andare nel negozio di giocattoli, e probabilmente nelle camere dei bambini di allora non c'erano pile di bastoni abbandonati sul pavimento.

Nel mondo occidentale meccanizzato i bambini giocano ancora con i bastoni, ma hanno anche i camion e le macchinine giocattolo, e mini cucine dove lavano i piatti in lavastoviglie in miniatura. Hanno anche un computer personale, e bambole di plastica. Un mucchio di bambole di plastica. Come succedeva in passato, i giocattoli sono lo specchio della vita degli adulti. Tuttavia, grazie alle batterie, ai microchip, e all'abilità dei venditori, per far funzionare i suoi giochi il bambino non deve fare altro che premere un bottone. Le cose sono molto cambiate rispetto a una volta, quando il giocattolo stimolava la fantasia. Pertanto, quando pensiamo ai giocattoli dei nostri figli, non dobbiamo chiederci soltanto se ne hanno troppi, ma anche se ne hanno troppi di un unico tipo. I giocattoli che usa mio figlio lo stanno preparando soltanto a diventare un consumatore?

Ashley ha tre anni. Ha molti giocattoli, alcuni molto costosi, tutti dotati di batterie. Ha una bambola che cammina, una che parla, un'altra balla, e alcune tastiere giocattolo che suonano e riproducono i versi degli animali. I suoi giochi sono sparsi per tutta la casa. Quando si scarica la batteria, Ashley getta in un angolo il giocattolo che non funziona più, oppure pretende delle pile nuove, subito. Quando suo papà rientra da un viaggio, le prime parole di Ashley sono «Che cosa mi hai portato?».

Se è vero che il gioco è il lavoro dei bambini, che cosa sta imparando Ashley dal suo gioco/lavoro? La valanga di giochi che ha è un aiuto o un ostacolo per lei? Viene trattata con troppa indulgenza?

Test del 4

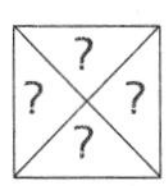

1. Questa collezione di giocattoli non aiuta Ashley ad apprendere i suoi compiti di sviluppo. Se le viene data una batteria nuova appena la chiede, non impara a rimandare il momento della gratificazione, facendoglielo apprezzare di più. Se nessuno le insegna a prendersi cura dei suoi giochi, non impara ad assumersi le sue responsabilità. Se i giocattoli che usa non le permettono di costruire e manipolare e inventare, la sua creatività non viene stimolata.
2. Non sappiamo se all'acquisto dei giocattoli di Ashley è stata destinata una quantità sproporzionata delle entrate familiari.
3. Possiamo intuire a chi sono destinati questi giocattoli altamente tecnologici e costosi, visto che in realtà appagano le esigenze dei genitori.
4. Probabilmente i giocattoli non danneggiano nessuno, sicuramente aumentano i profitti delle società che li producono.

È evidente che Ashley viene trattata con troppa indulgenza. Basta il primo indizio a dimostrarlo. I suoi genitori, che le fanno tutti quei regali mossi dall'affetto e dalle buone intenzioni, dovrebbero spostare l'obiettivo da ciò che loro desiderano offrire a ciò di cui Ashley ha bisogno. Forse dovrebbero mettere via un po' di quei giocattoli meccanici, e comprarle dei cubi per le costruzioni e qualche bambola senza batterie. Infine, almeno qualche volta, invece di portarle un gioco nuovo dai suoi viaggi, il papà dovrebbe regalarle un po' del suo tempo. Forse i genitori di Ashley potrebbero documentarsi e leggere qualcosa per capire come i giochi non strutturati stimolino la crescita cerebrale e la creatività e insegnino le competenze sociali.

> **Se in una famiglia con delle regole severe ci sono troppi giocattoli o videogiochi, il bambino non ne risente, perché non ha molto tempo per usarli.**
> KAARA ETTESVOLD

Anche i Menza hanno scelto dei giocattoli meccanici per i loro figli. Ormai i ragazzi sono adolescenti, e il garage è pieno di scooter, moto d'acqua, barche a motore, motoslitte e motociclette. In casa ci sono tre computer, diciassette videogiochi e pile di software.

Test del 4

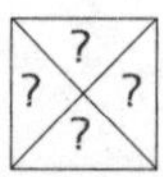

1. Questi giochi favoriscono l'apprendimento dei compiti di sviluppo? I ragazzi vanno bene a scuola? Si comportano in modo responsabile? Sono sensibili e sanno stare in mezzo agli altri? Stanno imparando a prendersi cura di tutte le cose che hanno? Stanno apprendendo le competenze sociali? Sono consapevoli di ciò che li circonda e sanno porsi nel modo giusto con gli altri?
2. Per l'acquisto di questi giochi è stata spesa una quantità sproporzionata delle risorse della famiglia?
3. Per chi sono tutti questi giochi? Servono a soddisfare gli interessi e a stimolare i talenti dei ragazzi, o sono cose che i loro genitori avrebbero voluto alla loro età, e non se li sono potuti permettere?
4. Questi giochi danneggiano qualcuno? La comunità? La società in senso più ampio?

Per poter applicare il test dei quattro indizi ci servirebbero altre informazioni sulla famiglia. Tuttavia, se la situazione non soddisfa tutti e quattro i criteri, significa che ci troviamo di fronte a un caso di eccessiva indulgenza.

Troppi giocattoli nuocciono allo sviluppo delle competenze

Gli adulti che da bambini hanno avuto troppi giocattoli manifestano alcune difficoltà nello sviluppo delle competenze. I partecipanti[1] al sondaggio che hanno condiviso l'affermazione *Quando ero bambino, i miei genitori mi regalavano un mucchio di giocattoli* hanno rivelato quanto segue:

- Uno dei miei problemi è che non riesco a dedicarmi al mio lavoro quando dovrei.
- Lascio le cose a metà.
- Se incontro una persona interessante, con la quale è difficile fare amicizia, rinuncio subito a instaurare un legame con lei.*

Dalle affermazioni precedenti emerge che l'eccessiva abbondanza di giocattoli interferisce con lo sviluppo della capacità di concentrarsi e perseverare. Naturalmente, il tipo di trattamento ricevuto e la reazione del bambino sono unici, e lo sono anche le sue scelte e le decisioni che prende, ma è interessante cercare di capire perché questa mancanza di competenze possa essere associata al fatto di aver avuto troppi giocattoli. Potete aggiungere le vostre osservazioni personali sui possibili effetti provocati dal fatto di possedere troppe cose.

QUEL POVERO, BRUTTO ORSACCHIOTTO

Amantha sta giocando a casa della nonna. «Mi serve un peluche nuovo» dice. La nonna tira fuori da uno scatolone il vecchio Winnie The Pooh con cui giocava il papà di Amantha, senza un occhio e con un orecchio strappato. La donna rivede le immagini di suo figlio quando aveva tre anni e trascinava di qua e di là il povero orsacchiot-

* Le citazioni riportate sopra sono riprodotte con il consenso degli autori e degli editori di: M. Sherer, J.E. Maddux, B. Mercandante, S. Prentice-Dunn, B. Jacobs, R.W. Rogers, *The self-efficiency scale: construction and validation*, «Psychological Reports», 1982, 51, 663-671. © Psychological Reports 1982.

*to. «Questo era di tuo papà» dice alla bambina. «Puoi giocarci, se vuoi.» Il «no» urlato da Amantha riecheggia per tutta la casa, mentre la bambina scaraventa il peluche giù dalle scale. «È brutto! E anche il mio è brutto! Voglio un orsacchiotto nuovo.» La nonna riprende il peluche e lo rimette nella scatola. "È arrivato il momento di raccontare ad Amantha la storia del Coniglietto di velluto", pensa la nonna fra sé e sé.**

Che cosa ha imparato Amantha sull'importanza di prendersi cura dei propri giocattoli?

Quando i nonni e altri concedono troppo ai bambini

I genitori che sono molto attenti a non dare troppe cose ai propri figli, a volte non possono impedire che altre persone lo facciano. La storia seguente ci spiega come i genitori di Joshua hanno trasformato quel "troppo" in un punto di forza per il bambino e la famiglia.

I REGALI DI COMPLEANNO

I numerosi parenti di Joshua vanno trovarlo tutte le volte che possono. Joshua è il primo nipote per entrambe le famiglie, ed è coccolato dagli zii e dalle zie. La settimana prima del suo settimo compleanno, a casa sua arriva una pioggia di regali spediti dai parenti che vivono lontano. Suo papà insiste perché il bambino aspetti il giorno del compleanno per aprirli. Il gran giorno, i parenti del bambino che vivono in città si presentano con altri regali. Joshua li spacchetta uno dopo l'altro, gettando la carta strappata e guardandoli appena, ignorando qualunque cosa gli venga detta e afferrando avidamente il regalo successivo. Quando la pila di pacchetti finisce, si guarda intorno stupito e dice: «Tutto qua?».

Siamo di fronte a un caso di eccessiva indulgenza?

Ovviamente sì. Il comportamento di Joshua è diffuso a due anni, ma è decisamente fuori luogo a sette. Joshua non apprezza i regali che riceve, né mostra alcuna considerazione per chi glieli ha portati. I suoi genitori sono imbarazzati. Non riescono nemmeno

* La storia racconta del potere dell'amore di un bambino per il suo giocattolo preferito. (*NdT*)

a ricordare chi ha regalato che cosa. L'eccessiva quantità di regali interferisce con l'apprendimento dei compiti di sviluppo da parte del bambino? Con il suo comportamento, Joshua dimostra di non conoscere la differenza fra desiderio e necessità. Si comporta come se non avesse riguardo per nessuno, a parte se stesso.

Cosa si può fare? Sarebbe superfluo chiedere ai parenti di interrompere quel flusso incessante di regali. I genitori di Joshua escogitano un piano: l'anno seguente, chiedono a tutti i parenti di spedire una loro fotografia, insieme a un solo regalo. Qualche giorno prima dell'ottavo compleanno di Joshua, mamma e papà lo aiutano a fare un po' di spazio sugli scaffali e lo convincono a regalare qualche vecchio giocattolo. Joshua prova a opporsi, ma i genitori non cedono. Il giorno prima del compleanno, Joshua apre il primo regalo, ma non può aprirne altri per almeno due ore. Il bambino piange, ma i genitori sono irremovibili. Mamma e papà osservano ogni regalo con lui, e insieme parlano di come lo userà e di come dovrà prendersene cura. Studiano insieme la fotografia della persona che ha spedito il regalo, ricordano l'ultima volta che si sono visti e provano a immaginare che cosa può aver pensato quando ha scelto il regalo. Nelle due ore che trascorrono fra l'apertura di un pacchetto e quello successivo, Joshua gioca con il nuovo giocattolo e può scegliere se scrivere un biglietto, fare un disegno oppure una telefonata per ringraziare chi gli ha fatto il regalo. Solo dopo averlo fatto, può aprirne un altro.

Il giorno dopo, quando arrivano i parenti che vivono in città, i genitori insistono perché Joshua mostri loro le fotografie dei parenti lontani, prima di aprire i nuovi regali. In questo modo, il compleanno del bambino si trasforma da una specie di caccia al regalo a un'occasione per apprezzare la famiglia al gran completo.

Joshua resta sempre il centro dell'attenzione, ma impara a coinvolgere gli altri e a posticipare il momento della gratificazione, e perde un po' dell'eccessivo senso del diritto che aveva dimostrato l'anno precedente.

Il "troppo", che l'anno prima era stato la causa di un'esperienza negativa, diventa il pretesto per un rituale piacevole da condividere con il resto della famiglia.

Limitare il numero dei regali

I genitori usano varie strategie per porre un limite al numero di regali destinati ai loro figli. Ecco alcuni esempi:

- Melinda ha chiesto al nonno di ridurre di due terzi i regali per il nipote e di mettere da parte i soldi per il college.
- Mark ha cercato di limitare la quantità di caramelle portate dai parenti specificando in modo molto preciso che cosa è ben accetto e in che quantità: «Un sacchetto di liquirizia o due confezioni di caramelle!».
- Tony ha spiegato ai suoi genitori di non essere contento delle loro preferenze per il nipote rispetto alla sorella, e ha chiesto lo stesso tipo di trattamento e gli stessi regali per entrambi.
- Georgia ha chiesto alla nonna di cantare una canzone diversa, come regalo a ogni sua visita.

Limitare il tempo trascorso davanti alla TV

Un papà ha spiegato ai suo genitori quanto possa essere dannosa la televisione per le giovani menti, e ha aggiunto che non vuole che i suoi figli abbiano il televisore in camera. Ha suggerito ai nonni di tenere per loro il nuovo apparecchio, oppure ha proposto di riportarlo al negozio e depositare i soldi su un libretto di risparmio.

Questo papà è stato molto saggio. Sa quanto sia enorme lo sviluppo cerebrale dopo la nascita, e sa anche che le esperienze che il bambino fa influiscono profondamente sulla qualità della sua crescita mentale. Alla nascita le cellule cerebrali del bambino sono miliardi, ma solo il 18% sono legate fra loro. Questo legame avviene nel corso dei giorni, delle settimane, dei mesi, degli anni, e oltre. È per questo che l'American Academy of Pediatrics raccomanda che i bambini al di sotto dei quattro anni non guardino la televisione. Ci sono moltissime cose che dovrebbero imparare, ma non possono se rimangono incollati davanti allo schermo. David Walsh ci ricorda che i neuroscienziati non si stancano mai di ripetere che «i neuroni che si accendono insieme si collegano insieme», e quindi le esperienze che il bambino fa davanti allo schermo tendono a rimanere nel cervello.[2]

Controllare quanto tempo vostro figlio trascorre davanti alla televisione è un modo per proteggerlo.

Quando gli adulti concedono troppo a se stessi

Saper gestire i propri soldi e trovare l'equilibrio fra ciò che s. de per desiderio o per necessità non è un compito facile per n. persone, soprattutto per i giovani adulti. Intervenire nei confro ti di un giovane che è troppo indulgente con se stesso è un'impresa ardua. Scopriamo insieme che cosa ha fatto una mamma particolarmente ingegnosa:

Rosie aveva pensato molto a come poter entrare nella testa di suo figlio, un ventenne che aveva un lavoretto part-time, ma era convinto di non poter fare a meno di dodici abbonamenti a dodici riviste diverse, da pagare in ventiquattro mesi. Il ragazzo accusava Rosie di essere troppo critica, ogni volta che faceva un commento sulle riviste, così un giorno la donna decise di appendere questa poesia sulla porta della camera di suo figlio.

CARTA PER IL FUOCO*

«Ma è un "affare", mamma,»
è stata la risposta del mio figlio di mezzo.
«Mi trattano in *modo speciale*,
perché io sono il più *in gamba di tutti*.

«Le rate non sono alte»
(invece lo sono, se sei al verde!)
Non voglio svegliarti dal tuo sogno,
ma... è ora che tu apra gli occhi!

Sì, forse è vero che risparmi qualcosa,
per *tutti* i tuoi "libri speciali",
ma devi pagare per due anni,
penso che questo tu lo abbia capito!

Spero che tu abbia imparato la lezione,
perché in fondo non sei *stupido*!
e se saremo disperati,
useremo i tuoi "libri" come *carta per il fuoco*![3]

* Nella traduzione è andato inevitabilmente perduto il gioco di rime. (*NdT*)

… funzionato? «Non subito» ha spiegato Rosie, … messo sulla difensiva.»

… ”?

… anti per il gioco/lavoro del bambino, ma … cano la sua capacità di apprendimento. Per … quanti e quali giocattoli sarebbero sufficienti per vostro …iglio, potete:

- Applicare il *Test del 4*.
- Cercare di capire se e in che modo il numero dei giocattoli influisce sul resto della famiglia.
- Stabilire quanto spazio volete destinare ai giocattoli.
- Considerare in che modo il numero dei giochi influenza le relazioni interpersonali fra i componenti della famiglia.

* * *

Concedersi più del necessario
una volta ogni tanto va bene,
ma farlo sempre fa male, male, male.

UN ADULTO TRATTATO CON TROPPA INDULGENZA

6

Non ho niente da mettermi

Quando ero bambino, potevo avere tutti i vestiti che volevo

Forse avere troppe cose fa male
quanto averne troppo poche.

EDNA FERBER

Niente da mettere?

DINO *Mamma, non ho niente da mettermi!*
MAMMA *Il tuo armadio è pieno di roba!*
DINO *Ma non ho niente da mettere stasera. Mamma, è un'occasione speciale.*
MAMMA *Puoi mettere la nuova camicia blu.*
DINO *È in lavanderia.*
MAMMA *Metti quella marrone.*
DINO *È strappata.*
MAMMA *Dovresti imparare a tenere meglio i tuoi vestiti.*
DINO *Sì, sì, incomincio la prossima settimana, ma mi serve qualcosa per stasera.*
MAMMA *Okay, Dino. Compra quello che ti serve. Puoi usare la mia carta di credito.*

Dino ha un problema? In effetti sì.

I vestiti fanno molto di più che coprire la parte esterna del nostro corpo, proiettano l'immagine di ciò che siamo e di ciò che vorremmo che gli altri pensassero di noi. Possono farci sentire bene, e possono diventare l'espressione della nostra creatività. D'altra parte, il fatto di concedere ai propri figli troppi vestiti può influire negativamente sul loro atteggiamento e sul loro modo di pensare, con conseguenze non trascurabili.

Dino è stato trattato con troppa indulgenza?

Proviamo ad analizzare gli indizi che abbiamo:

- *Non ho niente da mettermi!* Questo non è un indizio, è solo il commento di un ragazzo di sedici anni.
- *Il tuo armadio è pieno di roba!* Questo potrebbe essere un indizio, ma non necessariamente.
- *La camicia blu è in lavanderia.* Questo è l'indizio di un comportamento indulgente: c'è qualche ragione per cui, all'età di sedici anni, Dino non fa il bucato da solo?
- *Quella marrone è strappata.* Anche questo è l'indicatore di un eccesso di indulgenza: c'è qualche ragione per cui Dino non ha rammendato lo strappo, o non ha chiesto a qualcuno di farlo per lui?
- *Dovresti imparare a tenere meglio i tuoi vestiti.* Un altro indizio di eccessiva indulgenza: imparare a prendersi cura delle proprie cose è un compito importante per un adolescente. Chi si è occupato dei suoi vestiti per sedici anni? Chi non si è preoccupato di insegnargli come si fa? Siamo di fronte a un eccesso di attenzioni?
- *Sì, sì, la prossima settimana.* Altro segnale di indulgenza. Sembra quasi che Dino si senta autorizzato a non imparare come prendersi cura dei suoi vestiti. In questo caso si tratta della mancanza di una solida struttura di riferimento?
- *Mi serve qualcosa per stasera.* Dino ha un concetto esasperato del diritto?
- *Compra quello che ti serve.* Altro segnale di indulgenza. La mamma non sembra interessata a insegnare a suo figlio la differenza fra volere e avere bisogno di qualcosa.
- *Usa pure la mia carta di credito.* Di nuovo un indicatore di indulgenza. Non c'è un limite di prezzo? Perché Dino dovrebbe usare la carta di credito della mamma? Un ragazzo di sedici anni non ha un budget destinato all'acquisto dei vestiti che gli servono? Non ha dei soldi suoi? O un conto in banca? Gli capita mai di dover pagare qualcosa, almeno in parte?

Dino viene trattato con eccessiva indulgenza? Sì, decisamente. Che cosa sta imparando Dino sull'importanza di prendersi cura delle sue cose e sulla gestione del denaro? Probabilmente, quello che Dino pensa è *Non c'è bisogno che io impari a prendermi cura dei miei vestiti*, o *Se lo voglio, lei provvederà*, oppure, peggio ancora, *Se lo voglio, merito di averlo subito*. Se questi atteggiamenti diventano la norma, in futuro Dino avrà molte difficoltà.

Decisioni dell'infanzia che possono tormentare la vita adulta

Se non avete pensato alle decisioni che vostro figlio potrebbe dover prendere, il prossimo esercizio vi sarà utile. Ricordate che le vostre risposte sono solo supposizioni, e che dovete osservare attentamente gli indizi relativi alle decisioni prese dai vostri figli e approvarle, se sono giuste, o disapprovarle, se non lo sono.

Molte persone che, come Dino, quando erano giovani hanno avuto tutti i vestiti che volevano, sono risultate inconcludenti o incapaci di prendere delle decisioni una volta diventate adulte. Provate a immaginare quali decisioni potrebbe aver preso ciascuno dei figli di cui si parla negli esempi riportati qui sotto, dopo che gli è stato concesso di comportarsi nel modo descritto:

Tyler, tre anni, ha molti vestiti. Gli viene permesso di indossare quello che vuole. I suoi genitori agiscono in buona fede: «Vogliamo che si senta comodo e che impari a decidere da solo ciò che vuole». L'abbinamento che sceglie per il programma prescolastico con i genitori è inadeguato, oltre che piuttosto brutto. Gli altri genitori fanno dei commenti, e la mamma e il papà di Tyler si sentono in imbarazzo. Quando gli chiedono di non vestirsi più in quel modo, lui risponde: «E invece sì, perché mi piace».

DECISIONE DI TYLER: ....

Ryan, quattro anni, un giorno perde le scarpe nel parco. La zia gli chiede di cercarle, ma lui si rifiuta: «A casa ne ho tante, non mi servono».

DECISIONE DI RYAN: ....

A Samantha, sette anni, viene chiesto di raccogliere i suoi vestiti dal pavimento. «Non ce n'è bisogno» risponde lei, «tanto non mi piacciono.» I vestiti rimangono dove sono.

DECISIONE DI SAMANTHA: ....

Jeff, tredici anni, ha l'abitudine di impilare i suoi vestiti e buttarci sopra il costume bagnato. «Non importa» spiega, «tanto non sono nuovi».

DECISIONE DI JEFF: ....

A Brianna, quindici anni, viene chiesto di indossare per un matrimonio formale qualcosa di più adatto all'occasione. «Voglio vestirmi così» insiste lei, «perché sono alla moda».

DECISIONE DI BRIANNA: ....

A Hiroshi, sedici anni, viene detto che deve mettere da parte dei soldi per i suoi vestiti e destinare un budget al suo guardaroba. Lui rifiuta, perché sa che otterrebbe di più chiedendo di volta in volta quello che vuole. I suoi genitori cedono.

DECISIONE DI HIROSHI: ....

Nei prossimi esempi, provate a immaginare quale decisione potrebbe aver preso ciascuno di questi adulti quando era bambino:

Olivia, ventidue anni, non "può" mettere i vestiti che ha comperato l'anno scorso perché non sono più di moda.

DECISIONE DI OLIVIA DA BAMBINA: ....

Anthony, trentacinque anni, non riesce a trovare quello che vorrebbe mettersi perché il suo guardaroba è strapieno di vestiti, così ne compra altri. Li prende in saldo nei negozi in liquidazione, a prezzi incredibili. La sua carta di credito? Al limite.

DECISIONE DI ANTHONY DA BAMBINO: ....

Anna, quarantasette anni, si sente bene con un vestito soltanto la prima volta che lo indossa, poi non le piace più. «È vecchio» dice, «l'ho già messo.» Tutti gli armadi di casa sua sono strapieni dei suoi abiti.

DECISIONE DI ANNA DA BAMBINA: ....

Se avete indovinato le decisioni prese da queste persone durante la loro infanzia, che cosa potrebbe accadere di qui a dieci anni? E a venticinque? Leggiamo le testimonianze di tre persone che sono state cresciute con troppa indulgenza.

TESTIMONIANZE DIRETTE

SEI TROPPO INDULGENTE CON TE STESSO?

✓ A volte. Sto pensando ai vestiti. Ne ho molti di più di quelli che mi servono, e non riesco nemmeno a metterli tutti. Perché? È divertente, e non è un costo eccessivo. Però, se ci penso bene, mi rendo conto che in questo modo mi perdo il gusto di avere un vestito nuovo. Qualche volta non sono soddisfatto. È un po' come se non avessi "mai" la cosa giusta da mettermi. Credo che sia proprio questo l'ambito in cui da adolescente i miei genitori sono stati troppo indulgenti con me.

✓ Qualche volta. Ho il vizio di caricare le carte prepagate, consumarle, e poi ricominciare da capo. Uso tutto quello che compro, ma non ho bisogno di tutta quella roba.

✓ Spesso. Essere indulgente con me stesso fa parte del mio modo di essere. Lo faccio con i vestiti, con il cibo, con qualunque cosa. Non è che mi piaccia molto. Mi sento come se non avessi il controllo della mia vita.

CHE CONSEGUENZE HA AVUTO NELLA TUA VITA IL FATTO DI ESSERE STATO TRATTATO CON TROPPA INDULGENZA?

✓ Pago da solo tutti conti, ma sarebbe meglio se riuscissi a non prosciugare completamente la mia busta paga. Faccio fatica a mettere dei soldi da parte.

Tre genitori e lo spettro del guardaroba troppo pieno

Ecco tre strategie adottate da alcuni genitori per risolvere il problema dei vestiti in eccesso.

TRENTADUE PICCOLI VESTITI

La piccola Alyssa è la prima nipote da entrambe le parti della famiglia: quale occasione migliore per comprare tutti quei piccoli vestitini così graziosi? Zia Emma, che è venuta a trovarla da fuori città e ha intenzione di spedirle un vestitino dopo il suo rientro, dà un'occhiata al suo armadio per vedere che cosa le serve: sono tutti lì, trentadue piccoli vestiti, ognuno appeso su un minuscolo appendino, pulito e riposto con cura. Nastri, boccioli di rose, ricami a nido d'ape, increspature, plissé, un colletto alla marinara. Zia Emma, rivolgendosi alla mamma di Alyssa, dice: «Jennifer, a proposito dei vestiti di Alyssa...».

Jennifer sorride: «Non sono carini? Sono tutti regali!»

«Sì, ma vedo che Alyssa indossa dei comodi vestiti per giocare.»

«Be', prendo nota di chi le ha regalato ciascun vestito, e glielo metto quando andiamo a trovare la persona che ce lo ha mandato.»

«Ottima idea. Volevo regalarle un vestitino, ma credo che opterò per un libro.»

Jennifer ride di nuovo. «Splendido!»

Se Jennifer applica in modo coerente le regole riguardo alla cura dei vestiti, che tipo di decisioni sarà in grado di prendere Alyssa sulla cura dei suoi abiti? E sull'apprezzamento dei regali che le verranno fatti?

IL VESTITO DELLA FESTA

Belinda tiene da parte un vestito elegante per ciascuno dei suoi tre figli, che hanno rispettivamente quattro, sei e nove anni. È lei a sceglierlo per loro. Quando i bambini crescono e il vestito diventa troppo piccolo, lo sostituisce. Quando si presenta l'occasione giusta, Belinda annuncia: «Oggi andiamo alla festa dell'anniversario dei nonni. È l'occasione giusta per mettere il vestito bello, quello nel porta abiti con la cerniera lampo. Tornando ci fermeremo al parco, quindi mettete nei vostri zainetti anche indumenti da gioco, così potrete cambiarvi in macchina».

Se Belinda applica in modo coerente questo metodo per insegnare ai suoi figli a indossare il vestito giusto in base alle occasioni, quali competenze svilupperanno i suoi figli?

PIANIFICARE GLI ACQUISTI DEL PROPRIO GUARDAROBA

Tre anni fa Abigail ha cominciato a contribuire alla scelta dei suoi vestiti. Le piacciono i colori e gli abbinamenti, e si diverte a organizzare le cose. Ora che ha dodici anni, è sicura di essere in grado di provvedere da sola al suo guardaroba, e chiede ai suoi genitori i soldi che le servono. Dopo averci pensato su, i suoi genitori decidono di darle i soldi all'inizio di ogni stagione, in modo che possa comperare biancheria, calze, gonne, pantaloni e magliette. Hanno trovato una banca disposta ad aprire un conto a suo nome se i genitori sono cofirmatari, in modo che Abigail possa imparare a usare gli assegni e a gestire un libretto di risparmio. All'inizio di ogni stagione Abigail presenta il suo piano di acquisti, e la mamma o il papà la accompagnano o la guidano nelle scelte. I genitori di Abigail tengono da parte i soldi per l'acquisto delle scarpe, degli stivali e di un vestito elegante, che scelgono insieme a lei.

Cosa imparerà Abigail da queste lezioni? Che idea si farà sul concetto di "abbastanza?" Che tipo di decisioni prenderà?

Il sacrificio di una mamma troppo buona

Che cosa pensare del fatto che in una famiglia si spenda una quantità sproporzionata del budget disponibile per acquistare i vestiti dei bambini? Per loro è importante avere dei vestiti adatti, ma il fatto che i genitori si sacrifichino per vestire i propri figli meglio di se stessi potrebbe procurare ansia ai figli, come ha imparato la mamma di Christina.

> *Christina, sette anni, comunica a sua mamma che lei non ha intenzione di crescere. La donna, che è sola e fa il possibile per non far mancare nulla ai suoi tre figli e aiutarli a crescere bene, resta esterrefatta. «Christy! Non vuoi crescere? Perché dici una cosa simile?» Christina distoglie lo sguardo. «Tu non comperi mai un cappotto nuovo per te, mamma. Noi riceviamo sempre un cappotto nuovo, tu no. Io non voglio crescere.» Quel giorno la mamma di Christina prende un barattolo vuoto, ci appiccica sopra l'etichetta "per il cappotto nuovo della mamma", lo appoggia sul lavandino e incomincia a metterci dei soldi. «Pensavo di essere una brava mamma» confida a un'amica, «non avevo idea del messaggio che stavo dando ai miei figli.»*

Per questa madre, che da bambina non è stata trattata con troppa indulgenza, non è stato difficile orientare le sue buone intenzioni in una direzione più produttiva.

Un regalo che viene dal cuore

> *Mentre la mamma di Mariah, cinque anni, sta scegliendo delle magliette per la bambina, lei vede il portafoglio di Powder Puff Girl. Lo vuole. Ne ha "bisogno". Prima lo chiede con gentilezza, poi ad alta voce.*
>
> *La mamma fa un rapido calcolo: possiamo permettercelo? Sì. Mariah ne ha bisogno? A una bambina di cinque anni il portafoglio non serve. In ogni caso, Mariah ha già quello che le ha regalato la zia. «No» risponde. Mariah comincia a piangere. La donna le parla con tono dolce ma deciso: «Stai facendo i capricci. Adesso basta. Andiamo a casa». Mariah le tiene il muso.*
>
> *Quella sera i genitori di Mariah si consultano brevemente, poi il papà dice alla bambina di prendere il suo portafoglio, e insieme*

escono a fare una passeggiata. Mentre si dirigono verso il negozio vicino, la voce del papà è risoluta: «Mariah, la mamma mi ha raccontato quello che hai fatto oggi pomeriggio, e il tuo comportamento mi ha deluso. Lo sai che come parte della famiglia sei tenuta a essere responsabile e a non fare la frignona.» Poi le ricorda che il giorno dopo è il compleanno della mamma, le spiega il valore dei regali fatti con il cuore, le dice che l'avrebbe aiutata a scegliere un regalo per lei e che avrebbe dovuto comperarlo con i suoi risparmi. Mariah ha 3 dollari e 19 centesimi. Lei e il papà scrutano fra gli scaffali, e alla fine Mariah trova una bellissima gomma. Alla mamma sarebbe sicuramente piaciuta. Avrebbe dovuto usare quasi tutti i suoi risparmi, però, e la bambina ha un attimo di esitazione. Il papà le domanda che cosa le dice il suo cuore, e lei decide di comperarla. Sulla via del ritorno il papà non parla più dei capricci di quel pomeriggio, e si complimenta con la figlia per la sua decisione. Poi si mettono a giocare, divertendosi a calpestare le crepe sul marciapiede. Una volta arrivata a casa, Mariah corre dalla mamma e le chiede scusa. Poi dice che deve fare una cosa, e si chiude in camera sua per colorare la carta con la quale avrebbe impacchettato il regalo e preparare un biglietto d'auguri.

Che cosa ha imparato Mariah dal papà? Provate a pensare ai sette rischi dell'eccesso di indulgenza:

1. difficoltà a imparare a posticipare il momento della gratificazione;
2. difficoltà a rinunciare a essere costantemente al centro dell'attenzione;
3. difficoltà a imparare come
    - svolgere i propri compiti quotidiani
    - prendersi cura di sé
    - relazionarsi con gli altri;
4. difficoltà ad assumersi le proprie responsabilità;
5. difficoltà a sviluppare un senso d'identità personale;
6. difficoltà a capire quando è "abbastanza";
7. difficoltà a riconoscere che cosa è normale per gli altri.

In un solo giorno, il papà e la mamma di questa storia hanno insegnato molte cose alla figlia. Mariah non ha più parlato del portafoglio, perché si è resa conto del dispiacere che ha provocato alla mamma e ha imparato che se non si ottiene subito una cosa la si apprezza di più. Il centro dell'attenzione è stato spostato da lei a qualcun altro, e ha appreso qualche rudimentale nozione sull'importanza di fare acquisti ponderati. Comprando qualcosa che poteva permettersi con i suoi risparmi, si è comportata in modo responsabile. Inoltre, ha capito che deve contribuire anche lei al benessere della famiglia, e non deve essere solo un consumatore esigente e capriccioso. Se i genitori di Mariah fossero stati diversi, forse invece di imparare tutte queste cose avrebbe ricevuto non uno, ma due portafogli. Ma Mariah è fortunata. Mettere le esigenze del bambino davanti ai suoi desideri è il regalo più grande che i genitori possano fargli.

L'effetto indesiderato

Alcuni genitori che sono stati trattati con troppa indulgenza da bambini non hanno strumenti affidabili di conoscenza per comportarsi da genitori energici. Per loro non è facile cambiare. È importante che stabiliscano chi deve fare che cosa all'interno della famiglia. I genitori che hanno partecipato al nostro studio e sono stati trattati con *molta* indulgenza da bambini, ricevendo tutti i vestiti che volevano, ci hanno detto:

> **Mettere le esigenze del bambino davanti ai suoi desideri è il regalo più grande che i genitori possano fargli.**

- Nella nostra famiglia sono i bambini a decidere.[1]
- Nella nostra famiglia le regole cambiano.
- A volte mi sento inutile.

Provate a pensare quali implicazioni possano aver avuto le decisioni prese durante l'infanzia sul modo in cui questi adulti educheranno i propri figli. In che modo l'aver avuto «tutti i vestiti che volevano» da bambini può influire sul fatto che, una volta genitori, lascino che siano i figli a prendere le decisioni in famiglia? O sul fatto di non avere regole precise? In che modo l'aver avuto «tutti i vestiti che volevano» da bambini può influire sulla loro intermittente sensazione di inutilità? Sicuramente non è questo che avrebbero voluto i loro pur benintenzionati genitori.

Quelli di noi che comperano troppi vestiti ai propri figli, con la convinzione che questo li renderà felici, e magari aumenterà la loro autostima, forse dovrebbero fermarsi a riflettere sull'eredità indesiderata che probabilmente – e involontariamente – lasceranno ai loro figli, e ai figli dei loro figli.

* * *

La felicità è una fermata
fra il troppo e il troppo poco.

CHANNING POLLOK

7

Così tanto da fare, così poco tempo

Quando ero bambino, i miei genitori organizzavano ogni minuto del mio tempo

Ora non posso fermarmi a parlare.
Devo andare.

UNA RAGAZZA DI QUINDICI ANNI

I genitori, sapendo che mani pigre sono lo strumento del diavolo, nel desiderio di offrire ai propri figli un'istruzione di qualità a volte eccedono nel riempire il loro tempo.

A casa di Jack, suo padre e due amici, anch'essi genitori, si stanno lamentando del poco tempo che si passa in famiglia, di quanto sono stanchi e impegnati, di quanto sia raro che tutti i membri della famiglia si siedano a tavola insieme, e del gran numero di impegni dei loro figli. Il padre di Jack li elenca: il calcio, l'orchestra, il corso di scacchi, i dibattiti, gli scout, il gruppo d'incontro della chiesa che si riunisce tutti i mercoledì sera. E se limitassimo il numero degli impegni extrascolastici dei nostri figli, quale potrebbe essere il numero giusto? Forse tre? Sì, tre sarebbe molto meglio. Voglio che mio figlio abbia più tempo libero.

A quel punto Jack, che ha dodici anni, entra nella stanza. Si ferma dietro suo padre, gli appoggia una mano sulla spalla e annuncia in tono deciso: «Non puoi limitare a tre i miei impegni extrascolastici. Non è abbastanza. Scordatelo!».

La stretta vigorosa di Jack e la determinazione nella sua voce fanno suonare un campanello d'allarme nella testa di suo padre. L'uomo decide che è arrivato il momento di riaffermare il proprio ruolo di capofamiglia, di riassumere il controllo della situazione e di riprogrammare gli impegni di Jack, in modo che alla sera si possa cenare tutti insieme e Jack abbia il tempo di studiare e di dare una mano in casa. Naturalmente Jack si è lamentato, ma il papà non ha ceduto. Il ragazzo si è assunto alcune piccole responsabilità, e il padre ha riacquistato l'autorità che dovrebbe avere un adulto.

Jack è un ragazzino egocentrico e viziato, oppure il suo comportamento è soltanto il riflesso delle convenzioni sociali? Molte scuole e molte comunità organizzano una pletora di attività per i bambini di tutte le età. In molti casi, i genitori iscrivono i propri figli al maggior numero possibile di iniziative, e si lasciano coinvolgere personalmente. Alcuni di loro, se possono, non assistono soltanto alle gare, ma anche agli allenamenti. Alcuni allenatori programmano le partite senza tenere conto degli altri impegni scolastici o delle esigenze delle famiglie. Una volta, un allenatore ha organizzato l'allenamento di calcio nel pomeriggio del giorno del Ringraziamento, e molti genitori hanno rimandato i festeggiamenti dal giovedì alla domenica!

Nei suoi libri *The Intentional Family* e *Take Back Our Kids*, William Doherty avverte che molte persone hanno un numero eccessivo di impegni extrafamiliari, mentre sono troppo poco impegnate all'interno della famiglia.

L'eccessiva programmazione del tempo libero non riguarda soltanto gli anni delle scuole elementari o delle medie. Alexandra, che frequenta l'ultimo anno delle superiori, tutte le mattine esce di casa alle 5,45 per la lezione prescolastica di danza, e rincasa fra le 22 e le 23, dopo le gare serali, le prove o lo svago con gli amici. A quel punto si mette a studiare. Non ha tempo per se stessa né per contribuire alla gestione della casa. Ricordate, il mancato apprendimento di alcune capacità importanti, dovuto al fatto di non aver mai partecipato alle faccende domestiche è una delle lamentele più frequenti fra gli adulti che sono stati trattati con troppa indulgenza da bambini.[1]

Anche se il fatto di stare insieme ai propri coetanei rientra fra i compiti di sviluppo di un adolescente, se Alexandra rinunciasse a uno dei suoi impegni per riposare di più o per trascorrere del tempo con la famiglia e i suoi amici, e per contribuire alla gestione della casa, la sua vita sarebbe più equilibrata.

L'eccessiva programmazione del tempo libero e la pressione dei genitori possono cominciare molto presto

Mentre l'insegnante di danza classica illustra una serie di passi a Charra, una bambina di tre anni, sua madre prende appunti. La donna si annota gli errori della bambina, e durante la settimana la costringe a ripassare la coreografia in modo che, alla lezione successiva, sia «più brava delle altre bambine».

Zachary, sette anni, dopo la scuola va agli allenamenti di nuoto; poi, alle 18.30, inizia la lezione di violino. Rimproverato dall'insegnante di musica per non essersi esercitato, Zachary scoppia a piangere. Sua madre trova che l'insegnante sia troppo severa, e decide di cercarne un'altra, che ci sappia fare di più con i bambini.

L'eccessivo riempimento del tempo dei figli e un'esagerata pressione per l'eccellenza delle loro prestazioni possono essere nocivi. Brad Steinfield nel suo *Shedding Light on Mental Illness in Children*[2] descrive come lo sforzo di eccellere in più attività piuttosto che apprezzarne una o due soltanto possa contribuire allo squilibrio mentale del bambino.

Test del 4

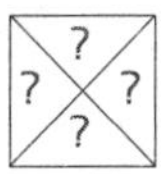

1. Il numero eccessivo di impegni e l'attenzione smodata al raggiungimento della perfezione distolgono i bambini dall'apprendimento di lezioni rapportate alla loro età?
2. Lo svolgimento delle attività consuma una quantità sproporzionata delle risorse familiari? Tempo? Energia fisica ed emotiva? Denaro?
3. Per chi vengono svolte in realtà tutte quelle attività?
4. Il fatto di avere troppi impegni danneggia qualcun altro?

Anche in questo caso, i genitori sono mossi da buone intenzioni. La mamma di Charra e quella di Zachary desiderano il meglio per i propri figli. Nessuna delle due si è svegliata una mattina, dicendo: «Oggi spingerò mia figlia verso un livello di perfezione smodato», o «Oggi sovraccaricherò mio figlio con un tale numero di impegni da provocargli dei disturbi emotivi». No, non è questo che vogliono i genitori.

La mamma di Zachary dovrebbe ripensare alle sue priorità e alleggerire un po' gli impegni di suo figlio. Il bambino merita una tregua! In fondo, ha solo sette anni. La mamma di Charra, con le sue buone intenzioni, non è in sintonia con le esigenze di una bambina di tre anni. Forse è lei ad avere un forte desiderio di ballare. Anche le esigenze delle mamme sono importanti.

Se gli impegni diventano più importanti delle relazioni familiari, i bambini ne pagano le conseguenze. Rachael, quattordici anni, ha detto: «La parte più bella dell'estate sono le due settimane che trascorro nella fattoria dei nonni. Quando sono a casa, ogni giorno è impegnato con le lezioni o i campi estivi. Quando sono con la nonna, invece, non facciamo nessuna attività sociale, solo le cose di tutti i giorni, e parliamo molto, di qualunque cosa».

I miei genitori organizzavano ogni minuto del mio tempo

Le persone che hanno partecipato allo studio, lamentando il fatto di aver avuto troppo poco tempo a disposizione per sé, hanno elencato impegni come le lezioni, i campeggi, lo sport, i club, l'oratorio e altre attività organizzate. In alcuni casi avrebbero preferito non partecipare, oppure hanno rivelato di non avere avuto alcun interesse per uno sport, ma nella maggior parte dei casi il risentimento non era verso l'attività in se stessa, ma al numero di impegni, alla pressione derivante dal fatto di essere troppo impegnati, e alla mancanza di tempo per sé.

Prima di approfondire la questione del tempo, proviamo a considerare quanto possano essere attraenti le varie offerte. Leggete attentamente le proposte contenute nel programma della vostra scuola, in quello della vostra comunità locale, e la sezione dedicata al tempo libero del giornale di zona. Preparate un elenco di tutte le proposte che ritenete possano essere utili o interessanti per i vostri figli, poi chiedete loro di integrare la lista.

Riportiamo qui di seguito le attività di febbraio degli Schrader, una famiglia del Minnesota, che sono state considerate interessanti per uno o più dei loro figli:

- lezioni di sci di discesa
- lezioni di sci di fondo
- pattinaggio
- snowboard
- skateboard
- corso di nuoto
- pallanuoto
- acrobatica
- danza classica
- danza jazz
- tip tap

- lezioni di baby-sitting
- corsi d'arte
- studio di uno strumento musicale
- attività in un complesso musicale
- lezioni di canto
- coro
- boy scout
- girl scout
- campeggio per ragazze
- teatro per bambini

Aggiungiamo alla lista le attività che la famiglia svolge regolarmente:

- passeggiate in mezzo alla natura
- gite allo zoo
- visite alla biblioteca
- partecipazione alle funzioni liturgiche
- gruppo giovanile dell'oratorio
- visite settimanali ai nonni
- shopping

Poi aggiungiamo gli impegni saltuari:

- partite di baseball
- feste di compleanno
- party estivi
- saggi
- cinema
- matrimoni

E infine gli appuntamenti:

- dentista
- dottore
- oculista
- terapeuta

Ciascuna delle attività sopraelencate è utile, divertente o istruttiva. Non stupisce il fatto che sia facile correre il rischio di riempire troppo il proprio tempo. Per completare il quadro, bisogna considerare anche che alcuni genitori sono cresciuti senza avere l'agenda fitta di impegni, e che non c'erano momenti di gioco pre-strutturati. Alcuni di loro, quando erano giovani, uscivano semplicemente da scuola e andavano a giocare. Tutti i giorni. Quei genitori non hanno dimestichezza con le attività programmate di oggi. Il loro unico programma era: «Torna a casa per cena». Bisogna considerare che ora molti dei loro figli vivono in zone in cui non è sicuro dire: «Va' pure a giocare. L'importante è che torni in tempo per la cena». Di conseguenza, non c'è da stupirsi se qualcuno di loro cede alla tentazione di programmare ogni minuto della vita dei propri figli per cercare di proteggerli.

Il tempo libero

«Ma» obietta un genitore, «il tempo c'è. Perché non riempirlo?»
La piccola Cynthia, quando le viene chiesto perché non vuole fare una determinata cosa, risponde sempre con l'insistenza che solo una bambina di due anni (o il genitore di una bambina di due anni) può vantare: «Perché lo dico io!».

Ed è per questo che i partecipanti allo studio avrebbero avuto bisogno di tempo di libero, perché anche loro dicevano:

- Ho bisogno di tempo per decidere che cosa voglio fare.
- Ho bisogno di tempo quando non ho niente da fare.
- Ho bisogno di tempo per andare a zonzo.

Gli adulti con questa possibilità hanno avuto tempo per riflettere. Tempo per stupirsi. Tempo per osservare. Tempo per dare un nome alla forma delle nuvole o ai rami nudi degli alberi. Tempo per sorprendersi se gli altri vedono gli stessi colori. Per pensare a Dio. Per sognare. Per pensare.

TEMPO PER PENSARE

Enis sta discutendo di una questione filosofica con suo marito. A un tratto dice: «È una cosa che mi ha sempre affascinata, fin da quando ero bambina».
«Te l'ho già sentito dire altre volte. Devi essere stata una bambina molto intelligente.»
«Non saprei. Sono cresciuta in una fattoria, senza compagni di gioco, e avevo molto tempo per pensare.»

Non stiamo certo dicendo che dovreste allontanare vostro figlio dagli amici, ma forse potreste cercare di riportare un po' di equilibrio negli impegni della vostra famiglia.

La ricerca dell'equilibrio

Gli Schrader hanno deciso di tentare un approccio a ritroso: invece di cominciare dalla lista degli impegni, sono partiti dal tempo disponibile. Hanno cercato di programmare ogni giornata, in modo che per ciascuno dei loro figli ci fosse tempo per:

- dare una mano in casa
- fare i compiti
- leggere
- chiacchierare
- "ciondolare", ovvero oziare
- pensare

Si sono accorti di essere talmente abituati ad avere ogni minuto del loro tempo organizzato in anticipo che, appena avevano qualche momento libero, accendevano il televisore. Che cosa potevano fare per risolvere questa situazione? Quanti impegni avrebbero dovuto aggiungere alla lista?

Hanno fatto la cosa giusta fin dall'inizio? Evidentemente no, ma hanno imparato molto ascoltandosi l'un l'altro e provando a raggiungere un accordo. L'obiettivo dei genitori era che, almeno tre volte alla settimana, ciascuno dei loro figli avesse abbastanza tempo per domandarsi: «E adesso cosa faccio?». E hanno ridotto il numero delle ore trascorse davanti alla TV.

Una scelta saggia. Secondo David Walsh, del National Institute on Media and the Family, il bambino americano medio in età scolare trascorre trentacinque ore alla settimana davanti allo schermo televisivo, in pratica l'equivalente di un lavoro a tempo pieno. L'unica attività alla quale viene dedicato più tempo è dormire.[3]

A vantaggio dei figli

Se un genitore è troppo indulgente, i figli ne approfittano per ottenere quello che vogliono? Le persone che hanno partecipato al nostro studio hanno risposto: «Sì, spesso». Jack, il protagonista della prima storia, ha insistito molto per ottenere ciò che voleva. Dopotutto, i figli si basano su ciò che offre il sistema familiare. I bambini che hanno ottenuto molto sono stati felici? Alcuni sì. C'è un prezzo da pagare per questo? Sì, alcuni di loro si sono dovuti comportare in un determinato modo, o hanno dovuto mantenere dei segreti, e questo in alcuni casi ha generato dei sensi di colpa. Molti si sono sentiti imbarazzati, confusi, hanno provato vergogna. Ecco che cosa hanno detto alcune persone trattate con troppa indulgenza.

TESTIMONIANZE DIRETTE

I TUOI GENITORI TI TRATTAVANO CON TROPPA INDULGENZA PERCHÉ TU SAPEVI COME MANIPOLARLI, COMPORTANDOTI IN MODO GRADEVOLE E RICONOSCENTE?

✓ Sì, spesso.

C'ERANO PREZZI DA PAGARE O ASPETTATIVE DA SODDISFARE IN CAMBIO DELLA LORO INDULGENZA?

✓ Sì, la loro indulgenza era una ricompensa per la mia collaborazione e serviva a garantire che non li avrei lasciati. Si aspettavano che rimanessi in famiglia.

NONOSTANTE L'INDULGENZA, C'ERANO AMBITI IN CUI TI SEMBRAVA DI NON AVERE ABBASTANZA?

✓ Mi mancavano l'affetto e un po' di tempo da trascorrere con i miei genitori.

QUANDO I TUOI GENITORI SI COMPORTAVANO IN MODO TROPPO INDULGENTE CON TE, CHE COSA PROVAVI?

✓ Mi sentivo a disagio perché gli altri bambini si prendevano gioco di me.

✓ Ero confuso, perché capivo che c'era qualcosa di sbagliato, ma non potevo lamentarmi. Come si può biasimare qualcuno che fa così tanto per te?

✓ Mi arrabbiavo quando qualcuno mi portava un regalo che in realtà non era pensato per me.

✓ Mi sentivo a disagio perché gli altri bambini non avevano quello che avevo io.

✓ Ero imbarazzato perché gli altri bambini avevano molte meno cose di me.

✓ Ero imbarazzato perché capivo che c'era qualcosa di sbagliato.

✓ Mi sentivo ferito, perché quando mi facevano un regalo i miei genitori non tenevano conto dei miei gusti e delle mie necessità.

CHE TIPO DI MESSAGGIO CREDI CHE DIANO I GENITORI AI PROPRI FIGLI, COMPORTANDOSI IN MODO TROPPO INDULGENTE CON LORO?

✓ Non crescere mai.

✓ Non essere te stesso; non imparare ad arrangiarti da solo.

✓ Le esigenze degli adulti sono più importanti di quelle dei bambini. Le esigenze dei bambini vengono prima di quelle degli adulti (il messaggio cambia a seconda del tipo di indulgenza).

✓ Non è possibile soddisfare le esigenze di entrambi contemporaneamente.

✓ La condizione per ricevere affetto è accettare l'indulgenza.

✓ Non pensare con la tua testa.

✓ Non va bene dire "no".

✓ Non aspettarti limiti precisi.

✓ Non domandare ciò di cui hai bisogno.

Sicuramente i genitori di queste persone non avrebbero voluto mandare ai propri figli questo genere di messaggi. È importante non perdere di vista le buone intenzioni e accertarsi che gli effetti del nostro comportamento siano altrettanto buoni.

* * *

Dare ai propri figli
ciò di cui hanno bisogno è importante.
Dare loro tutto ciò che vogliono
è pericoloso.

BERNIE SAUNDERS

8

Quando dire "basta"

Non ne conosco il significato

Essere capaci di dire basta significa essere ricchi oltre misura.

LAO TZU

Basta! Esci subito e va' a giocare! Nonostante la mamma avesse chiesto più volte di fare meno confusione, il livello di rumore aveva continuato a crescere. Questa mamma sa bene quando è il momento di dire basta, ma *che cosa* significa basta?

Il termine "basta" o "abbastanza" non viene usato da solo. Viene sempre utilizzato in riferimento a una certa quantità di una determinata cosa, rispetto a "tanto" e a "poco".

Non so quando è il momento di dire "basta"

«Non so che cosa voglia dire "basta"» è una frase che abbiamo sentito spesso dagli adulti trattati con troppa indulgenza.[1] La lista è lunga: basta soldi, basta vestiti, basta giocattoli, basta giochi elettronici, basta cibo, basta alcolici, basta auto, basta lavoro, basta divertimento, basta dormire, basta farmaci, basta amici, basta sesso, basta potere, basta controllo, basta eccitazione, basta scherzi, basta correre. E l'elenco continua. Alcune persone hanno individuato un ambito particolarmente problematico, altre due o tre. Altre ancora lamentano una generale incapacità di dire basta a qualunque cosa. Possono cercare di decidere per il "troppo" o il "troppo poco", ma non sono mai sicure di aver raggiunto il giusto equilibrio, non si

Il termine "basta" o "abbastanza" non viene usato da solo. Viene sempre utilizzato in riferimento a una certa quantità di una determinata cosa, rispetto a tanto e a poco.

sentono mai appagate. Una delle persone intervistate ci ha detto: «Sono terrorizzato dall'idea di sentirmi vuoto», un'altra ha ammesso: «Ho paura che morirò senza aver vissuto un solo giorno con la consapevolezza di avere abbastanza di ciò che mi serve».

TESTIMONIANZE DIRETTE

NELLA TUA VITA DA ADULTO, HAI DIFFICOLTÀ A COMPRENDERE IL CONCETTO DI "ABBASTANZA" O DI "NORMALE"?

✓ Sì, soprattutto nelle relazioni. Pretendo moltissimo dal mio partner.

✓ Sì. Compro più vestiti di quanti ne possa mettere, più libri di quanti ne possa leggere, e sento il bisogno di avere una casa assolutamente perfetta per ottenere l'approvazione degli altri. Sono lavoro-dipendente. A volte ho la sensazione di non meritare dei momenti di svago o di riposo, perché non ho finito tutto il mio lavoro.

✓ Sì. Faccio fatica soprattutto a dire basta al sesso, al cibo e agli alcolici.

Un genitore non deve soltanto imparare a capire *quando* dire basta a suo figlio, ma anche *a che cosa* dire basta. Ecco cinque modi attraverso i quali un bambino vorrebbe che i suoi genitori manifestassero il loro affetto:

1. contatto fisico
2. parole di approvazione
3. tempo di qualità
4. regali
5. gesti concreti.

Secondo Gary D. Chapman e Ross Campbell, gli autori di *I cinque linguaggi dell'amore dei bambini* (Elledici, Torino 2004), ogni bambino ha una preferenza per uno di questi cinque linguaggi dell'amore. Per esempio, il bambino che preferisce il contatto fisico potrebbe sentirsi soffocato dai regali, mentre quello che apprezza i gesti concreti potrebbe essere infastidito da un eccesso di coccole. Chi gradisce il contatto fisico, potrebbe gradire parole di approvazione, tempo di qualità o gesti d'amore se accompagnati da un abbraccio, un buffetto o, in alcuni casi, una sana lotta.

Tuttavia, prima di poter fare queste distinzioni è indispensabile dare il giusto significato alla parola "abbastanza".

Troppo poco, abbastanza, in abbondanza, troppo

Proviamo a chiarire il concetto di "abbastanza" collocando il termine in una sequenza che va da "troppo poco" a "troppo". "Troppo poco" denota un'insufficienza, mentre "abbastanza" indica la sufficienza. Un gesto occasionale di indulgenza rientra nella definizione "in abbondanza", mentre "troppo" indica l'*eccesso* di indulgenza. Provate a dare la vostra definizione di ciascun termine, o fornite una breve descrizione di ciò che sta a indicare. Potete rimanere nel generico o entrare nel dettaglio, come volete.

TROPPO POCO ____

____

ABBASTANZA ____

____

IN ABBONDANZA ____

____

TROPPO ____

____

Ecco le definizioni di Todd ed Eva.

TROPPO POCO Non avere risorse adeguate per preservare la salute, la sicurezza, e uno stile di vita soddisfacente.

ABBASTANZA Avere quello che occorre per non doversi preoccupare.

IN ABBONDANZA Avere qualche extra che rende la vita più piacevole, divertente o interessante. Avere qualcosa in più da condividere o regalare.

TROPPO Poter contare sull'abbondanza così spesso da non essere più capaci di apprezzare ciò che si ha.

Gli esempi di Grace si riferiscono in particolare al cibo.

TROPPO POCO Si ha così poco da mangiare da perdere peso, forza e salute.

ABBASTANZA Si ha la quantità di cibo necessaria per preservare la salute e mantenere un peso costante.

IN ABBONDANZA Poter fare festa, di tanto in tanto.

TROPPO Mangiare più di quanto il nostro corpo abbia bisogno, senza riuscire a capire quando si è sazi; mangiare quando non si ha fame, o per vincere la tristezza o la paura, o ancora per far piacere a qualcun altro.

Le definizioni di Nathan riguardano il controllo e il potere.

TROPPO POCO Non avere il controllo sulla propria vita, lasciando che siano gli altri a decidere per te.
ABBASTANZA Avere abbastanza controllo da riuscire a fare ciò che è giusto per sé e per gli altri.
IN ABBONDANZA Riuscire a ottenere qualcosa in più rispetto al necessario.
TROPPO Prevaricare gli altri.

Carol ha provato a definire il divertimento.

TROPPO POCO Vivere una vita grigia, in cui ogni giorno è uguale all'altro.
ABBASTANZA Vivere un numero sufficiente di esperienze nuove da sentirsi vivi, stimolati.
IN ABBONDANZA Aver vissuto alcune esperienze memorabili.
TROPPO Divertirsi così tanto che, se ci sono dei momenti tranquilli, si ha la sensazione che manchi qualcosa e si sente il bisogno di movimentare le cose, anche se questo implica un'intrusione nella vita degli altri.

Chiedete ai componenti della vostra famiglia di provare a dare delle definizioni e confrontate le risposte.

Come insegnare a un bambino il concetto di abbastanza

Purtroppo, i genitori non possono fare affidamento su una lista di dieci cose da fare per aiutare un bambino a comprendere il concetto di abbastanza. Ogni giorno insegniamo ai nostri figli a gestire i loro risparmi, ad apparecchiare la tavola, a guidare l'auto, ma non esiste un sistema per verificare se siamo riusciti a spiegare loro che cosa significa abbastanza. È una cosa che si impara in modo indiretto, poco alla volta, man mano che determinate situazioni si presentano. Sapremo che i nostri figli hanno imparato la lezione quando saranno loro a insegnare qualcosa a noi.

PER ADESSO BASTA COSÌ

Christian, tredici anni, è cresciuto molto in fretta: ben dieci centimetri in un anno. Le sue braccia si sono allungate, i piedi sono diventati più grandi, persino il cranio è cresciuto, al punto che ha dovuto cambiare più volte l'intero guardaroba, dalle scarpe al cappello. Un giorno la mamma gli fa vedere un paio di jeans in saldo: «Guarda, Christian. Ti servono dei jeans nuovi?».

«No, mamma. Lascia stare» risponde il ragazzo. «Ne ho già tre paia. Fra tre mesi non mi andranno più bene, e dovrò comprarne altri.»

Christian ha dimostrato a sua mamma di aver capito che cosa significa "abbastanza vestiti" nella sua situazione attuale.

PER ME BASTA COSÌ

A ogni riunione familiare, i Petra parlano dei valori della famiglia, inclusa l'importanza di condividere ciò che si ha. Prima di andare a fare shopping, uno dei genitori annuncia la regola del giorno: «Oggi compreremo solo quello che c'è sulla lista», oppure «Oggi possiamo concederci un acquisto fuori programma», o ancora «Oggi ognuno potrà scegliere una cosa che desidera».

Noah, dodici anni, si è trasferito da poco in una nuova scuola, nella quale ci sono molti bambini ai quali vengono concesse più cose del necessario. In uno degli incontri con le famiglie descrive alcuni degli atteggiamenti dei suoi compagni che hanno il superfluo, e alla fine aggiunge: «Grazie perché non mi comprate tutto quello che vi chiedo».

Noah ha fatto capire ai suoi genitori che non solo ha interiorizzato il concetto di "abbastanza", ma è anche in grado di riconoscere alcuni dei rischi dell'indulgenza.

CE N'È ABBASTANZA ANCHE PER GLI ALTRI

Ksenia, otto anni e mezzo, e suo fratello maggiore stanno imparando a gestire il denaro. Entrambi hanno un conto corrente, sul quale depositano i loro risparmi e il denaro che ricevono in regalo. I loro genitori stanno insegnando loro anche l'importanza della condivisione e della solidarietà. Vivendo nell'area di Washington, D.C., Ksenia aveva visto molte volte il Pentagono dalle finestre dell'ufficio della mamma. Il 12 settembre 2001, il giorno dopo il crollo dell'edificio in seguito a un attacco terroristico, Ksenia e un'amica, su suggerimento delle loro mamme, allestiscono uno stand nella via in cui abitano e vendono limonata ai passanti, riuscendo a raccogliere 62,20 dollari per le vittime dell'11 settembre. I suoi genitori dicono a Ksenia di essere orgogliosi di ciò che ha fatto, ma non danno molta importanza alla cosa. Immaginate la loro sorpresa quando, a dicembre, leggono la sua lista dei regali di Natale. Al primo posto c'è un giocattolo, al secondo un vestito, al terzo una donazione di 60 dollari in beneficenza.

MAMMA *In beneficenza? Ma hai già regalato quello che hai ricavato dalla vendita della limonata.*

KSENIA *Sì.*

MAMMA *Stai dicendo che hai da parte 60 dollari da dare in beneficenza?*

KSENIA *No, mamma. Non ho 60 dollari.*

MAMMA *Quindi vuoi che noi diamo 60 dollari in beneficenza, invece di usarli per comprare un regalo per te?*

KSENIA *Sì, mamma. Io avrò già abbastanza regali. Sei d'accordo?*

MAMMA *Certo. Penso che sia una cosa molto bella. Sai già a chi destinare i soldi?*

KSENIA *No.*

Dopo averne parlato con i suoi genitori, Ksenia decide di regalare il denaro al Children's Hospital.[2]

Ksenia ha dimostrato di aver imparato molto bene ciò che le è stato insegnato. Non soltanto ha capito che cosa significa abbastanza, ma è anche consapevole del fatto di avere più del necessario. Ciò che ha può anche essere condiviso. Sebbene non abbia un'idea precisa di quali siano le risorse di cui può disporre la sua famiglia, possiamo presupporre che le sia stato spiegato quanto costano quel gioco o quel paio di scarpe, in modo da poter proporre una cifra che, secondo lei, i suoi genitori possono permettersi.

Nei vari posti in cui Ksenia ha vissuto, ha visto bambini che hanno troppo poco. Lei sa di avere abbastanza. Le è stato insegnato ad apprezzare l'abbondanza dai suoi genitori, che cercano di non essere troppo indulgenti con lei, e si preoccupano per quei compagni di scuola che invece hanno troppo. Quando un'amica della mamma di Ksenia le ha chiesto: «Come ci sei riuscita?», lei ha risposto: «Se incominci subito a insegnare queste cose ai tuoi figli, loro le imparano e le fanno proprie».

Il lungo viaggio per capire che cosa vuol dire abbastanza

In che modo un bambino impara a comprendere il concetto di abbastanza? Probabilmente nessun adulto potrebbe dire: «L'ho imparato in quel preciso momento». È una cosa che si impara in modo indiretto dai propri familiari, dagli amici, a scuola. Lo si impara dal negoziante, che conta le monete nelle mani del bambino, e gli dice: «Non hai abbastanza soldi per comprare quel giocattolo». Lo si impara gradualmente, da situazioni che si ripetono centinaia di migliaia di volte.

La mamma depone Elly nella culla. «È ora di dormire un po'. Sei stata sveglia abbastanza a lungo.»

Il papà prende in braccio Justin, che sta imparando a camminare, e dice: «Io e te ce ne andiamo nell'altra stanza ad ascoltare un po' di musica e a riposare. Per oggi hai giocato abbastanza».

La mamma prende il barattolo dei biscotti e si volta verso Grace, che ha due anni: «Per oggi hai mangiato abbastanza biscotti. Ora li metto via».

Mentre Brandon, due anni, è a casa del nonno, il papà si ferma dal panettiere. Mentre tornano a casa Brandon indica il sacchetto della spesa, e dice: «Voglio dei biscotti».

PAPÀ *Vediamo un po'. Hai mangiato dei biscotti o dei cracker, mentre eri dal nonno?*
BRANDON *Sì, dei biscotti.*
PAPÀ *Quanti?*
BRANDON *Un po'.*
PAPÀ *Probabilmente per oggi ne hai mangiati abbastanza. Sei sicuro di avere fame, adesso?*
BRANDON *Sì.*
PAPÀ *Visto che oggi i biscotti li hai già mangiati, quando arriviamo a casa ti do una mela.*
BRANDON *Ma io non voglio una mela, voglio i biscotti.*
PAPÀ *Basta biscotti, tesoro.*

Brandon continua a lamentarsi durante tutto il tragitto fino a casa, ma il papà non gli dà corda, né lo consola.

La zia dà un bacio a Lysetta, che ha tre anni. «È ora di andare a dormire. Ti ho già raccontato abbastanza storie per questa notte.»

La nonna, che si trova in un negozio con Ashia, la nipotina di quattro anni, dice: «Non compreremo un nuovo vestitino per la bambola. Lo so che ti piace, ma a casa ce ne sono già abbastanza».

Carrie, cinque anni, vorrebbe mettere il maglione, invece della giacca. La mamma è d'accordo, e le dice: «Va bene, credo che il maglione sia abbastanza pesante».

John, otto anni, è dal fruttivendolo insieme al papà, che gli dice: «John, conta dieci arance. Devono bastarci per il fine settimana».

Lo zio di B.J. chiama il nipote di nove anni e gli dice: «Andiamo, è ora di uscire e giocare un po'. Per oggi hai visto abbastanza TV*».*

A Haley, dieci anni, piace molto ricevere dei piccoli regali. Davanti a una vetrina piena di oggetti di ceramica, dice alla mamma in tono supplichevole: «Hai visto quanto sono carini?». La donna risponde: «Sì, sono molto belli, Haley, ma oggi non ne compreremo un altro. Quando arriviamo a casa, voglio che tu dia un'occhiata alla tua vetrinetta e pensi alle persone che ti hanno fatto tutti quei regali. Pensa a quanto ti vogliono bene. Non te ne servono altri, ne hai già abbastanza. Gioca un po' con tutte le belle cose che hai, poi torna da me e dimmi che cosa ti hanno fatto venire in mente».

Leah, undici anni, si presenta dai suoi genitori con una lunga lista di regali per la festa di Hannukkà. Il giorno dopo suo padre le restituisce la lista, infilata in un libro intitolato C'è abbondanza di abbastanza. *La guarda negli occhi e dice: «Stasera leggeremo insieme questo libro, e ne discuteremo insieme. Poi potrai correggere la tua lista».*

James, dodici anni, chiede con insistenza un paio di costose scarpe da tennis. La mcca e i jeans vedremo se nel budget destinato al tuo guardaroba ci sono abbastanza soldi per le scarpe».

Austin, quattordici anni, vorrebbe una macchina fotografica molto costosa. Il padre gli dice: «No, Austin. Non credo che tu sia abbastanza responsabile per prenderti cura di un oggetto così costoso».

Nathan, sedici anni, vorrebbe un'auto tutta per sé. Il padre gli chiede: «Se ti compro una macchina, avrai abbastanza soldi per poter pagare l'assicurazione, la benzina e il meccanico?».

La zia dice al nipote: «Andiamo a fare una passeggiata. Ultimamente non abbiamo passato abbastanza tempo insieme».

La famiglia Baxter ha cominciato a parlare di che cosa significa "abbastanza" da quando i bambini hanno iniziato a frequentare una scuola in cui la maggior parte degli scolari ha molte cose. La mamma ha trovato un libro intitolato *The Table*

Where Rich People Sit (Il tavolo a cui siedono i ricchi), scritto da Byrd Baylor e corredato dalle splendide immagini di Peter Parnall. La giovane figlia di cui si parla nel libro organizza una riunione di famiglia per chiedere ai suoi genitori di guadagnare di più. Attraverso un sistema di valutazione che rapporta il valore del dollaro a ciò che offre l'ambiente montano in cui la famiglia vive, a poco a poco la ragazza comincia ad apprezzare il tavolo di legno. I Baxter non vivono in montagna, quindi la storia non si adatta perfettamente al loro caso, ma dopo qualche settimana sono in grado di fare un elenco di ciò che hanno a sufficienza, e delle varie ricchezze che la loro famiglia possiede. Potrebbero scrivere un libro, e potreste farlo anche voi.

"Abbastanza" è una bella parola

In un gruppo di studio che ha lavorato alla comprensione del significato di *troppo poco*, *abbastanza*, *in abbondanza* e *troppo*, i partecipanti sono stati suddivisi in coppie. A uno dei due componenti della coppia è stato dato un contenitore vuoto di carta. Era metà pomeriggio, quindi le persone presenti non erano né sazie né affamate. Su un tavolo erano state messe delle ciotole con uvette, noccioline, patatine, uva, cracker, salatini, biscotti e gelatine di frutta. Le persone alle quali era stato dato il contenitore di carta dovevano pensare esattamente a che cosa avrebbero voluto, e in che quantità, e dovevano contrassegnare il loro recipiente di carta. I loro compagni dovevano ascoltare esattamente che cosa desideravano, riempire il recipiente nelle giuste dosi e presentarlo in modo allettante. Mentre la persona alla quale era stato dato il contenitore ne assaggiava il contenuto, i due componenti della coppia discutevano di come ci si sente a

- dover pensare esattamente a ciò che si vuole;
- ricevere esattamente quello che si è chiesto: niente di più, niente di meno, nulla di diverso;
- ricevere indicazioni precise su che cosa avrebbe soddisfatto i desideri del partner.

Nella stanza c'è un'atmosfera tranquilla, quasi rilassante. Le persone che hanno riempito il contenitore hanno detto:

- È stato molto bello fare qualcosa per qualcun altro, sapendo che era esattamente ciò che lui voleva
- Mi sono sentito sollevato dal peso di dover decidere
- Mi sono sentito libero: sapevo che non avrei sbagliato.

Le persone che hanno chiesto e ricevuto ciò che desideravano hanno dato risposte molto varie:

- Mi è sembrato naturale
- Ero sorpreso. Non mi era mai stato chiesto prima
- Mi è piaciuto molto. Mi piacerebbe essere sempre trattato così
- È stato difficile. Non sono abituato a riflettere su ciò che voglio
- Mi sono sentito rispettato.

Nella seconda parte dello studio, alle persone che avevano preparato i recipienti in base alle indicazioni dei compagni è stato detto di nascosto di riempirli fino all'orlo e di cercare di convincere il partner a mangiare tutto, usando tutti i modi possibili per persuaderli. Potevano pregarli, ordinare loro di farlo, accusarli di essere ingrati, farli sentire in colpa, dirgli che li avrebbero disprezzati, che loro avrebbero saputo fare di meglio... qualunque cosa.

Qualcuno ha alzato la voce. Alcuni dei persuasori hanno insistito in modo piuttosto rumoroso, alcuni dei loro compagni hanno resistito in modo altrettanto vivace. Quando è stato il momento di confrontarsi sulle proprie reazioni, i componenti del primo gruppo (gli offerenti) hanno dato versioni diverse:

- Mi è sembrato naturale. Mi sono reso conto che è questo il modo in cui mi comporto di solito! È scioccante
- Sono generoso con te così posso esserlo anche con me stesso! Grandioso!
- Mi sono sentito a disagio a insistere così tanto, ma sono riuscito a convincerla a mangiarne almeno un po'
- La mia compagna è stata molto astuta: ha cercato di convincere me a mangiare quello che le avevo dato

- Sono rimasto stupito nel vedere quanti metodi conoscevo per persuadere il mio compagno a mangiare ancora
- Spero di non doverlo fare mai più. Mi sono reso conto di quanto sia irrispettoso nei confronti dell'altro.

Le "vittime" hanno avuto molto da dire:

- L'ho detestato
- Mi è sembrato naturale. È il modo in cui sono cresciuto
- Ho avuto la sensazione di essere trattato come se fossi incapace di decidere
- È stato difficile dire di no
- È così che si comporta la mia famiglia
- All'inizio ho resistito, poi ho ceduto. È stato più facile mangiare che continuare a opporsi
- Non c'è da stupirsi se non sono in grado di capire quando ho mangiato abbastanza
- Non mi comporterò mai più in questo modo con i miei figli
- Mi sono sentito in trappola
- Mi è sembrato normale. È orribile.

Mi è sembrato normale. È orribile

La reazione emotiva degli adulti a questo semplice esercizio ci aiuta a capire quale sia il nostro livello di risentimento quando ci rendiamo conto di essere stati in qualche modo ingannati: ad alcune di queste persone non è stato insegnato come capire quando una cosa è sufficiente, ma esattamente l'opposto. Il messaggio che hanno ricevuto è «non serve imparare a capire quando è il momento di dire basta», e «ignora quello che ti dice il tuo corpo», e ancora «lascia che siano gli altri a decidere per te».

Troppo spesso ai bambini trattati con eccessiva indulgenza non viene data la possibilità di rendersi conto di che cosa hanno bisogno. Non sanno che possono imparare a capire che cosa gli occorre, e in quale misura. E dal momento che non sanno che cosa vuol dire "abbastanza", non possono nemmeno assaporare il gusto dell'abbondanza.

"Abbastanza" è il gradino che precede l'abbondanza

L'abbondanza, la gradevole esperienza che riscalda il cuore, gratifica il corpo e rallegra l'anima, è un frutto proibito per chi non sa che cosa significa *abbastanza*. È l'ironia della sorte! Quando i genitori, nell'intento di far vivere i propri figli nell'abbondanza offrono loro così tanto da impedire loro di imparare che cosa vuol dire *abbastanza*, in realtà li condannano a sentirsi costantemente in debito nonostante tutto ciò che hanno. In sostanza non permettono loro di compiere il passo che li separa dal troppo poco alla ricchezza. È come se in mezzo mancasse un gradino, e ci fosse un buco profondo. Di conseguenza l'abbondanza, che non viene riconosciuta né apprezzata, non solo non è gratificante, ma spesso viene percepita come scarsità, come fonte di insoddisfazione, persino una dolorosa aggiunta a un vuoto già profondo.

> **Troppo spesso ai bambini trattati con eccessiva indulgenza non viene data la possibilità di rendersi conto di che cosa hanno bisogno. Non sanno che possono imparare a capire che cosa gli occorre, e in quale misura. E dal momento che non sanno che cosa vuol dire "abbastanza", non possono nemmeno assaporare il gusto dell'abbondanza.**

Perché l'abbondanza abbia senso, deve essere accompagnata dal concetto di abbastanza. Proviamo ad analizzare alcune definizioni di *abbondanza*:

- Avere quel qualcosa in più che rende la vita più divertente, eccitante o interessante. È avere qualcosa da condividere o da regalare. Se non sai che cosa significa abbastanza, non sei in grado di riconoscere quel qualcosa in più.
- Festeggiare ogni tanto. Se hai sempre più di quello che ti serve, non ha senso festeggiare.
- Riuscire a ottenere qualcosa in più rispetto al necessario. Se non sei capace di distinguere fra ciò che vuoi e ciò di cui hai bisogno, come fai a sapere di avere più di quello che ti serve?
- Fare delle esperienze indimenticabili. Se ogni giorno fai qualcosa di straordinario, ciò che è straordinario diventa banale e ti accorgi che non basta mai.

Se si stabilisce che cosa significa "abbastanza" facendo un confronto con gli standard di qualcun altro, forse per qualcuno "abbastanza" potrebbe non esserlo mai. Quando il concetto di abbastanza di un adulto si basa su valori personali, non è difficile comprenderne il significato ed è facile assaporare il gusto dell'abbondanza. L'incapacità di capire cosa significa abbastanza e di distinguere fra l'abbondanza e il troppo è stato un grosso handicap per molti dei partecipanti al nostro progetto di ricerca che hanno dichiarato di essere stati trattati con troppa indulgenza.

TESTIMONIANZE DIRETTE

QUALI SONO LE DECISIONI PRESE DURANTE L'INFANZIA CHE INFLUISCONO SULLA TUA VITA ADULTA?

✓ Io non sono abbastanza. Non lo sarò mai.

✓ Io non sono abbastanza. Devo lavorare sodo. L'apparenza è tutto. Non avrò mai abbastanza. Devo essere perfetto.

✓ Prima o poi incontrerò il mio principe azzurro. Ho bisogno di qualcuno che si prenda cura di me. Non sono capace di mettere da parte molti soldi, e del resto non ne ho bisogno, perché il mio principe arriverà.

✓ È normale che le ragazze vengano trattate con indulgenza. Ho paura di non avere abbastanza. Ho paura di non riuscire a ottenere l'indipendenza economica. Ho bisogno di un uomo che mi dia sicurezza. Le paure stanno diminuendo e io mi sto dando da fare, ma ogni tanto riaffiorano.

NELLA TUA VITA ADULTA HAI DIFFICOLTÀ A DISTINGUERE FRA CIÒ CHE È ABBASTANZA E CIÒ CHE È NORMALE?

✓ Sì. Come si fa a capire quando ci sono abbastanza soldi?

✓ Sì, tendo a esagerare con tutto: lavoro troppo, spendo troppo, ho troppe cose, parlo e mangio troppo.

✓ Temo di essere insaziabile.

SEI TROPPO INDULGENTE CON TE STESSO?

✓ A volte. Quando mi sento insicuro spendo troppo, oppure mangio troppo. O leggo troppi libri tutti in una volta. Compro un mucchio di cose e non provo nulla.

CHE CONSEGUENZE HA AVUTO L'ECCESSO DI INDULGENZA SULLA TUA VITA?

✓ Sono costantemente alla ricerca di quel qualcosa in più che risolverà tutto. Non sono mai soddisfatto del momento presente. Faccio fatica a convincermi che i soldi basteranno.

Non sempre il denaro determina l'eccesso di indulgenza

Verrebbe spontaneo credere che gli eccessi di indulgenza siano più frequenti nelle famiglie benestanti rispetto a quelle povere, ma non è così. Le persone che hanno preso parte al nostro studio avevano un'età compresa fra diciotto e ottant'anni. Per confrontare i loro livelli di reddito, abbiamo chiesto loro di paragonare la situazione finanziaria della loro famiglia a quella delle famiglie vicine. La definizione «disponibilità di denaro» non indica necessariamente che la famiglia in questione sia ricca, ma fa riferimento alla percezione del bambino.

In qualunque famiglia si può insegnare che cosa vuol dire abbastanza, e in qualunque famiglia si può cadere nell'errore di indulgere troppo.

Non sappiamo se questa ripartizione rifletta la distribuzione del reddito della nazione. È interessante notare che la percentuale di coloro che hanno risposto «molto di più» è quasi uguale a quella di chi ha detto «molto meno». Tuttavia, non bisogna dimenticare che l'eccessiva indulgenza non ha a che fare con il

DISPONIBILITÀ DI DENARO DELLA MIA FAMIGLIA RISPETTO AD ALTRE[3]

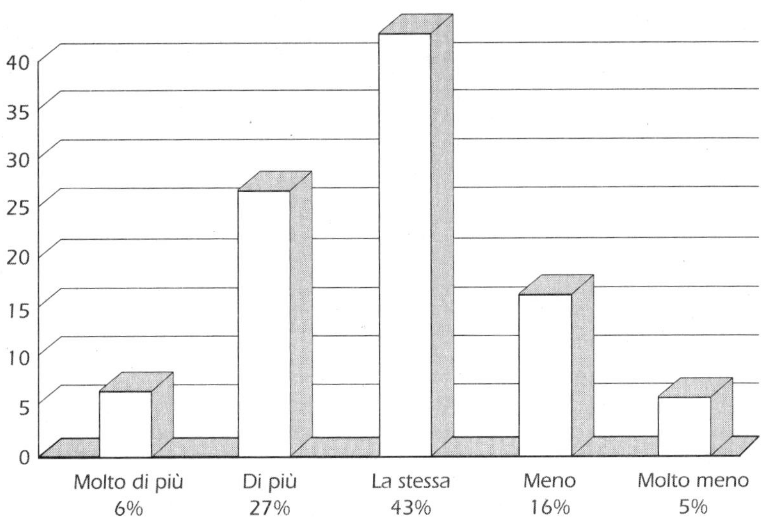

denaro, e può attecchire in un contesto di benessere economico o in una situazione di povertà. L'indulgenza ha che fare con il dare troppo, l'offrire troppe attenzioni e non saper porre dei limiti. In qualunque famiglia si può insegnare che cosa vuol dire abbastanza, e in qualunque famiglia si può cadere nell'errore di indulgere troppo.

Le sfide del benessere

NON LI HO MAI AVUTI PER ME

Katherine racconta: «I soldi non mi sono mai mancati. Avevo tutto quello che loro volevano che avessi, ma non avevo mai loro. Non mi piaceva quello che mi davano. Ricordo che un Natale ho chiesto un giradischi da 40 dollari. Ho ricevuto altri sette regali, incluso un paio di scarpe che non potevo mettere. Adesso guardo con diffidenza tutto quello mi regalano. È arrivato il momento di risolvere questo problema».

GELOSIA

Sydney confessa: «Ero gelosa di mia cugina perché lei era ricca. Volevo un cavallo, e lei ne aveva uno bellissimo. Una volta, mentre ero a casa sua, suo padre ha portato a casa quindici paia di calzoni da cavallerizza. Voleva che ne indossasse uno diverso a ogni gara. Quando le ho chiesto se le piacesse gareggiare, lei si è limitata a guardare fuori dalla finestra. Dopo quel giorno non sono più stata gelosa».

DIRITTO ACQUISITO

Dylan viene trattato con eccessiva indulgenza dal nonno ricco, che gli ha promesso una Porsche per il suo sedicesimo compleanno. L'uomo, però, muore due settimane prima del suo compleanno, e Dylan non riceve il suo regalo speciale. Non ha mai perdonato a suo nonno di essere morto troppo presto. Per lui niente è mai stato abbastanza.

Avere troppo può significare che niente è mai abbastanza.

TE LO PUOI PERMETTERE

Quando in una famiglia non è mai stato detto «Non possiamo permettercelo», come fa un genitore a impedire che suo figlio sviluppi un senso del diritto esasperato? Offrire ai propri figli quello di cui hanno bisogno, insegnare loro come gestire il denaro e trasmettere valori come la compassione, l'arte di arrangiarsi e lo spirito di intraprendenza può essere particolarmente difficile per genitori che hanno buone disponibilità finanziarie. Una volta preso atto del fatto che la ricchezza non rende più facile il compito del genitore, i suggerimenti per allevare i bambini privilegiati spesso partono proprio dall'insegnamento dei valori. Ecco che cosa direbbe un consulente familiare a una coppia di genitori benestanti: «Stabilite una missione, una visione e una scala di valori per la vostra famiglia. Fatevi queste domande: "Quanto valgo come individuo? Quali sono i valori sociali in cui credo? Quali sono le mie responsabilità nella comunità in cui vivo? C'è un modo per utilizzare l'abbondanza di cui godo in modo responsabile verso me stesso, gli altri, l'ambiente?"».

Tutte queste domande sono incentrate sull'importanza di distinguere fra sufficiente e abbondante, senza scivolare nel diritto all'indulgenza.

Secondo Cynthia Iannarelli, titolare del Business Cents Resources di Bridgeville, Pennsylvania, che segue le famiglie privilegiate, i bambini ricchi dovrebbero essere particolarmente preparati nei seguenti ambiti:

- marketing,
- relazioni interpersonali,
- leadership,
- gestione del denaro,
- autonomia.

Si tratta di un elenco di suggerimenti utili su come investire le risorse personali e familiari, validi per i bambini di qualunque livello di reddito, soprattutto se si tiene conto della capacità di persuasione di chi si occupa di marketing. I bambini che appartengono alle classi privilegiate avranno bisogno di alcune lezioni speciali in queste aree. Per esempio, per quanto riguarda le relazioni interpersonali, bisognerà includere la capacità di comprendere e comunicare con persone appartenenti ad altre classi sociali. Sono stati scritti molti libri indirizzati proprio ai genitori che devono crescere i propri figli in un contesto di particolare benessere (vedi *Bibliografia*).

Il buco nero della penuria

Quando sentiamo parlare dei figli dei ricchi e della quantità esorbitante di denaro che sperperano, o ci capita di leggere un romanzo come *Twelve* (la storia di alcuni giovani adulti di Manhattan che hanno decisamente troppi soldi) con la sua storia di vuoti incolmabili tra tanta abbondanza, potremmo essere indotti a pensare che l'eccessiva indulgenza sia una prerogativa dei ricchi, ma se cadiamo in questo tranello corriamo il rischio di confondere l'indulgenza con l'incuria vera e propria.

Gli adulti che sono cresciuti in contesti sociali di ogni tipo, e che da bambini non hanno imparato a comprendere il concetto di abbastanza, possono farlo ora. Il libro di Laurie Ashner e Mitch Meyerson, *When is Enough, Enough?: What You Can Do If You Never Feel Satisfied* potrebbe essere particolarmente utile per quegli adulti che vogliono imparare a stabilire il concetto di *abbastanza*. Il libro contiene una citazione di Rumer Godden:

> Secondo una leggenda indiana, ognuno di noi è una casa con quattro stanze: una fisica, una mentale, una emotiva e una spirituale. La maggior parte di noi vive in una stanza sola per quasi tutto il tempo, ma se non entriamo anche nelle altre stanze almeno una volta al giorno, almeno per arieggiarle, non siamo completi.

La spiritualità è uno strumento prezioso per coloro che credono che nulla sia mai abbastanza. Qualcuno potrebbe avere un'idea precisa del concetto di "abbastanza" per quanto riguarda la parte fisica della sua vita, ma essere mentalmente annoiato, sentirsi poco amato, oppure trovarsi nel mezzo di un viaggio spirituale e domandarsi perché non riesce a provare la sensazione di abbondanza non è altrettanto immediato.

Ciascuno di noi dovrebbe porsi alcune domande: *il termine giusto per definire la mia vita sul piano fisico è "soddisfacente" o "ricca"? E la mia vita mentale? E quella emotiva? Quella spirituale? Come posso trovare un mio equilibrio?*

Ti auguro di avere sempre "abbastanza"

Abbastanza di cosa? Abbastanza di tutto. La capacità di comprendere quando è abbastanza è una delle cose più importanti che un

Il concetto di "per adesso basta così" è essenziale per insegnare a un bambino a posticipare il momento della gratificazione, una capacità che manca a molti adulti trattati con troppa indulgenza durante l'infanzia.

genitore possa insegnare ai propri figli. Il concetto di "per adesso basta così" è essenziale per insegnare a un bambino a posticipare il momento della gratificazione, una capacità che manca a molti adulti trattati con troppa indulgenza durante l'infanzia. Saper capire quando è il momento di dire basta contribuisce a preservare la salute, tutela le altre persone e l'ambiente, e può essere uno strumento contro un comportamento avido e immorale. L'antico augurio che riportiamo qui sotto è un esempio della saggezza popolare, e basta a rendere ricca una famiglia che lo recita ogni giorno:

Ti auguro che ci sia abbastanza sole per illuminare i tuoi gesti.
Ti auguro che ci sia abbastanza pioggia perché tu possa apprezzare il sole.
Ti auguro di avere abbastanza felicità per essere sempre di buon umore.
Ti auguro di provare abbastanza dolore perché le piccole gioie della vita ti sembrino più grandi.
Ti auguro di guadagnare abbastanza per poter soddisfare i tuoi desideri.
Ti auguro di perdere abbastanza per poter apprezzare quello che hai.
Ti auguro di ricevere abbastanza "buongiorno" per poter affrontare l'ultimo "arrivederci".[4]

* * *

"Abbastanza" ha il sapore della festa.

P.L. TRAVERS, *Mary Poppins*

PARTE TERZA

Troppe attenzioni

9

Per te voglio il meglio

Che cosa significa prendersi cura di qualcuno

Il proverbio dice che non bisogna sputare nel piatto in cui si mangia. Ma forse bisognerebbe farlo, se questo ci impedisce di sputare a noi stessi.

THOMAS SZASZ, *psichiatra*

Ognuno di noi ha bisogno delle cure e delle attenzioni degli altri. Un bambino non può sopravvivere, se gli si nega attenzione. Ha bisogno di cibo, di vestiti, di protezione, di essere toccato, riconosciuto e amato. Ma quando le attenzioni sono troppe, potrebbero soffocare la sua crescita.

Una mamma soffocante

Leggete che cosa ci hanno raccontato due sorelle cresciute con una mamma troppo soffocante:

«La gente diceva che nostra madre era una santa. Immagino che lo fosse davvero. Per noi faceva qualunque cosa. Noi bambine venivamo prima di tutto. Non ha mai pensato a se stessa.

Oggi, quando avete citato il vostro studio sugli eccessi dell'indulgenza, e avete chiesto se nel gruppo ci fosse qualcuno che durante l'infanzia è stato trattato in modo troppo indulgente, disposto a parlare di sé, ci siamo sentite chiamate in causa. Ma ora che siamo qui, è difficile parlare di certe cose.»

«Già» conferma la sorella. «Anche la mamma di una nostra amica faceva tutto per lei, ma in cambio lei doveva sempre comportarsi bene, far fare bella figura a sua madre, doveva ripeterle in continuazione che madre meravigliosa fosse. Nostra madre era diversa. Faceva qualunque cosa per noi, e noi potevamo fare tutto quello che volevamo. Era molto generosa. Voleva che avessimo tutto. Come ci si può lamentare di una persona come lei?»

«Se le cose stanno così, dove sta il problema?» chiede uno dei responsabili del progetto di ricerca.

«Non va bene. A volte avremmo voluto arrangiarci da sole. Ti ricordi quella volta che volevi fare un vestito per la tua bambola, e quando ci siamo alzate al mattino, ci aveva già pensato la mamma? Era rimasta sveglia tutta la notte.»

«Sì» risponde la sorella. «Ma non basta ripensare al passato e alle cose che non andavano bene. Il problema è adesso. A volte mi fermo a giocare a bridge con le amiche, invece di prendermi cura della mia famiglia. Non voglio ripetere gli errori della mamma, ma non so come devo comportarmi. Così, qualche volta rimango fuori casa.»

«Qualche volta, quando ci incontriamo, ci capita di piangere, senza nemmeno sapere che cosa ci rende tristi. È difficile parlarne. È per questo che siamo qui.»

Il colloquio con le due sorelle è durato a lungo. Hanno raccontato tutta la loro storia, continuando a chiederci se le giudicavamo sciocche o egoiste. Alla fine hanno confessato di sentirsi molto sollevate per essere finalmente riuscite a parlarne, rivelando che quella era la prima volta che si confidavano con qualcuno.

È il momento di ascoltare

È arrivato il momento di sentire cose che, anche se in apparenza sembrano belle, in realtà non lo sono affatto. Le due sorelle sono state le prime di un gran numero di volontari che si sono fatti avanti e hanno parlato di questo genere di indulgenza. Quasi tutti hanno concluso il loro racconto nello stesso modo: «Lei è la prima persona con cui ne parlo». Anche per noi è arrivato il momento di imparare ad ascoltare. È il primo passo verso la guarigione. Ed è il momento di imparare qualcosa di più sull'eccessiva indulgenza, in modo da essere capaci di ascoltare con partecipazione, senza giudicare.

Le due sorelle hanno pagato le conseguenze di essere state coccolate troppo, di essere cresciute con una madre iperefficiente, al punto da impedire loro di badare a se stesse. In alcuni casi questo comportamento viene definito "eccesso di amore", ma quello che in apparenza sembra troppo amore in realtà è dare troppe attenzioni a qualcuno, o fare per lui qualcosa che questi dovrebbe fare da solo. È smisurata attenzione per l'altro.

Prendersi cura degli altri

Prendersi cura del proprio figlio è la prima metà del compito di un genitore: senza queste cure saremmo tutti destinati a morire. L'altra metà è la creazione di un sistema di regole, di cui ci occuperemo nella quarta parte (capitoli 15-22). Ma ora cominciamo con la prima metà, l'aspetto meno severo dell'educazione, nel quale il genitore provvede a soddisfare il bisogno di tenerezza del bambino: amore, contatto, calore, attenzione, sostegno, stimolo, riconoscimento e risposta. Ricevere cure e attenzioni ha a che fare con il proprio essere, con il proprio diritto di esistere e di vedere soddisfatte le proprie necessità. Non è una cosa che bisogna guadagnare. Non c'è un prezzo da pagare. Non serve offrire obbedienza e rispetto per ottenerla. Riconoscenza e sensibilità saranno una conseguenza naturale, e l'obbedienza, resa più facile dal forte legame che si viene a creare, è il presupposto essenziale per il rispetto delle regole. Fra il bambino e la persona che si prende cura di lui si crea un legame che lo fa sentire protetto e al sicuro. È un dono d'amore del genitore, e aumenta l'autostima.

> **Prendersi cura dell'altro significa soddisfare il suo bisogno di tenerezza: amore, contatto, calore, attenzione, sostegno, stimolo, riconoscimento e risposta.**

Incompetenza acquisita

Provate a ripensare all'esperienza delle due sorelle, applicando il

Test del 4

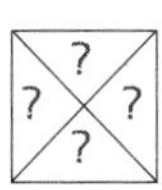

1. Questa situazione ha impedito alle due sorelle di apprendere i normali compiti di sviluppo? Sì.
2. C'è stato un impiego eccessivo delle risorse della famiglia? Sì, del tempo e delle energie della madre.
3. Per chi è stato fatto tutto questo, per la madre o per le ragazze? Se il risultato è la negazione delle esigenze delle ragazze, deve

essere stato fatto per la madre. Questo non significa che la mamma avesse intenzione di nuocere alla proprie figlie. È triste per lei quanto lo è per loro.

4. È stato fatto del male a qualcuno, alla società o all'ambiente? Probabilmente a pagarne le conseguenze sono le famiglie delle due ragazze, una volta diventate adulte.

Le due sorelle hanno capito che la causa del loro disagio, che le accompagnava da bambine e non le ha abbandonate da adulte, è dovuta al fatto che non hanno imparato ad arrangiarsi da sole, non hanno appreso i normali compiti di sviluppo. Nel loro caso si può parlare di *apprendimento di incompetenza*.

Acquisire competenze fa parte della natura umana. È perfettamente normale sentir dire da un bambino frasi come «Posso farlo io? Posso aiutarti a rompere le uova? A preparare la pastella? A innaffiare le piante? Ad aprile quella scatola? A rimettere a posto i giocattoli? A piantare il chiodo nel muro? A cucire un vestito per la bambola?». Le due sorelle, anziché apprendere le normali competenze, hanno imparato a essere incompetenti.

Questa incompetenza nuoce in modo particolare all'autostima del bambino. Gli autori denunciano il fatto che un sano incoraggiamento a far sentire il bambino amato e capace possa degenerare involontariamente in un pericoloso eccesso di indulgenza, che nasce dal desiderio di farlo stare bene. In realtà, l'autostima non dipende dal fatto di sentirsi bene. Al contrario, potrebbe essere particolarmente alta in una situazione difficile, nella quale però ci si sente adeguati, forti e in grado di affrontarla. L'autostima è importante, ed è legata sia alla competenza sia al senso di adeguatezza. L'eccesso di attenzioni e la tendenza a fare troppo per i propri figli sono un modo sicuro per nuocere alla loro autostima.

Offrire troppe attenzioni equivale a essere troppo indulgenti

In questa sezione vedremo come l'attenzione per l'altro può diventare esagerata, sfociando in un eccesso di indulgenza, e come, pur apparentemente positiva, in realtà impedisce al bambino di acquisire le necessarie competenze e una sana fiducia in se stesso. Gli effetti che questo atteggiamento iperprotettivo ha sul bambino non coincidono con le buone intenzioni di chi si prende cura di lui. Questa forma di eccessiva indulgenza provocata da attenzioni esagerate nasce dall'esasperazione di un comportamento di per sé positivo. È un tipo di attenzione soffocante, che impedisce al bambino di diventare competente e lo espone invece al rischio di diventare egocentrico e viziato.

Ecco le quattro conseguenze dell'eccesso di attenzioni che abbiamo individuato:

1. Confusione rispetto al concetto di abbastanza.
2. Incompetenza.
3. Difficoltà a distinguere fra necessità e desiderio.
4. Tendenza a credere e a comportarsi come se si fosse al centro dell'universo.

Dai nostri studi è emerso che l'eccesso di attenzioni si manifesta prevalentemente in quattro modi diversi:[1]

1. Quando ero bambino, i miei genitori facevano per me delle cose che avrei potuto o dovuto fare da solo.
2. Quando ero bambino, i miei genitori mi amavano troppo e mi offrivano troppe attenzioni.
3. Quando ero bambino, mi venivano concessi molti privilegi.
4. Quando ero bambino, i miei genitori facevano in modo che ci fosse sempre qualcosa o qualcuno a divertirmi.

L'incompetenza, che sia lieve o grave, come nel caso delle due sorelle, nasce quando i genitori fanno troppo per il proprio figlio. Per prima cosa ci occuperemo di questo aspetto.

* * *

Non potete proteggere i vostri figli dalla vita perché,
in questo modo, non impareranno a viverla.

DELPHINE BOWERS

10

Lo faccio io per te

Quando ero bambino, i miei genitori facevano per me delle cose che avrei dovuto fare da solo

Dio procura abbastanza cibo per tutti gli uccelli. Ma non glielo fa trovare nel nido.

PROVERBIO MONTENEGRINO

Imparare dalla natura

Il piccolo Samuel osserva affascinato una farfalla che lotta per uscire dal bozzolo. Nel tentativo di aiutarla, il bambino rompe l'involucro. Con suo grande rammarico, però, la farfalla di Samuel, liberata dallo sforzo, non può volare!

Spesso, spinti da buone intenzioni, facciamo per i nostri figli cose che essi dovrebbero fare da soli. A volte non abbiamo tempo, oppure li vediamo in difficoltà, o desideriamo che una cosa venga fatta in un certo modo. Indubbiamente si tratta di motivazioni valide, e del desiderio di rendersi utili. Così, per esempio, li vestiamo, rifacciamo il letto per loro, buttiamo via la spazzatura al loro posto, facciamo una telefonata che dovrebbero fare loro. Se però questo capita troppo spesso o si protrae troppo a lungo, impediamo ai nostri figli di imparare a volare.

Quando facciamo troppo per i nostri figli

Questa forma di iperprotezione si verifica quando alcuni genitori tendono costantemente a fare cose per il proprio figlio che lui sarebbe perfettamente in grado di fare da solo. Ecco alcuni esempi.

- Chiedi a papà di aiutarti a fare i compiti di matematica, e lui ti completerà la pagina di problemi.

- La mamma si precipita a scuola ogni volta che le dici che un insegnante è stato ingiusto con te.
- Sei adolescente, e ti dimentichi sul tavolo della cucina il compito da consegnare oggi a scuola. Tua madre te lo porta in classe senza che nemmeno tu glielo chieda.
- Tuo papà si lamenta perché al mattino tirarti giù dal letto è una vera e propria impresa.
- Vivi ancora con i tuoi all'età di trentun anni, hai un buon lavoro, e non contribuisci alle spese dell'affitto. La mamma ti lava la biancheria, pulisce la tua stanza e cucina per te. Tu porti fuori la spazzatura soltanto quando ti viene chiesto.

Un bambino che si trova tutto fatto viene indotto a credere di non essere in grado di risolvere i problemi da solo. Quando i genitori sono troppo efficienti, e fanno cose che dovrebbe fare lui, tende a diventare inefficiente. E più loro insistono, più i suoi sforzi diminuiscono. Questo eccesso di attenzioni provocherà inevitabilmente un'incapacità cronica e un'incompetenza generale.

L'eccesso di attenzioni è una forma di indulgenza nella quale i genitori tendono costantemente a fare cose per il proprio figlio che lui sarebbe perfettamente in grado di fare da solo.

Sono molti i modi attraverso i quali adulti ben intenzionati fanno cose che i bambini dovrebbero fare da soli. In alcuni casi si tratta di gesti apparentemente innocui, altre volte di azioni estreme, ma in ogni caso privano il bambino dell'opportunità di imparare a prendersi cura di se stesso e degli altri.

A VOLTE AI GENITORI PIACE GIOCARE COL FIGLIO

Noah è il più piccolo dei suoi fratelli, e sua madre non vorrebbe che crescesse. Si divertono insieme, e il loro gioco preferito è quello dei travestimenti. Una mattina, mentre si stanno preparando a uscire, la mamma dice a Noah di mettersi le scarpe. Lui si arrampica su una sedia, e aspetta. La mamma, allora, chiede al papà di mettere le scarpe al bambino, ma lui le chiede: «Un bambino di tre anni non dovrebbe essere capace di mettersi le scarpe da solo?». Lei risponde: «Immagino di sì, ma a me piace farlo». Mentre esce dalla porta, il marito aggiunge: «Pensi di andare all'asilo insieme a lui?». Lei, colta di sorpresa, ordina al bambino di mettersi le scarpe. Le sue intenzioni si trasformano rapidamente, e ora vuole cercare di insegnare a suo figlio a essere autonomo. Credete che ne sia nata una piccola lotta, e che alla fine la mamma abbia ceduto? Infatti è andata così, le vecchie abitudini hanno avuto la meglio. La donna, però, capisce di dover trattenersi dal fare cose che Noah dovrebbe fare da solo. Alla fine decide di non usare più la lavastoviglie alla mattina: con le mani nella schiuma è più facile resistere.

«Noah, metti le scarpe.»

«Non ne sono capace.»

«E invece sei capacissimo di farlo.»

«Non voglio.»

«Lo so che non vuoi, ma devi.»

«Fallo tu.»

«Ho le mani bagnate. Vedi che sono occupata? Dopo che avrai messo le scarpe, potrai scegliere un libro e lo leggeremo insieme» aggiunge, e finge di essere impegnata finché Noah non ha indossato le scarpe.

La mamma di Noah ha dimostrato di voler davvero bene a suo figlio, cercando di insegnargli ad arrangiarsi da solo e mettendo le necessità del bambino davanti al proprio desiderio di divertirsi insieme a lui. Ci sono altri giochi che possono fare insieme, oltre a quello dei travestimenti, attraverso i quali può aiutare Noah ad acquisire nuove competenze.

A VOLTE L'ECCESSO DI ATTENZIONI NASCE DAL DESIDERIO DEI GENITORI DI PRENDERSI CURA DEI PROPRI FIGLI

A Dalia piace cullare il suo bambino neonato, e lo attacca al seno anche quando non è lui a chiederlo, né piange o si lamenta.

Dalia sta privando il suo bambino dell'opportunità di rendersi conto di che cosa ha bisogno, di imparare a farlo capire a sua madre, e di decidere quando è necessario che qualcuno si prenda cura di lui. Naturalmente i pensieri del bambino non sono così articolati, ma gli studi recenti condotti sul modo in cui i bambini apprendono hanno rivelato informazioni sorprendenti su quanto e quanto in fretta imparino. In *The Scientist in the Crib*,[1] Alison Gopnik e gli altri autori descrivono le importanti lezioni di vita che i bambini apprendono dalle normali interazioni con le persone che si prendono cura di loro. Il bambino, dal momento della nascita – e anche prima – è una straordinaria macchina d'apprendimento.

A VOLTE LA SODDISFAZIONE CHE I GENITORI PROVANO DI FRONTE AI PROGRESSI DEI PROPRI FIGLI LI RENDE CIECHI

Il "lavoro" di Ian è quello di essere un bambino sveglio. Appena nato era adorabile. A due anni ammiccava per ottenere ciò che voleva e per far sorridere la mamma. A tre anni finge di non sentire quando gli viene detto di fermarsi, oppure di camminare, con un tale candore che i suoi genitori scoppiano a ridere. Fanno tutto per lui. Raccolgono i suoi giocattoli, puliscono il latte che versa sul pavimento, puliscono il piatto dalle briciole, e poi si lamentano perché sono stanchi. Quando gli viene detto di non prendere in mano un oggetto fragile, lui lo fa con una prudenza esagerata. A quel punto il papà si mette a ridere, e dice: «Giocaci pure, ma sta' attento».

Quando i nonni vanno a trovarlo, e non sono impegnati a cercare di mettere freno alla sequenza di comportamenti scorretti del bambino, si consultano sul da farsi. Dai diciotto mesi in poi, praticamente a Ian non è mai stato detto di no. Il suo comportamento non è stato corretto dagli adulti, che si aspettavano che imparasse da solo. Così i nonni chiedono ai propri figli, i genitori di Ian, di cambiare metodo.

«Sappiamo che gli volete bene. Gliene vogliamo anche noi. Moltissimo. È diventato molto sveglio, ma non possiamo fare a meno di chiederci che cosa succederà quando qualcuno, al di fuori della famiglia, lo troverà irritante. Come reagirà?» I genitori di Ian rimangono scioccati. Non si erano accorti che ultimamente i loro amici li frequentano solo quando Ian non c'è.

Buone intenzioni, pessimo risultato. Ian ha bisogno di un nuovo "lavoro". Non basta che sia un bambino sveglio. Se i suoi genitori non sanno come fare, possono chiedere aiuto. Educare un bambino è un compito troppo difficile per due genitori accecati dall'amore e dai progressi del proprio figlio. Tutti noi abbiamo bisogno di aiuto per educare i nostri figli.

A VOLTE LA RABBIA INCONTROLLATA DEI GENITORI BLOCCA LA CRESCITA DEL BAMBINO

Bryan, che fa l'arbitro nella Little League, resta a bocca aperta quando un papà gli si scaglia contro per aver chiamato uno strike contro un giocatore di sette anni. Ci sono voluti tre uomini per tenerlo fermo, mentre il giovane battitore, terrorizzato, si faceva la pipì addosso.

Quello che per il ragazzino avrebbe dovuto essere un modo normale e sicuro di imparare ad accettare le decisioni dell'arbitro si è trasformato in un episodio spaventoso, pericoloso e disorientante.

A VOLTE L'ORGOGLIO DEI GENITORI PROVOCA INTROMISSIONI

Zia Berta sta chiedendo informazioni a Edoardo riguardo al progetto di scienze e a tutti i premi che ha vinto. Il patrigno, che a sua volta è uno scienziato e scoppia di orgoglio e di amore per il ragazzo, risponde al suo posto a tutte le domande.

Edoardo deve fare i conti con l'orgoglio del patrigno. Non ha bisogno di articolare i suoi pensieri, di provare a dare delle risposte sensate alle domande che gli vengono fatte, né riceve una reazione diretta dalla zia per le sue risposte. Il ragazzo impara a essere passivo. Viene privato dell'opportunità di pensare da solo e di rafforzare il legame con la zia.

A VOLTE I GENITORI NON SI ACCORGONO DELLA LORO TENDENZA ALL'IPERPROTEZIONE

Aiutare un bambino in caso di bisogno è utile. Assecondare le ripetute richieste dell'ultimo minuto è un eccesso di attenzione.

Amber è a pranzo insieme al resto della famiglia quando a un tratto annuncia di dover prendere parte a una riunione del comitato degli studenti alle 19,30 e di dover portare dei biscotti. La mamma guarda l'orologio, si alza in fretta da tavola senza finire di mangiare e versa nel misurino la farina per un'informata di biscotti al cioccolato.

«Spero di fare in tempo. Ti ho chiesto tante volte di dirmelo il giorno prima, quando ti serve qualcosa da portare a scuola.»

Amber fa un cenno arrogante con la testa e continua a mangiare.
Uno degli ospiti chiede, senza scomporsi: «Non può comprarli?».
La mamma risponde: «Non sono così buoni, e poi costano di più».

Quello dei biscotti non è un episodio isolato. È spiacevole ma non sorprendente il fatto che, quando questa madre superefficiente diventerà vecchia e malata, la figlia continuerà a essere inefficiente e non riuscirà a prendersi cura di lei.

A volte i genitori fanno delle cose per i propri figli avendo un'idea sbagliata di che cosa sia bene per loro.

Rachael ha dieci anni e le piacerebbe imparare a sbrigare le faccende di casa. Ha imparato a rifare il letto, e lo fa tutti i giorni, senza che qualcuno glielo debba chiedere. Del resto è normale che, a quest'età, un bambino sia capace di farsi il letto da solo.[2] *Sua madre, però, volendo essere una brava mamma, le dice: «Non fare il letto, oggi. Esci e divertiti. Si è giovani una volta sola».*

Nell'organizzazione familiare, il compito di Rachael è quello di divertirsi. Alla lunga Rachael smette di interessarsi alle faccende di casa e diventa molto brava a divertirsi. Da adulta, non sarà capace di fare le cose più semplici per la normale gestione della casa, e questo sarà frustrante per lei e la sua famiglia.

Patrick ha un problema simile. Quando sua moglie si lamenta perché ha l'abitudine di abbandonare i suoi vestiti sul pavimento, lui rimane sorpreso, e dice: «Be', potresti raccoglierli tu».

Dopo qualche settimana di matrimonio, la mamma di Patrick chiama e chiede alla nuora: «Patrick ripone i suoi vestiti?».

«Qualche volta.»

«Be', quando era un ragazzo gliel'ho chiesto due volte, ma non lo ha fatto, così lo facevo io per lui. Dovrai farlo anche tu.»

Allibita, la nuora ringrazia la suocera per l'informazione e riaggancia, intenzionata a non riporre mai più i vestiti di suo marito, e a non tornare mai più sull'argomento, anche se passeranno secoli prima che lui capisca che deve farlo da solo.

La mamma di Patrick pensava di essere d'aiuto. Le sue intenzioni erano buone, il risultato non lo è stato. Alla fine Patrick ha imparato a riporre i suoi vestiti. Possiamo apprendere i compiti dell'infanzia a qualunque età, anche se naturalmente è più difficile.

L'abitudine dei genitori di fare per i propri figli quello che dovrebbero fare da soli può avere conseguenze anche in età adulta.

Il papà ci teneva molto che suo figlio ottenesse buoni risultati al college. Nell'intento di essere d'aiuto, lo chiamava tutti i giorni, chiedendogli se aveva studiato, dicendogli quante ore doveva passare sui libri, incoraggiandolo a farsi seguire da un tutor. Suo figlio, che era un bravo studente, non riusciva a far smettere quel fuoco di fila di telefonate, e quando fu bocciato a un esame, suo padre non riuscì a capire che cosa fosse successo.

Svegliati, papà! Non importa se noi siamo motivati dall'amore per i nostri figli e dal desiderio di aiutarli. Un ragazzo di diciannove anni non ha bisogno che gli venga detto che cosa deve fare per raggiungere i suoi obiettivi. Il sostegno è importante, ma un genitore non deve cercare di gestire la vita del proprio figlio.

Mi prendi in braccio?

LA TENDENZA AD AIUTARE PIÙ DEL NECESSARIO PUÒ RITARDARE LO SVILUPPO DELLE COMPETENZE E L'INDIPENDENZA

«Quando mi sono accorta che molti bambini di tre o quattro anni venivano portati in braccio dai loro genitori all'interno dell'asilo, ho deciso di osservarli nel corso della giornata.»

Maria, la direttrice dell'asilo, aggrotta la fronte, poi continua: «Rispetto ai bambini che arrivano camminando da soli, quelli che vengono portati in braccio sembrano essere meno responsabili. Ho notato che sono anche diventati piuttosto bravi a convincere le maestre a tenerli in braccio. Il modo in cui riescono a farlo varia da bambino a bambino, ma in generale ho notato che i loro compagni sono più indipendenti, e sembrano anche più sicuri di sé».

Poi aggiunge: «I bambini portati in braccio sembrano meno disposti ad accettare le responsabilità nei momenti di gioco e quando è ora di riordinare, e hanno più bisogno di aiuto degli altri per togliere il giubbotto e riporlo nell'armadietto. Non trovate che sia interessante?».

Quando le abbiamo chiesto se avesse un'idea del perché alcuni ge-

nitori portassero in braccio i propri figli, nonostante fossero già grandi, Maria ha esitato. «Detesto dover dire una cosa del genere, ma ho l'impressione che questi genitori non siano capaci di accettare l'idea che i propri figli stiano crescendo. E pensare che sono proprio alcuni di loro a insistere di più perché vengano introdotte esercitazioni di lettura e di matematica in età prescolare.»

Test del 4

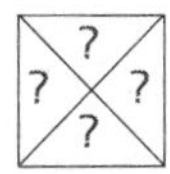

1. Al bambino viene impedito di apprendere i normali compiti di sviluppo? Sì, il bambino in età prescolare deve imparare a camminare sulle proprie gambe, in senso letterale e figurato.
2. Viene fatto un uso inadeguato delle risorse? Sì, delle energie degli insegnanti, e forse qualcuno di loro soffrirà anche di mal di schiena.
3. Quali esigenze vengono soddisfatte? Non quelle del bambino. La richiesta di introdurre le esercitazioni in età prescolare è una forma di attenzione eccessiva, con la quale il bambino viene indotto ad anticipare i tempi. Il messaggio che viene inviato al bambino è che deve crescere in fretta, mentre il fatto di portarlo in braccio, anche se questo gesto è dettato dal desiderio di un ultimo abbraccio prima di incominciare la giornata, comunica il messaggio opposto, cioè che non deve crescere. In questo modo si crea ambiguità, pur se le intenzioni dei genitori sono buone.
4. Qualcuno risulta danneggiato? Il bambino, che resta disorientato e privato della possibilità di apprendere le capacità di sviluppo.

Maria, la direttrice dell'asilo, stabilisce una nuova regola: appena varcano la soglia dell'istituto, tutti i bambini devono camminare da soli. Inoltre, la donna organizza una riunione con i genitori nella quale vengono illustrati i compiti di sviluppo dei bambini in età prescolare, e viene spiegato come nella struttura venga incoraggiato l'apprendimento della lettura, e perché questa attività sia più importante dell'introduzione di vere e proprie esercitazioni.

La direttrice di un altro asilo si accorge che una delle insegnanti presta troppe attenzioni ai bambini.

«Ha un forte bisogno di essere amata dai bambini. Loro lo hanno capito e sono diventati molto esigenti nei suoi confronti. Lei li anticipa in tutto, così non provano nemmeno ad arrangiarsi da soli. Trascorre l'intera giornata a soddisfare le loro richieste, e loro non giocano insieme agli altri bambini, né partecipano alle attività organizzate. I bambini del suo gruppo hanno un mucchio di difficoltà. Devo intervenire immediatamente.»

Questa insegnante è fortunata, perché la direttrice interviene, suggerendole un modo per farsi aiutare. E anche i bambini sono fortunati, perché questo malsano eccesso di attenzioni verrà interrotto, e loro saranno incentivati a partecipare a giochi strutturati, finalizzati all'insegnamento di competenze importanti. Per maggiori informazioni sull'importanza del gioco guidato, e sul perché sia così importante che i bambini creino le loro personali ambientazioni di gioco, leggete *The Play's the Thing* di Jones/Reynolds (vedi *Bibliografia*).

A questo punto qualcuno potrebbe domandarsi: «Ma non sono i bambini a incentivare queste forme di attenzione esasperata?». Certo. I bambini imparano a sfruttare la situazione, qualunque essa sia. Non si limitano a chiedere, pretendono. La direttrice di un asilo ha commentato: «I bambini fanno i capricci o si mettono a piangere, e ottengono quello che vogliono».

Effetti indesiderati

Se viene eccessivamente coccolato, il bambino può risentire di una crisi di identità, sviluppando un senso di colpa rispetto a ciò che è:[3]

- «Io sono» diventa «Io sono perché gli altri si prendono cura di me.»
- «Io sono capace» diventa «Non c'è bisogno che lo faccia, tanto loro lo faranno per me.»
- «Non l'ho fatto bene, meglio che lo rifaccia» diventa «Se non approvano il modo in cui l'ho fatto, non è un problema mio.»

Quando il bambino fa qualcosa, e l'adulto dice «L'ho fatto io per te centinaia di volte, perché non lo fai bene?», il bambino riceve un messaggi ambiguo e resta disorientato: «Lo faccio io», da un lato, e «Perché non ti arrangi da solo?» dall'altro.

L'eccesso di attenzioni può impedire a un adolescente di sviluppare la propria identità. I ragazzi di questa età hanno bisogno di essere insoddisfatti della vita, in modo da poter portare avanti la loro personale ricerca della visione del mondo.[4] Hanno bisogno di trovare una nuova identità e di diventare responsabili in molti modi diversi. Non si tratta di un compito facile, se non sono mai stati abituati ad assumersi le proprie responsabilità.

Se l'adulto è iperefficiente (cioè fa per suo figlio quello che lui dovrebbe imparare a fare da solo), lo priva dei fondamentali insegnamenti che la vita offre.[5] Ecco le conseguenze:

- il bambino non impara a fronteggiare le difficoltà;
- crede di poter avere ciò che vuole per il solo fatto di desiderarlo;
- non impara a tenere conto delle esigenze degli altri;
- crede di non dover imparare a cavarsela da solo, a essere autonomo, o a tenere conto delle necessità degli altri perché può sempre manipolare gli altri, convincendoli a occuparsi di lui.
- Elabora strategie per fare in modo che gli altri siano sempre al suo servizio.

Che cosa fare?

Se vi accorgete che state impedendo a vostro figlio di uscire dal guscio, ricoprendolo di eccessive attenzioni, potete correre ai ripari.

- Rimboccatevi le maniche e indirizzate le vostre buone intenzioni verso l'insegnamento dei normali compiti di sviluppo di vostro figlio.
- Destinate ad altri la vostra voglia di prendervi cura di qualcuno, per esempio partecipando a un progetto di volontariato o prendendo un cucciolo.
- Prendete atto della vostra necessità di amare e di sentirvi utili, e cercate di appagarla in altri ambiti. Un adolescente trattato con troppa indulgenza ha affermato: «Avrei voluto che i miei genitori avessero un'altra vita, oltre alla mia».

- Continuate ad aiutare vostro figlio, aspettandovi che lui ricambi aiutando voi.
- Se il vostro è un atteggiamento radicato e difficile da cambiare, fatevi aiutare da qualcuno qualificato.

Aiutando gli adulti, i bambini apprendono delle competenze e conquistano un posto all'interno del gruppo. È giusto che noi li aiutiamo, ma dobbiamo anche insistere perché loro aiutino noi. Allora potremo dire: «Grazie di avermi aiutato. Stai imparando come si fa... È così che funziona nella nostra famiglia: ci aiutiamo l'un l'altro».

* * *

A quanto pare i bambini
accettano qualunque compito
venga loro affidato.
Anche se quel compito
consiste nell'essere incapaci.

RUSSELL OSNES

11

Un amore soffocante

Quando ero bambino, i miei genitori mi prestavano troppa attenzione

Non importa se un genitore è mosso da buone intenzioni. Se una cosa buona diventa troppo, non è più una cosa buona.

KAYE CENTERS

Quando la nonna vizia il nipote

Vorrebbe tenerla fra le braccia, riempirla di baci, farebbe qualunque cosa per lei. Grace è fortunata a vivere vicino a nonna Victoria, e Victoria è fortunata ad avere una splendida nipotina da amare. La nonna conta i minuti che la separano dall'arrivo di Grace.

Questo può andare bene per i primi mesi di vita del bambino, quando le visite sono piuttosto brevi. Victoria si stanca, ma non ne esce esausta. Quando Grace cresce, però, tutta l'attenzione deve essere dedicata a lei, per tutto il tempo che trascorre insieme alla nonna. La bambina non fatica a coinvolgere la nonna nelle cose che le interessano, e la donna si stanca ad assecondare la piccola di due anni, le cui parole preferite sono «Io voglio» e «Nonna fa' questo, nonna fa' quello». A volte Victoria si spazientisce, ma non si lamenta. La mamma di Grace, però, lo fa. «Dopo che è stata dalla nonna mi ci vogliono due giorni per riportarla alla normalità. È esigente e capricciosa. Quando le dico "Non si può", lei si mette a urlare o mi tiene il muso. La nonna la vizia.»

Questo significa viziare? Sì, nell'accezione che viene data al termine nella cultura occidentale. Tuttavia, questa parola deve essere usata con prudenza. In alcune famiglie e culture significa semplicemente "prendersi cura di qualcuno", nel senso più ampio di "coccolare" o "vezzeggiare". Una mamma che appartiene a quella cultura sarebbe fiera di mettere al suo bambino una maglietta con la scritta "viziato", perché secondo lei non significherebbe altro che "c'è qualcuno che si prende cura di me". In questo capitolo useremo il termine viziato nell'accezione che ha nel mondo occidentale, cioè nel senso di "rovinare", "guastare". Viziare un bambino significa non pretendere da lui che si comporti in modo conforme alla sua età e alle sue capacità.

E ora torniamo a occuparci della nonna che vizia la nipote. Si tratta di eccessiva indulgenza?

Test del 4

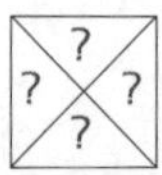

1. L'eccesso di amore e la disponibilità incondizionata della nonna impediscono a Grace di apprendere i normali compiti di sviluppo? Be', forse no. Grace non trascorre tutto il suo tempo con la nonna, e la mamma insiste perché la bambina faccia da sola le cose che è in grado di fare. Solo nel 4% dei casi le persone che hanno preso parte al nostro primo studio hanno indicato i nonni come i responsabili di un'educazione troppo indulgente.[1]
2. La nonna investe una quantità eccessiva delle risorse familiari per una sola persona? Forse troppi soldi? No. Troppe energie? Probabilmente sì. Le energie della mamma? Sì. La mamma di Grace preferirebbe non essere costretta a correggere il comportamento di Grace ogni volta che trascorre del tempo insieme alla nonna.
3. Quali esigenze vengono soddisfatte? Questo dispendio costante di tempo ed energie risponde a una necessità di Grace o della nonna? Evidentemente è la nonna a beneficiarne.
4. Questa situazione danneggia qualcuno? Decidete voi.

La nonna si comporta in modo troppo indulgente? Sì. Dovrebbe lasciar fare a Grace quello che è in grado di fare da sola. Dobbiamo condannarla per questo? Naturalmente no. La nonna sa che i bambini hanno bisogno di attenzioni, solo che non si rende conto che lei ne sta offrendo troppa a Grace. Le sue intenzioni sono nobili, ma il risultato è che la vizia. Che cosa possono fare i genitori di Grace? Spesso, di fronte a una richiesta ragionevole, i nonni si convincono a indirizzare diversamente il loro amore, stabilendo dei limiti e aiutando il bambino ad acquisire delle competenze. All'inizio è possibile che ci sia un'escalation nel comportamento

Viziare un bambino significa non pretendere da lui che si comporti in modo conforme alla sua età e alle sue capacità.

del nipote, che potrebbe diventare più esigente o addirittura prendersela con i nonni per aver cambiato atteggiamento, ma se loro non cedono, a poco a poco diventerà più accomodante. I bambini hanno bisogno di regole, e si sentono rassicurati dalla fermezza dei genitori. Nel nostro caso, presto la nonna di Grace sarà meno stanca, e potrà gustare di più la compagnia della nipote.

Dunque, si tratta di un caso di eccessiva indulgenza. Non grave, ma lo è. Sarebbe molto peggio se la situazione fosse capovolta, cioè se Grace fosse trattata in modo troppo indulgente tutti i giorni, a casa, e trascorresse solo poco tempo con una nonna che non dedica ogni minuto del suo tempo a lei, e che pretende che impari a fare da sola quello che può.

La misura delle troppe attenzioni

È importante sentirsi al sicuro perché c'è qualcuno che si prende cura di noi, ci sostiene, ma senza trattarci con condiscendenza. Basta questo per incoraggiarci a cavarcela da soli. Basta questo per farci sentire apprezzati e indurci a creare dei legami.

Stringere legami forti con altre persone è essenziale per la vita di ognuno di noi. Il libro di Jean Illsley Clarke, *Connections: The Threads That Strengthen Families* esplora i vari modi in cui si possono creare relazioni importanti.

Ma quali sono i casi in cui le attenzioni diventano troppe? Quando privano il bambino di spirito di iniziativa. Quando lo inducono a credere che sia lui il centro dell'universo. Quando insinuano in lui il desiderio di comandare in famiglia.

Desiderare solo che sia felice

Un bravo genitore desidera che il proprio figlio sia felice. Tuttavia, se questo è il suo unico scopo, se non è capace di accettare la delusione del bambino, quando viene ostacolato o è costretto a cedere di fronte agli altri, quel genitore è destinato ad allevare un tiranno infelice.

Jared è sempre stato piuttosto schizzinoso a tavola. I suoi genitori hanno sempre cercato di fargli trovare le poche cose che gli piacciono, cucinando a parte solo per lui. Ha sempre mangiato poco, spiluccando spesso fra un pasto e l'altro. Quando era di cattivo umore, lo attribuivano al fatto che potesse aver fame, e gli davano da mangiare. Ogni pasto doveva includere almeno un dolce, che i suoi genitori non gli facevano mai mancare, nel tentativo di farlo felice. Raramente Jared accettava di assaggiare qualcosa di nuovo, e quando lo faceva, se non era dolce lo sputava appena veniva a contatto la lingua. Se non otteneva ciò che voleva, le sue urla diventavano insopportabili. Quando andava al ristorante, bisognava dargli qualcosa da mangiare appena si sedeva. All'età di cinque anni, la sua dieta non è cambiata, e i suoi denti necessitano di cure specialistiche.

Un altro caso di eccessiva indulgenza?

Ci sono stati degli effetti negativi sullo sviluppo di Jared? Il fatto che debba ricorrere alle cure di un dentista ci dice di sì. I genitori di Jared gli vogliono bene, ma non sanno che a molti bambini servono due settimane per accettare l'introduzione di un nuovo alimento. Ecco i consigli di un nutrizionista.

Una volta al giorno, mettete un nuovo alimento nel piatto del bambino e insistete perché lo assaggi. Alla fine delle due settimane, se non ha accettato quel nuovo sapore, smettete di offrirglielo per qualche mese. Osservate se ci sono segni di eventuali allergie. Naturalmente, questo metodo non può funzionare se fra i genitori e il bambino c'è una lotta aperta. In questo caso è necessario che i genitori tengano a freno la loro energia emotiva.

Troppe attenzioni, pochi legami

LE LAMENTELE DELLA NONNA

«Non ho avuto la possibilità di conoscere mia nipote o di stabilire un legame con i suoi genitori» dice Julia, sospirando. «Sono stati a casa mia per tutta la settimana, ma la mamma della piccola Sophia non la lasciava un secondo. Quella era la mia prima occasione per conoscere mia nipote, e non potevo nemmeno avvicinarmi. Non si parlava d'altro che della bambina. L'unica cosa

che sono riuscita a capire su mio figlio e sua moglie è che hanno messo la loro vita a disposizione della figlia. Dicono che, siccome lavorano entrambi, quando sono a casa vogliono trascorrere ogni minuto libero con lei.»

«Ti capisco» ribatte la sua amica. «E non sempre le cose migliorano. Ho trascorso una settimana con mia figlia e i miei nipoti, che ormai sono adolescenti. I loro genitori non parlano d'altro che dei ragazzi; della musica che ascoltano, di come si vestono, degli sport che praticano, dei tatuaggi, degli amici, degli appuntamenti, del fatto che hanno bisogno della macchina... e ne hanno bisogno subito. Avrei avuto tante cose da dire o da chiedere... niente. I miei nipoti non mi conoscono meglio di prima, e io non posso certo dire di aver conosciuto loro. Credo che mia figlia stia cercando di offrire il meglio ai suoi figli, ma io sono preoccupata. Pare che non si rendano nemmeno conto che esiste un mondo al di fuori del loro, a eccezione forse di una realtà esterna che a volte mette loro i bastoni fra le ruote.»

Eccessiva indulgenza? Sì, che in entrambi i casi nasce dall'eccesso di attenzioni. La piccola Sophia viene soffocata dalla mamma, che le impedisce di conoscere la nonna e di imparare a giocare da sola quando gli adulti sono impegnati a parlare fra loro. Ai due adolescenti, invece, viene permesso di credere che al mondo esista soltanto la loro generazione. Non sono consapevoli del fatto di avere un ruolo all'interno di una famiglia multigenerazionale, e non hanno alcun interesse per la storia della loro famiglia. L'adolescenza è il momento in cui trovare il proprio ruolo nel mondo, in cui creare un'immagine di sé come parte di una realtà più grande. Questa totale concentrazione su se stessi e i propri coetanei non è una buona preparazione alla vita adulta. Sono fortunati quegli adolescenti che fanno del volontariato con persone di altre classi sociali o di altre culture, o i cui genitori insistono affinché diano il loro contributo all'interno della comunità, o che non sono così impegnati da non avere tempo per passeggiare, pensare, o sognare.

GENITORI SPORTIVI

I neonati e gli adolescenti non sono gli unici a ricevere attenzioni eccessive. Anche il bambino in età scolare può subire un atteggiamento soffocante.

A Jack piaceva lo sport, e i suoi genitori approfittavano di ogni opportunità per farlo partecipare o assistere a manifestazioni sportive. Lo portavano all'istituto superiore, al college, agli incontri agonistici, e tutte le volte che potevano assistevano agli allenamenti e alle gare. Tenevano il conto dei punti che segnava, e lo comunicavano via e-mail a tutti i loro amici e colleghi. Jack poteva avere tutta l'attrezzatura che voleva, e anche quella che non voleva. Non era tenuto a studiare, se questo interferiva con gli allenamenti o le gare. I suoi genitori si preoccupavano per la sua salute, stavano attenti alla sua alimentazione, monitoravano la sua crescita, e sua madre si informava costantemente sulla regolarità dei suoi movimenti intestinali.

L'eccessivo coinvolgimento e l'intrusione dei genitori di Jack nella sua vita sono una dimostrazione del fatto che questa attenzione morbosa serve a soddisfare le loro esigenze, non le sue. Un bambino dell'età di Jack ha bisogno di crescere in modo indipendente e assumersi le proprie responsabilità, non deve essere il centro del mondo di mamma e papà.

L'ATTENZIONE RAFFORZA I LEGAMI

Una delle esigenze basilari dell'essere umano è quella di creare dei legami. Questa necessità è così forte che il bambino si lega a chi si prende cura di lui, indipendentemente dal tipo di attenzione che riceve. È importante che il genitore lo capisca, in modo da stabilire un legame con il neonato ed essere sempre presente, ma senza diventare soffocante, né ora né nelle fasi successive della sua crescita. Man mano che il bambino cresce e capisce di potersi fidare del genitore, impara a staccarsi da lui e a essere indipendente. Se i genitori sono troppo presenti, ostacolano questa separazione naturale.

Quando il filo sottile del legame diventa una catena

L'eccessiva indulgenza dei genitori che soffocano il proprio figlio con le loro attenzioni nasce dal desiderio di infondere in lui l'autostima e di creare un forte legame con il bambino. Il risultato, però, è una dipendenza troppo forte, e in questi casi il legame si trasforma in una catena. Molte delle persone con le quali abbiamo parlato ci hanno confessato che loro amavano chi li ha trattati in modo troppo indulgente. Ci hanno detto che sapevano che il loro comportamento era dettato da buone intenzioni, ed erano persino riconoscenti. Ciononostante, raccontano di essere stati ostacolati.

La vita nella campagna devastata dalla guerra non era facile. La mamma di Sara faceva del suo meglio. Con il marito al fronte, la giovane mamma decise di prendere Sara e di trasferirsi dai suoi genitori. La nonna e la mamma stravedevano per la bambina. Durante un colloquio, Sara ha riconosciuto di essere stata trattata con troppa indulgenza dalle due donne. A volte il nonno interveniva, ma con il passare degli anni il legame con la mamma è diventato sempre più forte, trasformandosi in una fune.

In seguito Sara ha scritto:

Mi avete chiesto di spiegare che cosa ha comportato nella mia vita adulta l'indulgenza eccessiva che ho ricevuto da bambina. Se dovessi spiegarlo con una parola sola, direi il narcisismo.[2] *Ma è non è facile dare una definizione di questo termine. Un'altra conseguenza è che per me è stato molto difficile diventare autonoma. Ero indipendente, certo, ero in grado di mantenermi, di gestire situazioni complicate ecc., ma l'autonomia è un'altra cosa: è una libertà interiore. Mi ci sono voluti degli anni per conquistarla, e non sono ancora sicura di averla raggiunta del tutto.*

Credo di aver fatto il possibile per educare i miei figli nel modo migliore, forse enfatizzando il concetto di indipendenza e cercando di trattenermi nelle manifestazioni di affetto. Ora credo di aver esagerato.

Per caso ieri mi è capitato fra le mani un libro, Fraud, *di Anita Brookner (Random House, 1992). Anche se parla di una donna inglese contemporanea, Anna Durant, lo stile ricorda Jane Austen, e la vita di Anna fa pensare a quella di una donna europea della mia generazione; non avrebbe potuto essere ambientato negli Stati Uniti! Qui in America i personaggi descritti sono totalmente anacronistici, ma rispecchiano fedelmente il modo in cui sono cresciuta io. Sebbene sia ben scritto, è un libro noioso. Non succede quasi niente, e si limita a descrivere pedissequamente la vita priva di eventi di una zitella di cinquant'anni trattata con troppa indulgenza e intrappolata da un legame simbiotico con la madre.*

Una vita grigia? Sicuramente non era questo che avrebbe voluto la madre di Sara. Sicura sì, ma non noiosa. Naturalmente le motivazioni che l'hanno spinta ad agire così sono nobili. La donna amava la sua bambina e voleva che fosse felice. Ma il prezzo che Sara ha dovuto pagare è stato un legame troppo forte con la madre, e questo le ha reso difficile trovare un proprio ruolo nella vita, affermandosi come «una persona che vale».

Reazioni personali all'eccesso di indulgenza

La storia di Sara ci ricorda che le reazioni dei bambini all'eccessiva indulgenza sono personali. Dipendono dalla situazione specifica, dal tipo di indulgenza e dal carattere del bambino. Ogni bambino reagisce in modo diverso. Sara ha raccontato di essere in grado di cavarsela, ma non sempre le cose vanno così. Molti dei genitori che hanno detto «Quando ero bambino i miei genitori mi amavano troppo e mi offrivano troppe attenzioni» hanno affermato di essere d'accordo con le affermazioni seguenti:[3]

- Uno dei miei problemi è che non riesco a mettermi a lavorare quando dovrei.
- Se non riesco a fare una cosa al primo tentativo, desisto dal provare a rifarla finché non ci riesco.
- Quando mi prefiggo degli obiettivi importanti, raramente li raggiungo.
- Quando devo fare qualcosa di spiacevole, non insisto fino a quando non ho finito.
- Non sono capace di affrontare la maggior parte dei problemi che si presentano nella mia vita.*

Una delle persone intervistate ci ha detto che il fatto di aver ricevuto troppa attenzione le aveva instillato una sfiducia di base verso le persone. Ora, se qualcuno cerca di avvicinarsi a lei, riaffiora il ricordo dell'oppressione passata, e lei lo allontana. «È come se non riuscissi a respirare. Così, quando incontro qualcuno

* Le citazioni qui riportate sono state riprodotte con il consenso degli autori e dell'editore di: M. Sherer, J.E. Maddux, B. Mercandante, S. Prentice-Dunn, B. Jacobs, R.W. Rogers, *The self-efficiency scale: construction and validation*, «Psychological Reports», 1982, 51, 663-671. © Psychological Reports 1982.

che mi piace, trovo qualche difetto e lo uso come scusa per non approfondire la sua conoscenza.»

Quelle che abbiamo riportato sono autocritiche molto lucide. Sicuramente, i genitori o i nonni di Grace, Jared, Sophia, dei due adolescenti, di Jack e di Sara non avevano intenzione di creare dei problemi così grossi ai propri figli, una volta diventati adulti. Le buone intenzioni, però, non bastano. I genitori che amano i propri figli devono imparare a contenere il loro desiderio di assecondare ogni loro capriccio, e devono permettere loro di provare sulla propria pelle la normale delusione che nasce dal fatto di dover rinunciare al proprio posto al centro dell'universo.

In qualità di genitori, dobbiamo imparare ad accettare che ogni tanto i nostri figli soffrano, perché solo così potranno imparare ad avere fiducia in se stessi e negli altri, potranno trovare il loro ruolo all'interno del gruppo, e sapranno cavarsela da soli.

* * *

L'essere padre e l'essere madre
sono un grande dono per il bambino.
La presenza ossessiva non lo è.

DEANE GRADOUS

12

Il principino e la principessa

Quando ero bambino, mi venivano concessi molti privilegi

«Io sono il principe» disse il ragazzino battendo i piedi e scuotendo la testa, facendo segno che non sarebbe andato a dormire.

ANONIMO

Il concetto di privilegio è enigmatico. Il privilegio è il diritto di fare qualcosa. Se un bambino cresce con troppi privilegi che non ha conquistato, e senza obblighi, può diventare una spina nel fianco. Senza che fossero invitati a farlo, e senza avere prima ottenuta l'autorizzazione, a molti bambini è stato permesso di

- oltrepassare qualunque porta;
- interrompere una riunione;
- prendere in prestito qualunque cosa volessero;
- cambiare canale della TV;
- fare una domanda personale a un estraneo;
- interrompere un appuntamento;
- aprire la posta di qualcun altro;
- intromettersi o interrompere una conversazione;
- chiamare un amico nel cuore della notte;
- sedersi, senza essere invitato, con un gruppo di conoscenti al tavolo di un ristorante;
- cambiare la disposizione degli oggetti nella credenza o in un cassetto in casa o nell'ufficio di qualcun altro;
- rompere un oggetto di un amico e tenerglielo nascosto;
- dire che cosa comperare a un estraneo che sta facendo shopping;
- violare gli altrui confini.

Siamo sicuri che a voi saranno venuti in mente molti altri esempi di privilegi immeritati. Prima, però, soffermiamoci sul valore di quelli meritati.

Privilegi meritati

Un privilegio meritato viene concesso come riconoscimento per una dimostrazione di competenza. Non implica un eccesso di indulgenza.

- Ora che hai ottenuto il diploma, hai le qualifiche necessarie per candidarti a questo tipo di lavoro.
- Ora che hai superato l'esame e hai ottenuto la patente, puoi guidare senza essere accompagnato da un adulto in possesso della patente.
- Ora che hai superato l'esame di nuoto per principianti, puoi passare al corso intermedio.

Dando la giusta importanza alla conquista di questi privilegi, il bambino viene gratificato e incoraggiato all'impegno e alle responsabilità. Una festa con i parenti e gli amici è un giusto premio per il neolaureato; una cena in famiglia con una torta speciale, decorata con una macchinina giocattolo, è un modo per festeggiare il neopatentato; un paio di pinne nuove è un riconoscimento per il giovane nuotatore.

Privilegi immeritati

Alcuni privilegi non vengono conquistati. Il bambino viene festeggiato il giorno del suo compleanno, a dimostrazione del fatto che siamo contenti che lui sia fra noi e che stia entrando in una nuova fase della sua vita. Tuttavia, se i genitori procurano un sacchetto di caramelle o dei giocattoli per ogni bambino che partecipa alla festa, su quali basi i piccoli ospiti ottengono quel privilegio? Quanto grande dovrà essere il regalo del festeggiato per farlo sentire speciale? Se la sorellina più piccola vuole spegnere le candeline, e le candeline vengono riaccese in modo che possa farlo, che messaggio riceverà il piccolo festeggiato? Che implicazioni ha il fatto che ai bambini più piccoli venga concesso di scartare il regalo del fratello più grande? Che cosa insegna ai piccoli ospiti questo involontario eccesso di attenzione? Che hanno diritto a ricevere un regalo perché è il compleanno di qualcun altro?

Questo è un privilegio immeritato, che non solo sottrae importanza al festeggiato, ma priva gli altri bambini dell'opportunità di imparare che per una volta possono anche accettare che al centro dell'attenzione ci sia qualcun altro. Per i bambini questa è una buona occasione per incominciare a rendersi conto che il mondo non gira esclusivamente intorno a loro.

Concedere troppi privilegi immeritati è una forma insidiosa di eccesso di attenzioni.

Quando fai sentire tuo figlio troppo speciale

I bambini ai quali vengono concessi troppi privilegi possono sviluppare un senso esasperato del diritto.

> *A Devin, cinque anni, è stato fatto credere di essere così speciale da sentirsi autorizzato a essere sempre al centro dell'attenzione e a interrompere chi vuole, ogni volta che vuole. Una coppia di fidanzati, mentre prepara la lista degli invitati al matrimonio, decide di non invitare Devin e i suoi cugini, perché pretendono di essere sempre al centro dell'attenzione, e gli adulti glielo concedono. I due fidanzati spiegano: «Noi vogliamo bene a quei bambini, ma vogliamo che gli adulti si divertano e possano chiacchierare tranquillamente. Se ci fossero i bambini, sarebbero loro a dominare, e non vogliamo che sia così anche il giorno del nostro matrimonio».*

Questi bambini non avranno la possibilità di essere presenti in un momento importante per la famiglia, perché non sono capaci di rimanere tranquilli per un po', e di stare ai margini della festa di qualcun altro.

Non hanno imparato a controllarsi e a guadagnare il rispetto e la simpatia degli altri, perché i loro genitori non hanno dimostrato l'autorità di cui un bambino ha bisogno per calibrare le proprie emozioni, come ci spiega John Gottman nel suo libro *Raising an Emotionally Intelligent Child.*

Denise, dieci anni, sa di "avere il diritto" di avere la TV e il computer nella propria stanza, e di poter andare e venire quando le pare. Denise ottiene molti privilegi perché è piuttosto brava a manipolare gli altri, e i suoi genitori sono affascinati dalla sua abilità. Se obiettano, lei insiste, e alla fine cedono. I genitori di Denise le comprano quello che vuole, poi si lamentano per i soldi spesi, e continuano a ripetere che al giorno d'oggi allevare dei figli è molto costoso.

Devin e Denise hanno seriamente bisogno che qualcuno insegni loro che non si può avere sempre tutto e subito. La capacità di posticipare il momento della gratificazione è un segno di maturità emotiva.

Uno studio recente ha rivelato che i bambini raccontano di dover insistere mediamente nove volte su dieci, prima che i loro genitori gliela diano vinta.[1]

Saper rimandare il momento della gratificazione

La capacità di aspettare, rimandando la realizzazione di un desiderio, deriva da una forza interiore che si coltiva gradualmente a partire dall'infanzia.

- «Lo so che vuoi il biberon, ma devi aspettare che il latte si scaldi.»
- «No, non puoi giocare con il cucciolo mentre sta mangiando.»
- «Lo so che ti piace quel giocattolo. Tra poco sarà il tuo compleanno. Forse lo riceverai in regalo.»
- «Potrai andare in bicicletta dopo che avrai finito di riordinare.»
- «Parleremo dell'eventuale acquisto di una macchina quando potrai pagare metà dell'assicurazione.»
- «Non sarebbe saggio da parte mia aiutarti a comprare quella casa. Devi calcolare le rate mensili che puoi permetterti di pagare. Forse è eccessiva come prima casa.»

Negli esempi precedenti la realizzazione di un desiderio viene posticipata: questa attesa provoca frustrazione?

Forse, ma i bambini non possono imparare a controllare i propri sentimenti e a elaborarli nel modo giusto, se non sanno nemmeno che cosa sia la delusione. Se non imparano a posticipare il momento della gratificazione, si ritroveranno sprovvisti di uno degli strumenti più importanti per assumere il controllo della propria vita e inserirsi nella società, e saranno più propensi a manipolare, sfruttare o perdere il controllo, invece di pianificare, condividere e collaborare.

Per una mamma o un papà potrebbe non essere facile sopportare la delusione del bambino, ma insegnargli a rimandare il momento della gratificazione è uno dei doveri del genitore. Provate a vederla in questo modo: ogni bambino ha il diritto di provare un po' di delusione e di imparare a gestirla.

Uno studio recente ha rivelato che i bambini raccontano di dover insistere mediamente nove volte su dieci, prima che i loro genitori gliela diano vinta.

Il rischio di essere troppo speciali e troppo privilegiati

La nonna aveva capito quanto potesse essere rischioso essere troppo speciali. Quando la nipotina diceva le parolacce, lei la fulminava con gli occhi e le diceva con voce tagliente: «Nessuno usa questo tono in casa mia. Se continui a parlare in questo modo, non potrai più venire qui».

Lo sguardo di Kaitlyn era altrettanto eloquente: «Certo che posso. Io sono tua nipote, posso venire quando voglio e dire quello che mi pare».

Gli occhi della nonna diventavano di ghiaccio: «No, non puoi. Il fatto che tu sia mia nipote non ti dà il diritto di parlarmi in questo modo. Quando sei in casa mia, devi seguire le mie regole. Non sarai più la benvenuta finché non ti impegnerai a rispettare le regole di questa casa».

Amare qualcuno non significa permettergli di assumere un comportamento autodistruttivo. Kaitlyn è fortunata, perché il suo senso esasperato del diritto, se non fosse stato arginato, avrebbe potuto crearle dei grossi problemi. In questo caso, Kaitlyn ostenta in modo plateale i suoi privilegi.

A volte, però, quando l'acquisizione di un privilegio è andata troppo oltre, i segnali sono meno evidenti. La nonna di David non se ne è accorta subito.

Da quando David aveva compiuto due anni, per il suo compleanno la nonna gli aveva sempre preparato un'elaborata torta a forma di trenino, con una carrozza per ogni anno. Ogni carrozza era formata da una torta a parte, collegata alle altre con bastoncini di liquirizia. Le piaceva farlo e il nonno, orgoglioso delle sue doti di pasticciera, la incoraggiava. Il piccolo David adorava quella torta speciale, con una candelina su ogni carrozza.

All'età di sei anni, però, il bambino cominciò a dare per scontato quel regalo. Ringraziò a malapena. A sette, David praticamente ignorò la torta, e nessuno disse nulla sul suo comportamento sgarbato. La nonna cominciò a chiedersi se ne valesse la pena. Quando si avvicinò l'ottavo compleanno di David, la nonna era molto impegnata a sistemare il giardino, e non aveva voglia di perdere tanto tempo nella preparazione del dolce. Ma il nonno intervenne: «È una tradizione, un rituale. E poi ti viene così bene. Sono sicuro che troverai il tempo».

La nonna si risentì, ma alla fine accettò. Tuttavia, modificò il trenino, in modo da rendere la preparazione meno elaborata. Fece la locomotiva, come al solito, ma aggiunse solo quattro carrozze, con due candeline su ciascuna. Il giorno della festa, fra i palloncini e i regali, fra i giocattoli e altri regali, il nonno portò la torta con le candeline accese.

David gridò: «Quattro carrozze! Non sono più un bambino. Adesso ho otto anni. Non la assaggerò nemmeno, la tua torta». Poi conficcò il coltello da portata nella locomotiva, elegantemente decorata, la rovesciò dal vassoio, facendola finire sul tavolo, e uscì dalla stanza. Gli adulti non dissero nulla.

Che cosa è successo? David ha creduto, erroneamente, che la torta fosse un suo diritto. E quando non ha ottenuto quello che voleva, si è sentito autorizzato a essere maleducato e violento.

Test del 4

1. Cosa si può dire sui compiti di sviluppo? David non ha imparato a relazionarsi con le persone, né a dimostrare gratitudine e a controllarsi, come ci si aspetterebbe da un bambino di otto anni. Possiamo solo intuire che sia stato trattato con eccessiva indulgenza in altri ambiti, e che gli sia stato permesso di continuare a essere al centro dell'attenzione, un ruolo che avrebbe dovuto abbandonare già all'età di due anni.
2. C'è un dispendio eccessivo delle risorse familiari? Sì, la nonna è risentita dal fatto che le venga sottratto del tempo.

3. Quali esigenze vengono soddisfatte? Quelle del nonno.
4. Viene danneggiato qualcuno? La nonna è sottoposta a stress e le relazioni familiari sono tese.

Qual è il ruolo della nonna in tutto questo? La donna non ha colto il primo indizio, il giorno del sesto compleanno di David, quando il bambino non ha ringraziato e ha dato per scontato di aver diritto a quel regalo. Non ha colto nemmeno il secondo indizio, quando il bambino ha compiuto sette anni e non ha avuto nessun tipo di reazione, e lei si era chiesta se valesse la pena fare tutto quel lavoro. Si è accorta, invece, dell'ultimo indizio, alla festa per gli otto anni di David, quando lui ha distrutto la torta e lei si è sentita offesa e ferita. È rimasta in silenzio, ma ha deciso che l'anno successivo avrebbe continuato a dedicarsi al giardinaggio, invece di preparare la torta.

Si tratta di un caso di eccessiva indulgenza?

Certamente. Che cosa dovrebbero fare i genitori di David? David sarà un ragazzo fortunato, se mamma e papà riusciranno a vedere nel suo comportamento una richiesta di aiuto, se insisteranno perché cambi, e se gli insegneranno come fare. E sarà fortunato se capiranno anche che è necessario individuare altri eventuali ambiti in cui David ha bisogno di regole precise, persino rigorose.

Desideri e necessità

La concessione di troppi privilegi priva il bambino della possibilità di fare delle esperienze che gli insegnino a distinguere fra desiderio e necessità. Ogni bambino ha bisogno di sentirsi speciale in certe occasioni, per esempio il giorno del suo compleanno, ma deve anche imparare che non può sempre ottenere ciò che vuole. Le necessità sono essenziali per la sicurezza, la salute, la crescita e il raggiungimento degli obiettivi, cambiano con il passare del tempo, e sono il riflesso della cultura nella quale il bambino vive. I bambini *hanno bisogno* di un mezzo affidabile per andare scuola, e forse desiderano che qualcuno li accompagni in macchina tutti i giorni. Volere significa desiderare, ma agli occhi del bambino *voglio* e *ho bisogno di* sono la stessa cosa, ed egli impara quindi a distinguere fra i due concetti solo quando l'adulto gli spiega la differenza, facendo in modo che le sue esigenze vengano soddisfatte tutte le volte che è possibile, ma che non sempre ottenga ciò che vuole.

Attualmente molti studenti statunitensi lasciano il college e l'università con debiti enormi verso l'istituto. Il problema è che spesso questi studenti non distinguono fra necessità e desiderio. Per alcuni di loro, avere un nuovo lettore DVD con molti dischi è considerato importante quanto pagare le tasse scolastiche. Lo studente si rende conto delle implicazioni di questi enormi debiti solo dopo essersi laureato e resta scioccato, trovandosi a dover affrontare delle restrizioni che non immaginava. Potrebbe essere costretto a ridurre drasticamente le spese personali, dovendo pagare per ciò che ha fatto in passato, invece di incominciare a risparmiare per il futuro. È un prezzo alto da corrispondere per una lezione persa durante l'infanzia.

Volere significa desiderare, ma agli occhi del bambino "voglio" e "ho bisogno di" sono la stessa cosa.

I privilegi delle classi sociali

Un'altra definizione di privilegio è "diritto, vantaggio o prerogativa di una persona o di una classe sociale".

Hunter è cresciuto in una classe sociale privilegiata. I suoi genitori erano ricchi, rispettati, e avevano amicizie importanti. Tutti i privilegi di cui Hunter ha goduto, come i vestiti, i soldi e l'istruzione venivano concessi e recepiti come una cosa naturale, dovuta semplicemente al fatto che la sua famiglia potesse permetterseli. Hunter non era considerato "speciale" dai suoi pari.

Il contesto sociale in cui Hunter è cresciuto non ha comportato solo privilegi, ma anche molte richieste. I privilegi che ha ottenuto sono stati accompagnati da altrettanti obblighi. Da lui ci si aspettava che eccellesse in tutti i campi, che facesse onore al nome della famiglia, e che elargisse contributi sostanziali alla comunità. Nel loro libro *Silver Spoon Kids*, Jon ed Eileen Gallo spiegano come i genitori ricchi possano allevare dei figli responsabili senza che sviluppino un senso del diritto odioso e sprezzante.

Test del 4

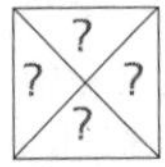

1. I privilegi che ha ottenuto hanno interferito con la sua capacità di apprendimento dei compiti di sviluppo?
2. Hunter ha ricevuto una quantità eccessiva delle risorse della famiglia?
3. I privilegi che gli sono stati concessi erano finalizzati al suo benessere, o piuttosto servivano a far sentire bene i suoi genitori?
4. Questi privilegi hanno danneggiato lui, gli altri, la società?

Hunter sarebbe stato sicuramente trattato con eccessiva indulgenza se la sua famiglia gli avesse dedicato troppe attenzioni o fosse stata troppo permissiva con lui. L'idea che tutte le persone privilegiate siano necessariamente trattate con troppa indulgenza è un falso mito. Le nostre ricerche non danno credito a questa tesi. La maggior parte degli adulti che hanno denunciato di aver ricevuto un'educazione accondiscendente da bambini hanno riferito che i loro genitori avevano le stesse disponibilità finanziarie dei loro vicini, se non addirittura meno o molto meno. L'abbondanza, da sola, non è un indicatore di indulgenza. In *Privileged One: The Well-Off and Rich in America*, Robert Coles descrive non soltanto i privilegi speciali, ma anche le aspettative, le richieste e il peso che spesso gravano sulle spalle dei figli delle famiglie ricche e privilegiate. Su bambini come Hunter.

> **L'idea che tutte le persone privilegiate siano necessariamente trattate con troppa indulgenza è un falso mito. La maggior parte degli adulti che hanno denunciato di aver ricevuto un'educazione accondiscendente da bambini hanno riferito che i loro genitori avevano le stesse disponibilità finanziarie dei loro vicini, se non addirittura meno o molto meno.**

Buone intenzioni

Ci sono altre categorie che ricevono e necessitano di privilegi speciali, ma l'esagerazione spesso va attribuita a genitori ben intenzionati che non hanno le idee chiare su che cosa sia davvero necessario.

Ethan ha una disabilità fisica, e i suoi genitori gli concedono più privilegi rispetto ai suoi fratelli, nel tentativo di ridurre il suo livello di stress. I suoi fratelli devono rivolgersi in modo rispettoso agli adulti, mentre lui, quando sta male, impreca contro i genitori, il dottore, e chiunque si trovi nei paraggi.

Niente di peggio. Una delle cose che Ethan deve imparare è quella di sapersi controllare quando si trova in mezzo agli altri. Le intenzioni dei suoi genitori sono buone, non diversamente da quelle dell'insegnante di Caleb.

La maestra di Caleb sa che il bambino ha una situazione familiare particolarmente difficile, così chiude un occhio se non fa i compiti con la dovuta cura, e non lo punisce mai.

Anche in questo caso, c'è qualcosa di sbagliato. Caleb, forse più di tutti gli altri componenti della classe, ha bisogno di acquisire competenze. Sebbene le intenzioni dell'insegnante siano nobili, il fatto di ricevere privilegi speciali lo priva dell'opportunità di apprendere i compiti di sviluppo, e di imparare ciò che di prezioso la scuola insegna. Gli effetti di questo eccesso di attenzione sono profondamente negativi.

A volte un osservatore esterno si rende conto più facilmente del comportamento troppo indulgente dei genitori, o di altre persone vicine al bambino, spesso dettato dalle migliori intenzioni.

La nipote dodicenne del mio amico sta affrontando il secondo ciclo di una terapia antitumorale. Mi addolora vedere che, quando la bambina chiede del salmone, viene acquistato in un negozio speciale. Il mio amico, il nonno della bambina, contribuisce alle sue cure. Ogni suo desiderio viene considerato un ordine. La famiglia è a pezzi, e sono tutti esausti. La diagnosi è seria, ma ci sono buone probabilità che la bambina sopravviva. Io tremo al pensiero di come si comporterà dopo, quando non potrà più usare la malattia per costringere gli adulti a fare ciò che vuole. Non so come aiutare il mio amico, che è terrorizzato all'idea di spendere prima ancora di averli maturati tutti i soldi della pensione per le cure mediche di sua nipote.

In questo caso si tratta di privilegi o di indulgenza? Per capire se è stato concesso un privilegio potete applicare il *Test del 4*.

Se cadiamo nell'errore di concedere troppi privilegi, cosa possiamo fare per rimediare? Dobbiamo armarci di coraggio, prepararci al peggio, e togliere un privilegio alla volta.

* * *

Un senso esasperato del diritto
e la pretesa di privilegi non dovuti
nel bambino sono il presupposto
per il fallimento dell'adulto.

GARY ROWLAND

13

Un mondo di divertimenti

Quando ero bambino, i miei genitori facevano in modo che ci fosse sempre qualcuno o qualcosa a divertirmi

Solo gioco e niente lavoro rendono asino il ragazzo svogliato.

DETTO POPOLARE RIVISITATO

Pensate a un carillon che gira sopra la culla, tintinnando. Il bebè ride e agita le braccia. I genitori cominciano presto a intrattenere il bambino. Cantano, e gli fanno ascoltare le vecchie cassette e i CD. Gli comprano giocattoli teneri e stimolanti. Lui sorride, loro sorridono. Non si tratta solo di divertimento, ma anche di un modo per stimolare lo sviluppo cerebrale del bambino e rafforzare il legame figlio-genitore. E, naturalmente, per ridere insieme.

Ti sei divertito oggi?

Quando il bambino comincia a crescere, alcuni adulti credono che la cosa più importante sia intrattenerlo, assicurandosi che sia felice e si stia divertendo. In genere questo comporta un eccesso di attenzioni e di indulgenza. È facile dimenticare che una mente vivace non va coltivata solo con il divertimento, ma anche insegnandole a sopportare le delusioni e a rispettare le esigenze della famiglia.

Quando Megan, quattro anni, torna a casa dopo essere stata con la baby sitter, la mamma le fa la solita domanda: «Ti sei divertita oggi?».

«Sì, sono andata sull'altalena.»

«Sono contenta che ti sia divertita.»

Se invece la bambina dice: «Non mi sono divertita», la mamma risponde: «Allora è meglio se andiamo al parco. Posso finire più tardi quello che stavo facendo. Prendi la giacca».

Test del 4

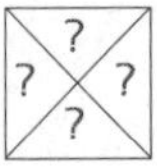

1. Megan sta apprendendo i suoi compiti di sviluppo, fra i quali il fatto di stare insieme agli altri? Come può imparare a dare importanza alle attività che richiedono impegno da parte sua? Come può imparare a compiere gesti disinteressati per gli altri? Questa attenzione costante al divertimento le impedirà di rendersi conto che lei non è il centro del mondo, ma che vive in un mondo insieme ad altre persone, che meritano la stessa considerazione?
2. La mamma di Megan sta usando male il suo tempo e le sue energie?
3. Per chi è veramente la gita al parco? Chi crede che sia indispensabile divertirsi ogni giorno? La mamma di Megan appartiene alla generazione di «oggi-ti-meriti-una-pausa»? Una pausa non meritata, o che potrebbe essere controproducente?
4. Questa situazione danneggia qualcuno?

Giù in picchiata

Scivolare lungo la spirale del divertimento a volte è talmente facile che non ce ne rendiamo nemmeno conto. Una dei nostri colleghi ha cominciato la discesa, e non se ne è accorto finché non si è schiantato a terra. Ecco la sua storia:

Un sabato, venni a sapere che mia nipote Bobbi Jo, tre anni, sarebbe rimasta a casa mia per tutto il giorno. «Che bello, insieme ci divertiremo un sacco!» pensai. «Che cosa vuoi fare, tanto per incominciare?» le chiesi. Lei mi guardò con aria sorpresa, e disse: «Uno spuntino». Okay, uno spuntino. «E adesso, che cosa ti piacerebbe fare?» Non dissi mai «Adesso noi faremo...»

Alle cinque del pomeriggio Bobbi Jo non era per niente collaborante ed era piuttosto nervosa. Sembrava che niente riuscisse a divertirla. Pensai: «Non è giusto. Questa è la mia nipotina, e voglio che si affezioni a me. Devo fare colpo su di lei. Dov'è che sto sbagliando?» e mi venne in mente che, quando i bambini fanno qualcosa che non ci piace, quello è un segnale per noi, e significa che dobbiamo cambiare qualcosa. Ma non riuscivo a capire che costa stessi facendo di sbagliato, e non sapevo proprio come comportarmi.

In quel momento entrò Barbara Sue, la zia che Bobbi Jo adora.

La prese in braccio, la baciò e le chiese: «Ti sei divertita con la nonna, oggi?». Bobbi Jo scosse la testa. "Ehi, a me nessuno ha chiesto se mi sono divertita", pensai.

Barbara Sue continuò: «Bobbi Jo, stasera andremo al ristorante. Verranno anche le tue cugine, Charlene e Marabelle. Con chi vuoi andare in macchina, con il nonno Jiles o con me?». Ancora una volta pensai che a me non aveva chiesto con chi avrei voluto andare.

«Con te, con te» gridò Bobbi Jo. Nonno Jiles intervenne: «Voglio che Bobbi Jo venga con me. Il seggiolino è già montato, e dopo cena la riaccompagnerò a casa».

«No, no, zia Baba Sue.» Bobbi Jo incominciò in sordina, ma a poco a poco scatenò un putiferio. Jiles e Barbara Sue risolsero la questione in qualche modo, mentre lei metteva in un sacchetto le cose che Bobbi Jo avrebbe voluto mangiare. "Ehi, a me non ha chiesto che cosa mi sarebbe piaciuto."

Al ristorante Barbara Sue prese il sacchetto con il cibo e chiese a Bobbi Jo dove voleva sedersi. «Vicino a Marabelle, Marabelle!»

«Uffa, volevo starci io vicino a Marabelle!»

Per tutta la sera osservai Bobbi Jo diventare sempre più irascibile, mentre la povera Barbara Sue continuò a fare quello che io avevo fatto per tutto il giorno. Osservarla mentre precipitava nella spirale mi aiutò a guardarmi allo specchio: buone intenzioni, pessimo risultato.

Qual era la prossima cosa da fare? Prima di tutto mi scusai con i genitori di Bobbi Jo per essere stata troppo indulgente. Non riuscivo a credere di aver sbagliato in modo così eclatante. Se non altro da questa lezione avevo imparato che la tentazione di indulgere troppo è sempre in agguato. Poi dissi loro che, la prossima volta, avrebbero dovuto spiegare a Bobbi Jo che la nonna aveva bisogno di aiuto. Infine, quella sera, una volta tornati a casa, avrebbero dovuto chiedere alla bambina: «Oggi che cosa hai fatto per aiutare la nonna?».

Poi pensai a cosa avrei dovuto fare per non cedere all'eccesso d'indulgenza e riprendere il controllo, in occasione della visita successiva. Preparai un elenco scritto delle cose che avrei dovuto fare.

Quando Bobbi Jo arrivò, le dissi: «Oggi faremo molte cose insieme. Io le scriverò su delle etichette, e tu le appiccicherai al frigorifero». Lei era felicissima. Ai bambini piace sentirsi utili. Ecco cosa scrissi, affiancando alle parole dei disegni, in modo che Bobbi Jo potesse capire:

- *riordinare il cassetto dei gioielli*
- *leggere un libro*
- *andare sull'altalena*
- *fare uno spuntino*

- *fare un disegno per zia Faye*
- *giocare con la creta*
- *andare a trovare il bambino della porta accanto*
- *telefonare a zio Brewster*

Dopo che ebbe appiccicato tutte le etichette, le dissi che la prima cosa da fare era riordinare il cassetto dei gioielli, poi avrebbe potuto staccare dalla porta del frigorifero la prima etichetta, e scegliere che cosa le sarebbe piaciuto fare dopo. Dissi al nonno che saremmo andate di sopra per un po', in modo che Bobbi Jo avrebbe potuto aiutarmi. I membri di una famiglia si aiutano fra loro. Lavorammo con i suoi tempi. Una volta tornate in cucina, Bobbi Jo tolse la prima etichetta e decise di andare sull'altalena insieme al nonno. Fu una bellissima giornata. Per tutti. E io e il nonno ricordammo quanto sia importante per una bambina di tre anni avere fiducia in sé.

Dopo la terza visita alla nonna, Bobbi Jo disse alla mamma: «Io so perché devo aiutare la nonna. È perché lei è così piccola». (In effetti lo sono, e nella mia famiglia sono tutti alti). «Be', naturalmente non è piccola come me.»

Appiccicare le etichette al frigorifero è diventato un rituale divertente e irrinunciabile. Continuiamo a farlo, anche ora che Bobbi Jo ha sei anni. Adesso è lei a disegnare, e qualche volta aggiunge delle cose da fare. Entrambe non vediamo l'ora di ritrovarci, e qualche volta porta delle amichette. Elly Mae è una delle sue preferite.

Trovami qualcosa da fare! Sono annoiata

«Nonna, nonna, dobbiamo far vedere a Elly Mae come si fanno le etichette!» Il giorno in cui Bobby Joe andò a trovare la nonna insieme a Elly Mae, sulla lista c'era scritto: leggere un libro, piegare la biancheria pulita, poi c'erano la casa delle bambole e la scatola del cucito. Per aiutare la nonna bisognava scegliere dei bottoni. Quella era la prima cosa da fare: «Qui c'è una scatola con molti scomparti. Dividete questi bottoni per colore e mettete ciascun colore in uno degli scomparti». Elly Mae protestò: «Ma sono troppi!». La nonna ne versò una parte. «Okay, per oggi ne sistemeremo soltanto la metà.» Le due testoline si chinarono sulla scatola per iniziare la suddivisione, ma dopo cinque bottoni Elly Mae si buttò a terra e cominciò a piagnucolare: «Non voglio farlo più. È noioso». Aveva un'aria afflitta, e la nonna si sentì in dovere di fare qualcosa per divertire la sua piccola ospite.

Tuttavia, era piuttosto preoccupata. Era allarmante che quella bambina carina e vivace fosse convinta che qualcuno dovesse per forza intrattenerla. Senza simpatia, ma con tono fermo, annunciò: «Mi dispiace, Elly Mae, ma in questa casa non è permesso annoiarsi». La bambina si mise a sedere, allibita: «Perché?».

«Perché c'è sempre, ovunque tu sia, qualcosa da osservare o a cui pensare. La noia non fa bene al cervello, e rende difficile imparare le cose che vengono insegnate a scuola. Ecco perché in questa casa non è consentita. I membri di una famiglia si aiutano fra loro. Tu oggi ti trovi in questa famiglia, e io ho bisogno che questi bottoni vengano messi in ordine, quindi forza, aiuta Bobbi Jo a finire.»

«Coraggio» la esortò Bobbi Jo. «Così poi andiamo a vedere cosa c'è sul frigorifero.» Elly Mae scosse la testa, incredula, ma accettò, e ben presto le bambine finirono il lavoro. Nessuno accennò più alla noia, e alla fine della giornata Elly Mae chiese se sarebbe potuta tornare ancora.

Un altro caso di noia

Per i Jackson è molto importante che la loro figlia, in età scolare, si diverta. Sebbene stiano cercando di risparmiare per acquistare una nuova auto, un perentorio «Mi sto annoiando!» li spinge a prendere provvedimenti. Nel mese di novembre, una visita al negozio di giocattoli è costata 240 dollari. La nonna si lamenta: «Che cosa le regalo per Natale? Be', per allora gran parte dei giocattoli nuovi saranno rotti, o li avrà persi».

Test del 4

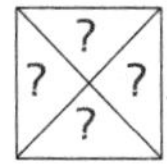

1. Questa situazione interferisce con l'apprendimento dei compiti di sviluppo da parte della bambina? Sì. Il periodo compreso fra i sei e i dodici anni è una fase della crescita molto importante, nella quale il bambino impara a prendersi cura delle proprie cose, a programmare il proprio tempo, e intrattenere se stesso.
2. È stata usata una quantità eccessiva delle risorse della famiglia? Sì.
3. Quali esigenze sono state soddisfatte? I Jackson, con il loro bisogno di divertire, hanno creato una situazione in cui le ragazze im-

parano ad appagare le proprie necessità, invece di prendersi cura di se stesse.

4. È stato danneggiato qualcuno? Sì, se l'auto che continueranno a usare non è abbastanza sicura.

Queste sono le stesse ragazze che, una volta adolescenti, trascorreranno le vacanze di primavera in un centro estivo con i loro coetanei, senza accompagnatori? Pensate al caso dello studente all'ultimo anno del liceo, che riuscì a convincere i suoi compagni a organizzare una protesta in suo favore, quando non gli fu permesso di prendere il diploma. In realtà gli erano state date istruzioni molto chiare in merito al lavoro di recupero che avrebbe dovuto fare durante le vacanze di primavera per potersi diplomare, ma lui era stressato, così, invece di studiare, era andato in vacanza con la sua ragazza.

I bambini che sono abituati ad accendere la TV, invece di inventare dei passatempi oppure leggere si annoiano facilmente.

La dipendenza incontrollata da qualunque forma di divertimento o distrazione può creare l'abitudine alla noia. Si tratta di un'abitudine che gli adulti devono contrastare, se vogliono che i bambini conservino la loro creatività e imparino a portare a termine i compiti che gli vengono assegnati.

Harris, dodici anni, voleva guadagnare qualche soldo, e gli era stato affidato l'incarico di estirpare le erbacce dal giardino. Dopo dieci minuti, stava già giocando a pallone. «Non posso farlo» spiegò, «perché è noioso. In fondo, non ho così tanto bisogno di soldi. Andrò a casa a guardare la TV.»

Un nuovo diritto: i dispostivi elettronici

Fino a circa cinquanta anni fa, gli esseri umani erano responsabili del proprio divertimento. Ora, quella responsabilità è stata in gran parte affidata ai produttori televisivi, ai creativi che studiano i videogiochi o a chi progetta altre macchine comandate da un microchip.

Pensiamo a una famiglia media, alla quale piace molto guardare la TV: probabilmente ci saranno tre televisori nella zona giorno della casa, uno in ciascuna camera dei bambini e uno sul camper. Il fine settimana scorso i genitori hanno deciso di non andare nella casa di campagna, a due ore di distanza, perché il televisore del camper era rotto, e i bambini non avrebbero avuto nulla da fare durante il viaggio.

Provate ad applicare il test dei quattro indizi a questa situazione. Caro genitore, se davvero vuoi il bene di tuo figlio, recati nel negozio di libri più vicino, compra un libro di passatempi da fare in auto, e gioca insieme a lui.

Il sostituto di mamma e papà

L'uso smodato dei dispositivi elettronici non è dovuto solo al desiderio dei genitori di far divertire i propri figli, ma a volte dipende anche dal fatto che mamma e papà sono molto impegnati, o dall'idea che lavorare per offrire loro tutte le cose materiali che desiderano sia più importante che trascorrere del tempo insieme a loro. Così «Va' a guardare la tele!» diventa una frase di uso quotidiano.

Anche se mossi da buone intenzioni, i genitori non sempre si rendono conto di quali conseguenze possa avere il fatto di trascorrere troppo tempo davanti allo schermo televisivo o del computer. Eccone alcune:

- pubblicità astute, con sesso, violenza, bambini maleducati e manipolatori, e adulti che si trattano male fra loro;
- giochi così pieni di violenza e drammaticità da indurre i bambini a pensare che la vita di tutti i giorni sia noiosa;
- lunghe ore di inattività e osservazione passiva della vita degli altri, in cui qualunque problema viene risolto in un lasso di tempo che va dai venticinque ai cinquanta minuti;
- giochi elettronici, nei quali il bambino risolve il problema grazie alla rapidità delle dita e alla violenza, invece di usare la creatività e la correttezza;
- facilità di accesso alla pornografia e alle istruzioni per fabbricare ordigni esplosivi, disponibili in rete.

Questo significa che tutti i dispositivi elettronici sono da condannare? Ovviamente no, ma lunghe ore trascorse davanti allo schermo senza supervisione a discapito del gioco probabilmente sì. Non sappiamo ancora esattamente quale sia l'impatto della TV sullo sviluppo cerebrale, ma alcuni pediatri raccomandano di vietare la televisione almeno nei primi quattro anni di vita del bambino. Questo dovrebbe farci riflettere.

Qualcuno ha detto che se uno sconosciuto si presentasse a casa sua e dicesse: «Sono il nuovo baby sitter e mi prenderò cura di tuo figlio per molte ore al giorno, e gli insegnerò quello che è importante per me, non per te» gli sbatterebbe la porta in faccia. Molti genitori, però, hanno lasciato che la televisione entrasse in casa loro, e in alcuni casi l'hanno messa persino nella camera del bambino, lasciandolo in balia dei programmi per molte ore. Per comprendere le dimensioni del fenomeno basta pensare che in media i bambini americani guardano la TV per trentacinque ore alla settimana.

La televisione non è aggregante e non crea legami. Siamo sommersi da una valanga di offerte. Non importa chi siamo, né quali sono i nostri interessi, c'è sempre uno spettacolo per noi, e le relazioni con persone reali possono essere rimpiazzate da legami fittizi con le immagini che appaiono sullo schermo.

Violenza

Vi proponiamo la testimonianza di un genitore preoccupato per la violenza nei videogiochi.

Da una e-mail di Robin Brooks:

Vorrei sollevare la questione della PlayStation. I nostri vicini, che qualche volta curano mio figlio di cinque anni, gli hanno insegnato un gioco che si chiama Spyro. Qualcuno lo conosce? Spyro è un piccolo drago "astuto" in cerca di un tesoro. Il giocatore deve uccidere i "cattivi" per conquistarlo. Devo ammettere che tutto questo non mi piace. Secondo me, questo gioco presenta due cose terribili, la simulazione della morte e l'uccisione in un ambiente ovattato. Eppure questi giochi sembrano essere una parte integrante della cultura tradizionale. Personalmente io non comprerei questo tipo di giochi, ma non posso impedire che mio figlio li usi quando è a casa dei nostri amici.

E ora, ecco quello che è successo durante il corso di studi del cinema e della televisione tenuto da mio marito. Un gruppo di ragazzi si trova davanti alla TV. *Uno di loro ha portato il suo gioco preferito della PlayStation2 per far vedere all'insegnante in che modo i ragazzi trascorrono il loro tempo libero. Nel tentativo di cercare di capire che cosa interessa ai ragazzi, l'insegnante ha acconsentito. Il gioco si chiama Grand Theft Auto. L'obiettivo è quello di uccidere il maggior numero di persone possibile. Nel "gioco" si rubano auto, si va con le prostitute, si uccidono poliziotti. Praticamente i ragazzi sbavano, mentre urlano suggerimenti a chi sta conducendo il gioco. L'eccitazione è palpabile. La mia prima domanda è: «I loro genitori sono al corrente dell'esistenza del GTA e di altri giochi simili a questo? Sanno in che modo trascorrono il proprio tempo libero i loro figli?». Per quanto mi riguarda, non dovrebbe esserci spazio per giochi del genere nella vita di un ragazzo. Come mai riscuote così tanto successo? L'unico scopo di questi "giochi" è quello di insegnare ai nostri figli il distacco emotivo necessario a commettere ignobili atti di guerra o azioni criminali. Inoltre, pare che creino una forte dipendenza, e occupano gran parte del tempo dei ragazzi, mentre dovrebbero usarlo per attività legate al mondo reale.*

L'e-mail di Robin ci lascia con due domande: *Sapete che cosa stanno facendo i vostri figli?* e *Qual è l'impatto di questo tipo di giochi?*

Una delle conseguenze è che il bambino trova noiosa qualunque attività che non implichi una buona dose di eccitazione e drammaticità.

Eccessiva indulgenza e autostima

Le attività ricreative dovrebbero avere lo scopo di intrattenere, non quello di usurpare le esperienze della vita reale come l'apprendimento, la competizione, la gioia, la delusione, le relazioni. Una delle conseguenze più gravi di questa tendenza a procurare al bambino un divertimento costante è che questo influisce sulla sua autostima. Forse uno degli effetti peggiori dell'eccesso di attenzioni è che rende dipendenti dalle opinioni degli altri.

Dalle risposte che riportiamo qui sotto emerge una scarsa autostima. La maggior parte dei genitori che ha ammesso «Quando ero bambino, i miei genitori facevano in modo che ci fosse sempre qualcosa o qualcuno a divertirmi» ha detto anche:[1]

- «In generale, non sono soddisfatto di me stesso.»
- «A volte penso di non valere nulla.»
- «Qualche volta mi sento totalmente inutile.»
- «Non credo di valere molto come persona.»
- «Vorrei avere più rispetto per me stesso.»

Creare autostima significa aiutare i bambini a raggiungere un equilibrio fra il sentirsi amati e il saper fare, cioè aiutarli a sentirsi degni di ricevere affetto incondizionato, a imparare a prendersi cura di se stessi e a contribuire al bene degli altri.

Negli anni Ottanta e Novanta c'è stata una svolta infelice nell'interpretazione del concetto di autostima. La cosa più importante era "fare in modo che il bambino fosse felice", il che in sostanza è una forma di indulgenza e di eccessiva attenzione. Il fatto di ripetere in continuazione al bambino quanto sia speciale, e che ogni cosa che fa è meravigliosa, mette in dubbio la credibilità del messaggio e la sincerità di chi lo manda, creando confusione nella mente del bambino su chi è, e su ciò che ha fatto o non ha fatto bene.

La giusta dose del divertimento

Provate a pensare ai sette rischi dell'eccesso di indulgenza:

1. DIFFICOLTÀ A IMPARARE COME RIMANDARE IL MOMENTO DELLA GRATIFICAZIONE. Se il divertimento, nella giusta dose, è il dessert della nostra vita, non è l'intero pasto. *Puoi andare a casa di Lytesia a giocare, ma solo dopo che avrai finito i compiti.*
2. DIFFICOLTÀ A RINUNCIARE A ESSERE COSTANTEMENTE AL CENTRO DELL'ATTENZIONE. Una giusta dose di divertimento rende felice il bambino, senza permettere che il suo intrattenimento diventi l'attività prioritaria dell'intera famiglia. *Stasera non puoi andare al cinema, perché dobbiamo aiutare tutti a preparare la festa di Gressa di domani.*
3. DIFFICOLTÀ AD ACQUISIRE
   - *la capacità di affrontare le situazioni quotidiane.* Una giusta dose di divertimento lascia abbastanza spazio per

compiere i propri doveri. *Potrai andare in bicicletta dopo che avrai riordinato la tua stanza.*
- ***la capacità di prendersi cura di sé.*** Una giusta dose di divertimento aiuta il bambino a prendersi cura di sé, non è un ostacolo. *Dovrai limitare le tue telefonate al cellulare a cinque minuti. Hai bisogno di tempo per fare il bucato e per prepararti per la festa di stasera.*
- ***la capacità di relazionarsi con gli altri.*** Una giusta dose di divertimento permette che ciascun bambino impari a prendere parte a determinate attività scelte dagli altri membri della famiglia. *Lo so che il minigolf non è il tuo sport preferito, ma oggi tocca a tuo fratello scegliere, quindi andremo tutti insieme a giocare.*

4. DIFFICOLTÀ AD ASSUMERSI LE PROPRIE RESPONSABILITÀ. Una giusta dose di divertimento fa bene allo spirito, ma non crea nel bambino l'aspettativa che qualcosa o qualcuno debba farlo divertire ogni volta che lo desidera. *Hai già guardato abbastanza* TV. *Adesso vai di là e trova qualcosa da fare per conto tuo.*
5. DIFFICOLTÀ A SVILUPPARE UNA PROPRIA IDENTITÀ. Una giusta dose di divertimento non induce il bambino a identificarsi con un campione dello sport o un personaggio famoso, invece che con la propria famiglia. *Sai più cose sulla storia di Star Trek che sul passato della tua famiglia. Io e te dobbiamo trovare un modo perché tu impari qualcosa sulla tua famiglia e i suoi eroi.*
6. DIFFICOLTÀ A CAPIRE QUANDO È ORA DI DIRE BASTA. Una giusta dose di divertimento insegna al bambino a rendere lo svago un'attività costruttiva, non totalizzante. *Per oggi hai navigato abbastanza in Internet. Aiutami a preparare l'insalata per stasera.*
7. DIFFICOLTÀ A CAPIRE CHE COSA È NORMALE PER GLI ALTRI. Una giusta dose di divertimento aiuta il bambino a capire che, anche se nel suo mondo ci sono mille tipi di intrattenimenti diversi, non è indispensabile che lui partecipi a ogni singolo gioco, concerto o evento, e che è possibile che gli altri abbiano preso parte a qualcosa quando lui non c'era, o che non conoscano tutti i programmi TV che lui ha visto. *Non ho mai visto quel programma, quindi non conosco i personaggi. Dimmi che cosa ti piace di questa trasmissione.*

Tuttavia, il bambino riceve così tanti stimoli che è davvero difficile resistere. Nella quarta parte del libro troverete molti consigli utili per riuscirci.

* * *

Il divertimento dovrebbe essere
una parte della nostra vita.
Nessuno ha mai detto che debba essere
il nostro modo di vivere.

PAULA PUGH

14

La strada dell'educazione

La corsia dei genitori

Non si ama mai troppo. Però si può dare un amore dannoso per chi lo riceve.

GLORIA WALLACE

Educare un figlio è il compito più arduo. È un po' come attraversare una strada poco trafficata, che tuttavia deve essere percorsa, ogni giorno, quando sappiamo dove stiamo andando, e anche quando procediamo a tentoni. Nei giorni buoni, quando viaggiamo al centro della corsia dei genitori, i nostri figli crescono e acconsentono e resistono (dopotutto, sono bambini). In quei giorni, gli ostacoli sono pochi e le curve sono dolci, e per noi non è difficile creare un legame forte con loro.

La strada dell'educazione: diversi modi di offrire attenzione

Date un'occhiata ai sei modi per prendersi cura di un bambino riportati sulla strada dell'educazione[1], apparsa per la prima volta sul libro di Jean Illsley Clarke e Connie Dawson *Growing Up Again, Parenting Ourselves, Parenting Our Children* (Una nuova crescita: genitori di noi stessi e dei nostri figli).

L'*intervento assertivo* e il *sostegno*, che rappresentano le corsie centrali, sono due metodi positivi per prendersi cura del bambino, offrirgli amore e incoraggiare la sua crescita. Quando il bambino è piccolo, ci prendiamo cura di lui in modo assertivo. Non aspettiamo che diventi blu per il freddo per mettergli dei vestiti caldi. Quando cresce, gli offriamo sempre più il nostro sostegno. Appena è in grado di cavarsela da solo, gli chiediamo se ha

bisogno del nostro aiuto. Mentre ci adeguiamo alle normali esigenze della crescita e incoraggiamo lo sviluppo delle sue capacità, cerchiamo di raggiungere il giusto equilibrio, modificando continuamente il nostro modo di essere genitori per non sbandare, rimanendo sempre al centro della strada.

Rispetto alle corsie centrali, i margini e i fossati sono meno utili al bambino. *L'attenzione condizionata* e l'*eccessiva indulgenza*, che rappresentano i margini della strada, permettono di mantenere un legame con il bambino, ma rendono opprimente il rapporto.

Anche i fossati, rappresentati dall'*abuso* e dalla *negligenza*, costituiscono pur sempre un legame, ma il bambino dovrà lottare per sopravvivere, e questo lo priverà delle energie di cui ha bisogno per apprendere i normali compiti di sviluppo della sua età.

La sicurezza delle corsie centrali

L'*intervento assertivo*, che rappresenta la parte centrale della strada, è un modo diretto per soddisfare le esigenze del bambino. L'educatore prende coscienza del suo bisogno di ricevere attenzione e sostegno e di essere stimolato ad apprendere e si occupa di soddisfare le necessità che il bambino non è in grado di appagare da solo. In questo caso non c'è indulgenza.

Il *sostegno* è la presenza affettuosa delle persone che supportano il bambino nella crescita, rispondendo alle sue richieste di aiuto, oppure offrendosi di aiutarlo anche se non lo chiede. Il sostegno può essere accettato, rifiutato, oppure negoziato. Anche in questo caso non c'è indulgenza.

Margini pericolosi

L'*attenzione condizionata*, rappresentata da una delle corsie laterali, è l'attenzione che il bambino deve guadagnare. Questo tipo di attenzione pone delle condizioni, con richieste implicite o esplicite, come *Ti voglio bene quando ti comporti correttamente,* o *Mi prenderò cura di te, se mi farai fare bella figura con gli altri.* Un adulto trattato con troppa indulgenza da bambino ha detto: «Ricevevo affetto, a condizione che io accettasi la loro indulgenza».[2]

L'*eccessiva indulgenza*, con la quale si dà più di quanto faccia bene al bambino, è condiscendente e spesso dolorosa. Appaga le esigenze di chi la offre, ma mina la fiducia e le capacità di chi la riceve. Il disegno di p. 160 mostra i bordi laterali, rappresentati dall'*attenzione condizionata* e dall'*eccessiva indulgenza*, sui lati opposti della strada. Entrambe hanno effetti negativi sul bambino.

A volte, se ci capita di sbandare e finire sulla banchina laterale (l'eccessiva indulgenza è una di queste) e facciamo cose che non fanno bene al bambino, sterziamo rapidamente, riportandoci al centro, senza che venga arrecato alcun danno. Tuttavia, se rimaniamo sulla banchina laterale per molti chilometri, o finiamo addirittura nel fossato, il bambino soffre, e anche noi. L'eccessiva indulgenza è seducente. Quando lasciamo che le nostre attenzioni diventino eccessive, dobbiamo fermarci a riflettere e capire qual è la corsia giusta, senza finire sul margine opposto della strada o in uno dei fossati.

Fossati insidiosi

L'*abuso*, rappresentato nel disegno da un fossato profondo, si manifesta attraverso un tipo di contatto molto duro, implica un'intrusione di tipo fisico e/o lesioni, dovute a percosse, bruciature o approcci sessuali. Include altri comportamenti invadenti da parte dei genitori, non necessariamente di tipo fisico, come l'umiliazione, lo scherno, le allusioni sessuali, le minacce di maltrattamen-

Molte delle persone che hanno preso parte al nostro primo studio, e hanno ammesso di essere state trattate con indulgenza, hanno riferito di aver subito abusi di tipo fisico e psicologico.

to o abbandono, la derisione di fronte al dolore. Probabilmente vi starete chiedendo che cosa ci fa l'abuso in uno schema relativo all'educazione. Viene preso in considerazione perché, in assenza di un contatto positivo o di attenzioni, il bambino, che non può fare a meno delle cure dell'adulto, si accontenta di parole o gesti fortemente negativi per cercare almeno di sopravvivere. Molte delle persone che hanno preso parte al nostro primo studio, e hanno ammesso di essere state trattate con indulgenza, hanno riferito di aver subito abusi di tipo fisico e psicologico.[3] Forse il bambino si sente in collera, quando un genitore che lo tratta con indulgenza a causa di buone intenzioni mal indirizzate è consumato dall'impotenza e dall'insoddisfazione.

La *negligenza*, rappresentata dal fossato, offre un certo tipo di educazione, o la mancanza di educazione, in un modo che ignora, o comunque non soddisfa le esigenze del bambino. Si tratta di una forma passiva di abuso. È possibile che gli educatori siano emotivamente o fisicamente assenti, troppo occupati o preoccupati di dare attenzioni, oppure assenti a causa di una dipendenza. La presenza fisica di un adulto nella stessa stanza non è garanzia sufficiente all'instaurarsi di un legame positivo. L'adulto deve essere presente anche con la mente, lo spirito, le emozioni.

Le parole per ciascuna posizione

Dedicate qualche minuto ad analizzare ciascuna delle sei posizioni lungo la strada dell'educazione presentate nella tabella seguente. Se desiderate altre informazioni utili sul corretto modo di educare, vi consigliamo di leggere i capitoli 3-7 del libro *Growing Up Again, Parenting Ourselves, Parenting Our Children* (cit.), che contiene molti esempi simili a quello riportato qui di seguito. Potete utilizzare questi esempi per esaminare l'intera gamma di risposte possibili in una determinata situazione e cercare di identificare quella che verrebbe più spontanea a voi. Se quella risposta finisce sul ciglio o nel fossato della strada dell'educazione, potete cercare di capire che cosa dovreste fare per tornare al centro della carreggiata.

Risposte tipiche di alcune situazioni comuni attribuite a ciascuna posizione lungo la strada dell'educazione.

Il papà sta preparando la colazione e la piccola Hannah, tre anni, vorrebbe aiutarlo a sbattere le uova.

ABUSO *il papà le dà uno schiaffo: «Non devi entrare in cucina quando sto cucinando!».*

ATTENZIONE CONDIZIONATA *«Puoi aiutarmi, ma dopo devi lasciarti spazzolare i capelli senza lamentarti».*

ATTENZIONE ASSERTIVA *«Prendi il grembiule e lo sgabello. Sarai il mio aiutante.»*

SOSTEGNO *«Sei capace di sbattere le uova, o devo mostrartelo?».*

ECCESSIVA INDULGENZA *«Veramente sono in ritardo, ma puoi aiutarmi lo stesso».*

NEGLIGENZA *il papà ignora la sua richiesta. Non sa che a tre anni i bambini hanno bisogno di imparare a dare una mano nelle faccende di casa.*

Terry, otto anni, chiede l'acquisto di un nuovo videogioco, piuttosto costoso.

ABUSO *Il papà risponde: «Chiedimelo ancora una volta e le prendi!».*

ATTENZIONE CONDIZIONATA *Il papà dice: «Te lo compro se la smetti di scocciarmi».*

ATTENZIONE ASSERTIVA *Il papà accompagna Terry nel negozio per provare il videogioco insieme a lei. Se è violento, non glielo compra; se è adatto a una bambina, valuterà quanti videogiochi ha già e deciderà se può permetterselo.*

SOSTEGNO *Il papà dice: «Quest'anno abbiamo questo budget a disposizione per i giocattoli. Se ti compro questo, non ne riceverai altri per il tuo compleanno o per Natale [lo dice in tono gentile, ma deciso]. Sei sicura di volerlo?».*

ECCESSIVA INDULGENZA *Il papà compra un gioco che piace a lui, ancor più costoso di quello che ha chiesto Terry.*

NEGLIGENZA *Il papà le compra il videogioco, ma non sa che Terry trascorre già più di sei ore al giorno davanti al computer o alla* TV.

TABELLA DELL'ACCUDIMENTO

Dall'attenzione per l'altro e dal sostegno nascono gioia, speranza, sicurezza e autostima. Dall'abuso, dall'attenzione condizionata, dall'eccessiva indulgenza e dalla negligenza nascono disperazione, infelicità e solitudine.

ABUSO	ATTENZIONE CONDIZIONATA	ATTENZIONE ASSERTIVA
Caratteristiche:		
L'abuso implica un modo violento di relazionarsi con il bambino, un'intrusione fisica o psicologica, e una serie di messaggi di negazione, diretti o indiretti. L'abuso nega i bisogni del bambino.	L'attenzione condizionata prevede che il bambino si guadagni o paghi in qualche modo per l'attenzione che riceve. L'attenzione che il genitore offre al bambino si basa sulle sue aspettative e sulle sue esigenze, non su quelle del bambino.	L'attenzione assertiva riconosce il bambino e le sue esigenze. Il genitore decide di educarlo in questo modo perché è utile per il bambino, è una riposta alle sue necessità, ed è adeguata alle circostanze. È un approccio confortante e affettuoso, ed è gratuito.
Esempio: un bambino in età scolare ha un brutto graffio sul braccio		
Il genitore non dà importanza alla ferita, e dice: «Smettila di frignare o ti do io un motivo per piangere». Grida e scuote il bambino.	Il genitore dice: «Smettila di piangere, altrimenti non ti fascio il braccio».	Il genitore medica la ferita con affetto, e dice: «Mi dispiace che il tuo braccio sia graffiato».
Ecco il messaggio che probabilmente verrà percepito dal bambino:		
Tu non conti nulla, le tue esigenze non contano nulla. Non ti fai volere bene, non meriti di esistere. Per ottenere quello che vuoi, è normale che tu soffra.	Io conto, tu no. Le tue esigenze e i tuoi sentimenti non contano. Potrai avere attenzione se te la sarai guadagnata. Non credere di essere meritevole di amore, te lo devi meritare.	Ti voglio bene e sei una persona amabile. Sei importante. Le tue esigenze sono importanti. Mi fa piacere prendermi cura di te.
Le reazioni più comuni da parte del bambino:		
Dolore al braccio ferito e al cuore. Paura, terrore, rabbia, chiusura in sé, solitudine, disperazione, vergogna, confusione rispetto alla realtà.	Dolore al braccio ferito e al cuore. Paura, terrore, rabbia, sfiducia nelle proprie percezioni, vergogna, inadeguatezza, diffidenza verso i gesti d'affetto.	Dolore al braccio e calore al cuore. Si sente confortato, accettato, importante, appagato, sollevato, sicuro, amato.
Le decisioni che spesso vengono prese dal bambino:		
Non ho nessun potere. Merito di morire, o forse è il contrario: vivrò nonostante loro. È colpa mia, o è sempre colpa degli altri qualunque cosa succeda. I grandi possono abusare degli altri, o forse io posso abusare di chi è più piccolo di me. Non provo niente e non ho nessuna necessità. L'amore non esiste. Sono solo; mi terrò a debita distanza dagli altri, non mi fido di loro. Io accuso, colpisco, o me ne vado per primo.	Io sono quello che faccio. Devo lottare per piacere. I grandi ottengono quello che vogliono. Quello che faccio non basta mai. Devo essere perfetto. Non merito amore. Di amore ce n'è poco. Devo essere forte. L'amore crea degli obblighi, non è gratuito. Non mi fido degli altri. Mi terrò a debita distanza dagli altri, o scapperò, o accuserò qualcun altro.	Io sono importante. Merito attenzione. Posso chiedere quello di cui ho bisogno. Io appartengo a questo posto. Sono amato. Posso avere fiducia negli altri e contare su di loro. Sono in grado di capire quello che mi serve. Non c'è niente di male a dipendere dagli altri, qualche volta.

SOSTEGNO	ECCESSIVA INDULGENZA	NEGLIGENZA
Caratteristiche:		
Il sostegno riconosce il bambino e le sue esigenze. È una forma di aiuto che il bambino è libero di accettare o rifiutare. Offre aiuto, conforto e amore. Stimola il bambino a pensare e a fare da solo ciò di cui è capace.	L'eccessiva indulgenza è una forma di attenzione opprimente e condiscendente. Crea una continua dipendenza dal genitore e insegna al bambino a non pensare da solo, e a non essere responsabile per se stesso e per gli altri.	La negligenza è una forma di abuso passivo. È mancanza di stimoli fisici ed emotivi da parte dei genitori, che ignorano le esigenze del bambino. È possibile che questi genitori "siano lì, ma in realtà non ci sono".
Esempio: un bambino in età scolare ha un brutto graffio sul braccio		
[Il genitore ha già insegnato al bambino come disinfettare un graffio.] Gli dice in tono preoccupato e affettuoso: «Ho visto che ti sei graffiato il braccio. Ti fa male? Vuoi disinfettarlo da solo, o preferisci che ti aiuti?». Poi lo abbraccia.	Il genitore si precipita verso il bambino e dice: «Oh, guarda il tuo braccio, povero caro. Deve bruciare molto! Adesso ti faccio una fasciatura. Va' di là e siediti davanti alla TV, ci penso io a riordinare».	Il genitore ignora il graffio, e dice: «Lasciami in pace».
Ecco il messaggio che probabilmente verrà percepito dal bambino:		
Ti voglio bene, sei una persona amabile. Sei capace di prenderti cura di te. Chiedi pure quello di cui hai bisogno. Per me è importante che tu stia bene. Io e te siamo due entità separate. So che sei in grado di decidere ciò che è meglio per te.	Non crescere. Non fare ciò di cui sei capace. Le mie esigenze sono più importanti delle tue (oppure) le tue esigenze sono più importanti delle mie. Non c'è bisogno che tu ti prenda cura di te stesso, qualcuno lo farà per te.	Non aspettarti che qualcuno si preoccupi per te. Le tue esigenze non sono importanti. Non meriti di esistere. Devi soffrire per ottenere ciò che desideri. Il bambino è confuso rispetto alla realtà.
Le reazioni più comuni da parte del bambino:		
Dolore al braccio e cuore pieno di fiducia. Il bambino si sente amato, confortato, stimolato e al sicuro, si sente importante.	Dolore al braccio e incertezza nel cuore. Soddisfazione egoistica, conforto temporaneo, ipocrisia, esasperazione del diritto. In seguito: confusione, infelicità, impotenza, obbligo, risentimento, atteggiamento difensivo e vergogna. Incapacità di capire quando è abbastanza.	Dolore al braccio e al cuore. Sensazione di abbandono, paura, vergogna, rabbia, impotenza, rassegnazione, profonda delusione.
Le decisioni che spesso vengono prese dal bambino:		
Sono amato. Sono in grado di capire quello che mi serve. Sono capace. Sono forte. Non sono solo. Posso chiedere aiuto. Io e te siamo due entità separate, ma fra noi c'è un legame. Posso decidere quando essere dipendente e quando essere indipendente.	Non sono in grado di cavarmela. Non ce n'è bisogno. Non voglio sapere che cosa ho bisogno, cosa devo pensare o provare. Gli altrisono obbligate a prendersi cura di me. Non c'è bisogno che io cresca. Devo essere leale verso i miei genitori, che sono così indulgenti con me. Per ottenere ciò che mi serve, posso manipolare gli altri o recitare la parte della vittima. Non c'è niente di male a essere egoisti. In seguito: sii sospettoso e non fidarti.	Non so esattamente chi sono o che cosa sia giusto. Non sono importante. Non sono una persona da amare. Morirò solo o sopravvivrò da solo. Non è possibile e non è prudente avvicinarsi a qualcuno, fidarsi di qualcuno, o chiedere aiuto. Non merito di essere aiutato. Quello che faccio non conta, se qualcuno deve aiutarmi. La vita è dura.

Allegra, tredici anni, chiede ai suoi genitori di comprarle un biglietto per un concerto, di accompagnare lei e i suoi amici all'entrata, e di tornare a riprenderla.

ABUSO *La mamma si mette a gridare, batte il pugno sul tavolo e la guarda negli occhi: «Lo sai che non mi piace quella musica!».*

ATTENZIONE CONDIZIONATA *La mamma dice: «Certo, Allegra. È una buona idea accompagnare i tuoi amici. Voglio che tu abbia successo con loro».*

ATTENZIONE ASSERTIVA *La mamma dice: «Procurati dalla biblioteca un* CD *del gruppo. Lo ascolteremo insieme, per vedere se è un tipo di musica adatto a te».*

SOSTEGNO *La mamma dice: «Se decido che il concerto non è sicuro, è troppo caro o suonano musica inadatta a te, ti piacerebbe invitare qui i tuoi amici per una festa, quella sera?».*

ECCESSIVA INDULGENZA *«Se è questo che vuoi, tesoro, ti accontenteremo».*

NEGLIGENZA *La mamma acconsente e compra i biglietti, anche se non potrebbe permetterseli. Non tiene conto delle condizioni sicurezza del concerto o del tipo di messaggio che il gruppo trasmette.*

Lee, sedici anni, non si è fatto vedere per la consueta riunione di famiglia del 4 Luglio.

ABUSO *Quando torna a casa, il papà gli dà uno schiaffo per cercare di trasmettergli un po' di senso del dovere.*

ATTENZIONE CONDIZIONATA *La mamma dice: «Lee, noi ci prendiamo cura di te, e ci aspettiamo che tu faccia fare bella figura alla tua famiglia. Ero così in imbarazzo di fronte ai nonni e agli ospiti!».*

ATTENZION ASSERTIVA *«Lee, il 4 Luglio è una ricorrenza importante per la nostra famiglia. Quello che hai fatto ci ha feriti, e ora devi rimediare. Hai venti minuti di tempo per decidere come fare.»*

SOSTEGNO *«Se hai bisogno di aiuto per decidere in che modo puoi rimediare, dimmelo.»*

ECCESSIVA INDULGENZA *I genitori dicono: «Ci sei mancato a cena, ma immagino che ti sia divertito più di quanto avresti fatto qui».*

NEGLIGENZA *I genitori non controllano che Lee faccia qualcosa per rimediare a ciò che ha fatto, né gli offrono il loro aiuto.*

Kenny ha ventinove anni e vive ancora con i suoi, tiene per sé l'intero stipendio di un lavoro ben pagato, e non contribuisce alla gestione della casa, né in denaro né in aiuti pratici.

ABUSO *«Sei pigro, sei un buono a nulla, come uomo non vali niente. Non sei figlio mio.»*

ATTENZIONE CONDIZIONATA *«Continuerò a prendermi cura di te se continuerai a vivere qui.»*

ATTENZIONE ASSERTIVA *«Ti voglio bene, ma non cucinerò, non pulirò e non farò più il bucato per te. È ora che cominci a contribuire all'affitto, e dovrai cucinare tre volte alla settimana».*

SOSTEGNO *«Vuoi che ti aiuti a cercare un appartamento?»*

ECCESSIVA INDULGENZA *«Cucinerò per te, pulirò e farò il bucato. Voglio che tu stia bene qui. Hai bisogno di qualcosa?»*

NEGLIGENZA *I genitori non si accorgono che il figlio è egoista e ha bisogno di crescere.*

Non si può *amare* troppo. Si può soffocare, viziare, si possono usare i propri desideri come una scusa, abusando del proprio ruolo, ma questo non è amore. Non si può amare troppo perché il vero amore è rispettoso e senza condizioni. Tutto ciò che sembra amore, ma in realtà impedisce al bambino di crescere e sviluppare la propria personalità, non è vero amore.

Il troppo amore non esiste, ma l'eccesso di attenzioni può creare dei problemi. Leggete come la pensa chi lo ha provato sulla sua pelle.

TESTIMONIANZE DIRETTE

DA BAMBINO SAPEVI DI ESSERE TRATTATO CON TROPPA INDULGENZA?

✓ Sì. La mamma reprimeva la mia autodeterminazione, la mia motivazione personale e il rispetto di me cercando di fare tutto al mio posto. Papà non era repressivo, ma non sapeva come si educa un figlio, e non trascorreva mai con me del tempo "significativo".

CI SONO DELLE DECISIONI CHE HAI PRESO DA BAMBINO E CHE HANNO INFLUITO SULLA TUA VITA DA ADULTO?

✓ Da bambino non ho mai imparato a perseverare, a dare il massimo nello studio. I miei genitori mi coprivano sempre. Quando mi sono ritrovato da solo, al college, per me è stato uno shock. Il primo anno saltavo le lezioni, e non riuscivo a credere di prendere voti così bassi. È stato mio padre a scegliere che cosa avrei fatto da grande: l'insegnante. Non ho potuto coltivare la mia passione, la musica. Non mi rendevo conto che avrei potuto cambiare.

Inversione netta nell'allevamento dei figli

Molti genitori, nell'intento di impedire che i propri figli provino sulla loro pelle lo stesso senso di abbandono e lo stesso dolore che hanno provato loro, invertono la rotta, optando per un tipo di educazione diametralmente opposto rispetto a quello ricevuto. *Io sono stato trascurato e dunque ora sono molto indulgente.* Oppure, *Gli altri genitori sono troppo indulgenti, così io sono così severo da rasentare l'abuso.* O ancora, *Il mio partner non si aspetta nulla dai nostri figli, così io faccio in modo che si guadagnino il mio amore.*

L'obiettivo è quello di riuscire a rimanere il più possibile nella corsia centrale della strada dell'educazione. Se vi capita di scivolare lateralmente nell'indulgenza o nell'attenzione condizionata, o di sprofondare nel fossato dell'abuso o della negligenza, il trucco sta nel tornare nel mezzo senza esagerare nella direzione opposta. Se vi accorgete di essere finiti nella corsia dell'indulgenza, passando per l'eccesso di attenzioni, dovrete cercare di sterzare verso il centro della strada, dove gli effetti del vostro modo di educare corrispondono alle intenzioni.

Mentre vi allontanate dall'indulgenza e vi rimettete in carreggiata, probabilmente i vostri figli vi metteranno alla prova. Cercheranno di farvi tornare indietro, riportandovi sulla corsia dell'indulgenza. Con il tempo, però, vedrete che anche loro aggiusteranno il tiro, vivendo all'altezza delle proprie capacità, e impareranno ad apprezzare gli sforzi che avete fatto. Naturalmente, con ogni probabilità non vi diranno una parola di ringraziamento almeno fino all'età di quarant'anni!

Anche voi potete usare la strada dell'educazione per cercare di allontanarvi dalla corsia dell'indulgenza nelle vostre stesse relazioni con adulti e ritornare quindi nel mezzo della strada.

* * *

Ogni gesto è o un'espressione d'amore
o una richiesta d'amore.

A COURSE IN MIRACLES

PARTE QUARTA

Le trappole di una struttura permissiva

15
Una struttura permissiva
Garanzia di insicurezza

Mediamente i bambini chiedono dieci volte più attenzione, giochi, libertà e altro di quanto abbiano bisogno. In pratica, le uniche cose di cui oggi un bambino ha più bisogno rispetto a ciò che chiede sono i doveri e le conseguenze.[1]

JOHN ROSEMOND

Una struttura permissiva

I nostri studi sull'eccesso di indulgenza hanno rivelato in modo sorprendentemente chiaro che la mancanza di una solida struttura di riferimento ha un impatto negativo sul bambino.[2] Se non ha nessun dovere, se non deve apprendere nessun tipo di competenza, né attenersi a determinati principi o rispettare regole precise, il bambino non apprende le lezioni fondamentali della vita. Se a questo si aggiungono genitori accondiscendenti, che lasciano al proprio figlio troppa libertà, e permettono che sia lui a dettare le regole, in pratica si gettano le basi dell'incertezza e dell'insicurezza. Naturalmente, non è questo che un genitore spera per il proprio figlio.

CONSEGUENZE FREQUENTI DI COMPORTAMENTI INDULGENTI DOVUTI ALLA MANCANZA DI UNA SOLIDA STRUTTURA DI RIFERIMENTO

Le persone che vengono trattate in modo troppo indulgente, a causa di una struttura permissiva che si protrae nel tempo, tendono a:

- non capire quando è abbastanza;
- avere limiti sociali e personali piuttosto deboli;
- essere propensi all'irresponsabilità;
- avere un falso senso del diritto;
- credere e agire come se fossero al centro dell'universo.

Dalla nostra ricerca è emerso che gli adulti trattati in modo troppo indulgente da bambini condividevano in larga misura le affermazioni seguenti:

- «I miei genitori non si aspettavano che facessi nulla per contribuire alla gestione della casa.»
- «Non ero tenuto ad acquisire le stesse capacità degli altri bambini.»
- «I miei genitori non avevano regole, oppure non pretendevano che le rispettassi.»
- «I miei genitori mi lasciavano troppa libertà.»
- «I miei genitori permettevano che fossi io a comandare o a dominare la famiglia.»

Che cosa si intende per struttura?

La struttura è l'aspetto stabile dell'educazione, il fondamento e la sua ossatura. Le attenzioni attutiscono l'ossatura, ma sono le ossa a dare sostegno al corpo. Non è divertente arrampicarsi su un quadro svedese se le sbarre e i sostegni sono allentati! Non c'è da fidarsi. Non si può prevedere che cosa è sicuro e cosa non lo è. Un sistema di regole ragionevoli fatte rispettare con coerenza, la padronanza delle competenze e l'apprendimento dei valori della famiglia fanno tutti parte di una struttura solida, che non serve solo a rendere la vita più sicura e prevedibile per il bambino, ma alla lunga la rende più facile anche per i genitori, dal momento che si evitano incidenti spiacevoli e possibili crisi. Probabilmente, la cosa più bella è che ciò che il bambino apprende con l'esperienza, lo fa proprio, imparando a stabilire limiti precisi e a prendersi cura di sé.

Compiti e competenze

Credevate che i piccoli doveri che vengono affidati al bambino per contribuire alla gestione della casa fossero soltanto un peso? Non è così. Al contrario, sono un modo molto importante per insegnare competenze più grandi all'interno del contesto familiare. In questo modo, il bambino comincia ad acquisire le competenze che gli serviranno per affrontare la vita di ogni giorno, per lavorare, per stabilire relazioni individuali e di gruppo e per non correre rischi, e incomincia a vedere se stesso come un membro importante della famiglia, in grado di offrire il proprio contributo. Le piccole faccende domestiche affidate al bambino sono le fondamenta sulle quali si formano il carattere e la fiducia in sé. Sono piccoli mattoni, tenuti insieme dai valori della famiglia, con i quali il bambino costruisce le proprie competenze e successivamente la propria identità. Le competenze devono essere insegnate e apprese. Non sono innate, ma il bisogno di impararle lo è.

La struttura è l'aspetto stabile dell'educazione, la sua ossatura.

Non c'è da stupirsi, dunque, se gli adulti trattati con troppa indulgenza siano stati irremovibili sul fatto che, quando erano bambini, i loro genitori avrebbero dovuto pretendere che anche loro dessero una mano in casa.

Le regole della famiglia

Le regole sono la parte visibile della struttura della famiglia. Vengono stabilite tenendo conto dello sviluppo del bambino, del suo livello di responsabilità e della sua maturità, e vengono modificate progressivamente in base alla sua crescita. Le regole hanno lo scopo di proteggere il bambino e farlo sentire al sicuro, e di dimostrargli che è amato e apprezzato.

Le regole hanno lo scopo di proteggere il bambino, farlo sentire al sicuro e di dimostrargli che è amato e apprezzato.

Noi le utilizziamo per definire dei limiti, per offrire sicurezza, e anche per aiutare noi stessi a capire quando una cosa comincia e un'altra finisce. Le regole che tengono conto sia dell'aspetto umano sia della situazione, ci aiutano a tracciare il confine

- fra cosa è sicuro e cosa non lo è (*rispettare le regole della strada*);
- fra ciò che arricchisce la vita e ciò che non lo fa (*pranzare insieme almeno cinque volte alla settimana*);
- fra ciò che è rispettoso e ciò che è irrispettoso (*evitare i commenti offensivi*);
- fra ciò che aiuta e ciò che ferisce (*non colpire, non schernire*).

Imparare la differenza fra ciò che aiuta e ciò che ferisce e decidere da che parte stiamo fa parte del lavoro che facciamo su di noi per definire che tipo di persona siamo.

Libertà

Dai nostri studi è emerso un altro dato straordinario: gli adulti intervistati ritengono di aver ricevuto troppa libertà quando erano bambini. Questo significa che il bambino ha bisogno di individuare nell'adulto la figura del capofamiglia, e cresce meglio quando i genitori sanno esattamente quanta libertà è giusto concedere. Se sa di poter contare su adulti affidabili e responsabili, il bambino sviluppa a sua volta una solida struttura interiore.

Troppo potere

Per il genitore, stabilire quanto potere concedere al bambino è un continuo gioco di valutazioni. Come si fa a trovare l'equilibrio fra le volte in cui bisogna dire no e le volte in cui si può dire sì? Gli adulti trattati con troppa indulgenza sostengono di aver ricevuto troppo spazio nelle decisioni di famiglia. Credete che questo possa essere dovuto al fatto che viene data troppa importanza ai diritti del bambino?

Diritti e doveri

Imparare a distinguere fra diritti e doveri è uno dei compiti cruciali del genitore. Un giornale ha scritto che per le vacanze di primavera molti studenti delle scuole superiori si sono recati in alcune zone calde (Cancun e Florida) senza la supervisione dei genitori né di nessun adulto. La mamma di un ragazzo di diciassette anni ha detto: «Non posso fermarlo. D'altra parte, ha messo da parte i soldi e ha organizzato tutto da solo».

Questa mamma, seppur mossa da buone intenzioni e dal desiderio di rispettare i diritti di suo figlio, non ha assolto al suo obbligo di assumersi la responsabilità delle sue azioni. Spesso è facile fare confusione fra diritti e doveri. Un modo per distinguerli consiste nel provare a pensare ai diritti che nascono dagli obblighi rispettati. Il bambino ha il diritto di aspettarsi più libertà se sviluppa un senso di responsabilità verso se stesso e gli altri. Ha anche diritto di ricevere dai suoi genitori delle regole adeguate alla sua età. Il fatto che un ragazzo guadagni dei soldi non significa che abbia il diritto di spenderli per cose che possono metterlo in pericolo, ritardare il suo sviluppo o creare tensione nella sua famiglia. Significa solo che ha messo dei soldi da parte, e questo comporta l'obbligo di imparare a usarli in modo saggio, con l'aiuto di consigli e di regole. Se decidesse di spendere i soldi che ha guadagnato per comprare della droga, credete che sua madre sarebbe d'accordo?

La mamma di questo ragazzo deve imparare a distinguere fra diritti e doveri. Ha il dovere di essere un buon genitore, e ha il diritto di ricevere rispetto e lealtà da suo figlio. Questo è uno degli aspetti di quello che David Elkind definisce il contratto universale fra genitori e figli.

A volte i figli trovano opprimenti i limiti imposti dagli adulti. Potrebbero passare molti anni prima che i genitori si sentano ringraziare da loro per il loro comportamento responsabile. Qualche volta, però, succede anche che ottengano un apprezzamento immediato.

Wanda, diciassette anni, chiede ai suoi genitori di poter andare a Cancun con i suoi amici per le vacanze di primavera. È molto convincente: i suoi voti sono alti, è responsabile e riconoscente; ci si può fidare di lei, e poi ci sono i sui amici; si divertirà moltissimo, e ha bisogno di essere trattata da grande.

I genitori di Wanda decidono di non lasciarla andare. Tuttavia, dopo essersi consultati decidono che il suo bisogno di sentirsi grande è ragionevole. Sanno che Wanda desidera una collana di perle e sta mettendo da parte dei soldi per comprarla, così decidono di aggiungere la cifra che manca. Wanda e la mamma vanno insieme a fare shopping e la ragazza, sebbene sia ancora delusa per non essere potuta andare a Cancun, è eccitata all'idea di comperare le perle. Tutto cambia quando la migliore amica di Wanda torna dalle vacanze prima del previsto. I ragazzi hanno perso il controllo della situazione, dice, è stato pericoloso e *tutt'altro che divertente*. La ragazza, piuttosto scossa, condivide con lei le sue disavventure. Wanda ringrazia sinceramente i suoi genitori per non averla lasciata andare.

Nei capitoli seguenti esamineremo ogni singolo aspetto di una struttura permissiva e vi daremo alcuni suggerimenti per rimediare.

* * *

È opprimente non ricevere una struttura
di riferimento dall'esterno.

KARUNA POOLE

16

Chi ti ha fatto da schiavo la settimana scorsa?

Quando ero bambino, i miei genitori non pretendevano che facessi nulla in casa

Il lavoro è l'amore reso visibile.

KAHLIL GIBRAN

Non devi aiutare a fare le faccende? Come sei fortunato! Non è così che la pensano gli adulti che da bambini sono stati trattati con troppa indulgenza. Alla domanda «In che modo sono stati indulgenti con te?» hanno risposto: «Facendo al mio posto le cose che avrei dovuto fare io» e «I miei genitori non pretendevano che dessi un aiuto significativo in casa».[1]

Il laboratorio nel quale si insegna la responsabilità… e molto altro

Se un bambino facesse notare che i genitori non hanno faccende da sbrigare, loro potrebbero sorridere amabilmente e rispondere: «Be', ci hai provato…». Gli adulti in genere chiamano i loro compiti "lavoretti, lavoro, doveri, progetti". Provate a fare una lista di tutti i compiti che svolgono gli adulti. Non adesso, però. Prima finite di leggere.

Col senno di poi, gli adulti trattati con condiscendenza sostengono che avrebbero preferito essere stati coinvolti nella gestione della casa, e aver provato l'orgoglio di contribuire al successo del nucleo familiare:

Donna ebbe Megan quando aveva trentatré anni. Considerandosi letteralmente al verde, allevò Megan in un regime di rigorosa economia. Ciononostante fece in modo che la bambina, che presto si trasformò in una splendida ragazzina, avesse modo di coltivare la sua bellezza.

Non doveva fare nulla per tenere in ordine l'appartamento, né doveva occuparsi dei suoi vestiti. Da adolescente, Megan cominciò a sfilare come modella, lavorando in ogni parte del mondo. Ora Megan ha quarantaquattro anni ed è in terapia: «Il mio unico compito è sempre stato quello di essere bella e apprezzata. Ora che sto invecchiando, e lavoro sempre meno come modella, a cosa mi serve? Non so nemmeno chi sono. Non so fare nient'altro che sfilare, e sono furibonda con mia madre».

Test del 4

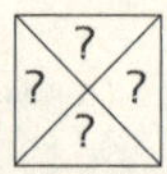

1. La mamma di Megan l'ha incoraggiata ad apprendere i compiti di sviluppo? No.
2. La donna ha speso per la figlia una quantità eccessiva delle risorse familiari? Sì.
3. A chi era destinata la generosità della mamma? A se stessa.
4. È stato danneggiato qualcuno, sono stati arrecati danni all'ambiente? Non lo sappiamo, perché non conosciamo l'ammontare delle spese di Megan né quale sia l'impatto del suo comportamento verso gli altri. Quello che sappiamo è che questo è un caso di eccessiva indulgenza.

La mamma di Megan intendeva far soffrire la figlia? Assolutamente no. Probabilmente non aveva il minimo sospetto che ciò che faceva per amore si sarebbe trasformato in dolore. Sicuramente non era questo il suo intento.

A ogni modo, non è troppo tardi. La mamma di Megan è ancora in tempo per ammettere le sue responsabilità, chiedere scusa e rincominciare tutto da capo con sua figlia.

Che cosa pensavano gli adulti che non hanno mai dovuto lavorare?

Secondo gli esperti, oltre a non aver appreso le competenze che le faccende domestiche implicano, gli adulti che non hanno mai avuto compiti da svolgere hanno rivelato le quattro difficoltà comportamentali seguenti:[2]

- «Se non sei capace di far bene una cosa, tanto vale che tu non la faccia affatto.»
- «È meglio rinunciare ai propri interessi pur di compiacere gli altri.»
- «Quando cerco di imparare qualcosa di nuovo, se non ottengo risultati immediati rinuncio facilmente.»
- «Se una cosa mi sembra troppo difficile, non provo nemmeno a impararla.»*

Un bambino senza doveri

Uno degli adulti intervistati ha detto:

> *Ero così imbarazzato dal fatto di non avere nessun incarico che me lo inventavo. Dopo cena, quando i miei amici mi venivano a chiamare, dicevo che non potevo uscire perché i piatti erano ancora sporchi. Ed era vero. Giocavo per conto mio oppure leggevo un libro per mezz'ora, poi uscivo e dicevo che adesso potevo giocare. Anche questo era vero. I miei genitori volevano che dicessi sempre la verità, e questo è un valore che ho imparato. Voglio che i miei figli dicano la verità e diano una mano in casa, ma per me non è affatto facile insegnare loro a sbrigare le faccende, ed è ancora più difficile pretendere che lo facciano.*

I bambini sono costantemente alla ricerca della risposta a due domande: «Mi sono comportato bene?» (Sono una persona di valore?) e «Sono bravo?» (Mi vuoi bene?). Il fatto di contribuire alle faccende domestiche non solo aiuta ad apprendere delle competenze, ma è anche un modo attraverso il quale il bambino può conquistare quel sorriso soddisfatto dell'adulto che significa «sei stato bravo». Infatti, i bambini trascurati o maltrattati che vengono affidati a famiglie in grado di prendersi cura di loro in genere credono di essere ap-

> **Il fatto di avere dei compiti precisi fa sentire il bambino un membro importante della famiglia.**

* La terza e la quarta citazione sono state riportate con il consenso degli autori e degli editori di: M. Sherer, J.E. Maddux, B. Mercandante, S. Prentice-Dunn, B. Jacobs, R.W. Rogers, *The self-efficiency scale: construction and validation*, «Psychological Reports», 1982, 51, 663-671. © Psychological Reports 1982.

prezzati per quello *fanno* molto prima di capire di essere stimati per ciò sono, e molto prima di incominciare a credere all'amore senza condizioni.

Contribuire alle faccende di casa aiuta il bambino a capire chi è, lo fa sentire parte di qualcosa, un membro importante della famiglia.

Piccoli doveri: quali e quando

Una volta appurato che il fatto di avere dei compiti precisi da svolgere fa bene al bambino, come facciamo a sapere che tipo di incarichi dobbiamo affidargli e quanto dobbiamo pretendere da lui? Gli incarichi destinati al bambino e l'insegnamento del modo in cui svolgerli dipendono dalla famiglia, dalle sue esigenze e dal tipo di valori che vuole trasmettergli.

I bambini in genere imparano a contribuire alle faccende di casa in tre fasi. Innanzitutto, con l'aiuto degli adulti; in questa fase vedono come si fa e lo apprendono a loro volta. Nella seconda fase svolgono gli incarichi che gli sono stati affidati, ma c'è ancora qualcuno a ricordarglielo. Infine, nella terza fase, svolgono i loro compiti in modo autonomo.

Nel suo libro *Pick Up Your Socks,* Elizabeth Crary illustra i risultati di uno studio condotto nello Stato di Washington, nel quale i genitori indicano l'età nella quale i propri figli cominciano a svolgere determinate attività. Il grafico più interessante, riportato nell'Appendice C (p. 345) aiuta a rispondere alla domanda: «Che cosa mi aspetto da mio figlio?». Potete confrontare le cose che fa vostro figlio con quelle che fanno i figli delle 531 famiglie coinvolte nella ricerca. Nel grafico viene indicata l'età in cui la metà dei ragazzi ha cominciato a svolgere ciascuno dei compiti indicati con l'aiuto di qualcuno (A), quando qualcuno glielo ricorda (R) e in modo indipendente (S). *Pick Up Your Socks* fornisce anche consigli preziosi su come insegnare ai bambini le competenze di cui hanno bisogno.

È più semplice insegnare al bambino a contribuire alla gestione della casa nella routine che non in seguito. Il Dr. Marty Rossman, uno studioso della famiglia dell'Università del Minnesota,[3] ha scoperto che il fatto di essere coinvolti nelle faccende domestiche in giovane età ha un effetto molto positivo sul giovane adulto nel suo percorso educativo, nel lavoro e nelle relazioni familiari.

Il Dr. Rossman ha rilevato che il fatto di aver cominciato a contribuire alle faccende all'età di tre o quattro anni è un indicatore di successo per il giovane adulto (intorno ai venticinque anni). Non stupisce che la risposta di chi non ha fatto nulla fino all'età di quindici o sedici anni generalmente sia: «E tu vorresti che lo facessi io?», né che questi ragazzi abbiano meno successo degli altri fra i venti e i trent'anni.

Anche i bambini di tre anni aiutano a riordinare

«Lo faccio io!» Il piccolo Luke, di soli tre anni, partecipa con entusiasmo alle attività di famiglia, ricordandoci che, come tutti i bambini, sa fare molte più cose di quanto noi pensiamo. Naturalmente, Luke ha ancora molte cose da imparare, ma ha dalla sua una gran voglia di apprendere, che deriva anche da un istinto naturale, anche quando noi adulti pensiamo: "Oh, no, è ancora troppo presto". Questo desiderio di imparare viene incentivato quando l'adulto affida al bambino compiti diversi, stimolando gradualmente le sue capacità.

Ordini e richieste

Laura ha capito che le prime cose che i bambini imparano si basano su schemi impressi nella memoria, così ha deciso di mischiare fin dall'inizio ordini e richieste. Luke ha dovuto cominciare presto a distinguere fra ciò che può essere negoziato (richieste) e ciò che non è negoziabile (ordini), e questo ha reso molto più semplice il compito dei genitori durante gli anni della scuola e ha posto basi educative solide nel periodo dell'adolescenza. Se il bambino è abituato a obbedire alle regole e a rispettare i valori della famiglia, per lui è molto più facile fare delle scelte, risolvere situazioni difficili e prendere delle decisioni.

Volete sapere come ha fatto la mamma di Luke? Vediamo:

Luke ha tre anni quando Laura riceve la visita della sua amica Lizzie. Dopo i saluti, la mamma dice: «Luke, Lizzie vorrebbe sedersi sulla poltrona, ma c'è il tuo cane di peluche. Spostalo, per favore, così può accomodarsi». Questo è un ordine, non una richiesta. Laura ha optato per questa soluzione perché Luke è perfettamente in grado di fare quello che gli è stato chiesto, e se lo farà riceverà un ringraziamento accompagnato da un sorriso. Non passa molto prima che Luke dimostri a Lizzie ciò che è capace di fare.

Di fronte a un ospite, Laura chiede a Luke di fare solo ciò di cui è capace. Dopo averlo ringraziato, gli mette una mano sul braccio per attirare la sua attenzione. «Luke, ho comprato un piccolo regalo per Lizzie. È sul tavolo. Prendilo e dallo a Lizzie.» Anche questo è un ordine. Laura sa che Luke sarà contento di fare ciò che gli ha chiesto, e riceverà un caloroso grazie da Lizzie. Un riconoscimento delle sue capacità.

Dopo che Lizzie ha aperto il regalo, Laura le dice con orgoglio che Luke ha imparato una canzone. «Luke, vuoi cantare una canzone per Lizzie?» Non lo prega e non cerca di persuaderlo, glielo chiede in modo molto diretto. Luke può dire di sì e cantare, oppure può rispondere di no. In questo caso la mamma gli sorriderà. «Non importa.» Questo non è un ordine, è una richiesta, e Luke può decidere se vuole dimostrare quello che ha imparato oppure no.

Qualche minuto dopo la mamma dice: «Luke, se vuoi puoi portare qui i tuoi giocattoli e giocare, senza fare confusione, o se preferisci puoi andare nella tua stanza». In questo caso Laura lo lascia scegliere, ma si tratta pur sempre di un ordine. Poi aggiunge: «Va bene?». Se il bambino obietta, lei lo avvicina a sé con affetto, lo guarda negli occhi, gli ripete le due alternative e aggiunge: «Lizzie e io dobbiamo parlare di cose da adulti».

Cosa c'entra tutto questo con le faccende? Queste sono le prime occasioni in cui Luke, che ha solo tre anni, può mettere in pratica quello che sa fare per contribuire all'unità della famiglia e del gruppo.

Dopo che Lizzie se n'è andata, a Luke vengono dati altri piccoli incarichi. Lui e la mamma escono per fare delle commissioni. «Luke, non ce la faccio a portare tutto. Prendi questa borsa.» Questo è un ordine. La borsa è piccola e leggera, e Luke dimostra ancora una volta di saper fare quello che gli viene chiesto. Si tratta di un compito adatto a un bambino di tre anni. Mentre la mamma sistema i sacchetti, fa in modo che Luke senta quello che gli dice: «Sei proprio un bravo aiutante». Poi, una volta in cucina, comincia a mettere via la spesa. «Luke, porta la carta igienica in bagno.» Anche questo è un ordine. «Luke, hai voglia di staccare gli acini dal grappolo e metterli in questa terrina?» Questa, invece, è una richiesta. Luke può decidere se farlo oppure no. Qualunque scelta andrà bene.

«Luke, papà tornerà presto. Controlla che i tuoi giocattoli siano al loro posto. Chiamami, se ti serve aiuto.» Un altro ordine.

È quasi ora di cena. «Luke, ti andrebbe di portare i tovaglioli in tavola?» Luke può decidere se rispondere sì o no alla richiesta della mamma.

Avrete notato che Laura dà un solo ordine o fa una sola richiesta per volta. Non bisogna dimenticare che a tre anni il bambino è ancora molto piccolo, e per lui è più facile riuscire a portare a termine ciò che gli viene chiesto se gli viene affidato un compito alla volta. Quando sarà un po' più grande, potrete chiedergli due cose contemporaneamente: «Alza due dita. Voglio che tu faccia due cose.» E mentre gli spiegate cosa deve fare toccherete un dito alla volta.

«Ma è ancora così piccolo!» potrebbe obiettare qualcuno, «questo è sfruttamento minorile.» Dopo il periodo oscuro in cui i nostri bambini lavoravano molte ore in fabbrica senza nessuna sicurezza, il lavoro minorile è stato definito illegale, ed è giusto che sia così. Questo, però, non significa che i bambini non devono fare nulla. Dalla ricerca di Rossman emerge che il fatto di svolgere alcuni semplici incarichi offre al bambino la possibilità di sviluppare delle competenze e di acquisire fiducia in se stesso.

Lassù, sulle Ande

Quando Jean andò a visitare alcuni villaggi delle Ande, in Bolivia, notò che non c'erano ragazze. C'erano ragazzi, c'erano uomini e donne, e tutti portavano qualcosa nelle tipiche fasce di stoffa colorata avvolte intorno alle spalle. Quando chiese all'antropologo californiano che viveva da due anni con gli Amyra come mai non ci fossero ragazze, lui sorrise.

Quando la bambina fa i primi passi, la famiglia festeggia. Le avvolgono le spalle con una fascia di stoffa colorata e ci mettono dentro un oggetto leggero, per esempio una patata. A poco a poco lei impara a mantenere l'equilibrio con un peso sulle spalle, perché dovrà continuare a farlo per tutta la vita. Quando compie tre anni, le è permesso trasportare un neonato per una parte della giornata. A quattro anni, impara a prendersi cura di un animale, per esempio un maiale o una capra (che sono par-

te delle fonti di sostentamento della famiglia). A cinque anni, comincia a far pascolare un piccolo gregge vicino a casa, insieme a una ragazza più grande. Ben presto avrà la responsabilità di un gregge e lo porterà al pascolo dalle dieci di mattina alle sei del pomeriggio tutti i giorni della settimana, fino all'età di tredici anni, in alcuni villaggi, e fino a quindici anni in altri. Poi comincerà a frequentare la scuola.

Jean era esterrefatta! Questo si chiama sfruttamento. Come fanno i bambini a imparare i loro compiti di sviluppo, se trascorrono tutto il giorno insieme agli animali? Poi osservò le donne del villaggio. Sembravano sane, e la maggior parte di loro avevano sul viso i segni lasciati dal sorriso. Anche i ragazzi lavoravano. Sulle strisce di terra rocciosa e povera che pareva abbarbicata alle montagne, queste persone riuscivano a sopravvivere dove lei, una ragazza cresciuta in una fattoria del Midwest, probabilmente non sarebbe mai riuscita.

Lavoro infantile? Sì. Sfruttamento? Decidete voi. Forse questi robusti *campesinos* pretendono troppo dai loro figli di tre anni, e forse noi pretendiamo troppo poco. O forse noi, come loro, prepariamo i nostri figli a vivere nella nostra cultura. Loro allevano produttori e noi consumatori? È questo che vogliamo?

Un anno in più, un incarico in più

Quando crescono, i bambini continuano ad aver bisogno di ricevere ordini non discutibili, ma spesso sono sufficienti semplici messaggi in codice.

Kiesen, sei anni, ha trascorso la notte a casa della nonna insieme a un amico. Il papà va a prenderli, si ferma un po' a chiacchierare con la nonna, poi dice: «Kiesen, Isaac, in sella!». Si tratta di un ordine. I bambini mettono nello zaino i giochi e i vestiti, si infilano la giacca e si presentano davanti alla porta. «Avete messo via tutti i giocattoli? Avete preso i vostri vestiti? [un compito adatto a un bambino di sei anni] Avete ringraziato la nonna?». Una richiesta e un invito.

Troppo bello per essere vero? Qualche volta i bambini si lamentano, ma il più delle volte funziona. Come mai? Perché il comando «In sella!» del papà non è mai stato negoziabile. È una cosa molto bella e rassicurante avere un papà che ha il polso della situazione.

Man mano che crescono e acquisiscono competenze, i bambini cominciano a fare le cose anche senza che qualcuno glielo chieda.

A un incontro di famiglia, quando Glenna aveva due anni, il nonno si fece male al ginocchio e dovette farsi fare degli impacchi freddi, applicando il ghiaccio a intervalli di quindici minuti. Glenna osservò le sue cugine più grandi rispettare rigorosamente gli orari della medicazione, riportando il ghiaccio usato in freezer e portando quello nuovo. Quando le ragazze tornarono a casa Glenna, che aveva osservato attentamente, rifece quello che aveva visto fare da loro con perfetta efficienza, rendendosi utile al resto della famiglia.

L'insegnamento di determinati compiti in genere si svolge in diverse fasi. A tre anni, Luke poteva scegliere se portare i tovaglioli in tavola oppure no. Ben presto, oltre ai tovaglioli, comincerà a portare anche le posate (quando potrà portare anche i piatti dipenderà dalla reazione dei suoi genitori di fronte a qualche inevitabile coccio rotto...). A sei anni, Luke sarà in grado di apparecchiare la tavola. Qualche volta i bambini lasciano gli adulti un passo indietro e acquisiscono competenze senza che i grandi se ne accorgano. Il nonno di Luke, per esempio, è rimasto due passi indietro rispetto al nipotino di cinque anni. Mentre stanno giocando insieme, il nonno annuncia. «Ora continua a giocare da solo. Io vado a preparare la cena». Luke balza in piedi e dice: «Ti aiuto!», e arriva in cucina prima del nonno. Nel tempo che occorre al nonno per prendere dal frigorifero le cose che servono, la tavola è già apparecchiata. Attento, nonno!

Quando i bambini raggiungono l'età della scuola media, possiamo dare loro diversi ordini contemporaneamente. «Ci sono molte cose che devi fare. Pensi di riuscire a ricordarle, o vuoi che facciamo una lista?»

Nessun incarico, nessun servizio, nessun divertimento

«Jack, questo mese tocca a te apparecchiare la tavola. Questo vuol dire che deve essere pronta per le sei.» A Jack è stato insegnato come preparare la tavola. Mancano cinque minuti alle sei, ma Jack non si è ancora mosso. «Jack, per favore va' ad apparecchiare» dice la mamma. Lui brontola un po', poi fa quello che gli è stato chiesto.

Nessuna insistenza,[4] *nessuna supplica, nessuno che apparecchia al posto suo, mettendolo a disagio.*

La sera dopo succede la stessa cosa, ma questa volta la mamma aggiunge: «Tesoro, domani sera non ti dirò nulla. Aspetterò che sia tu a ricordartene». La sera successiva Jack se ne "dimentica" ancora. Quando viene chiamato per la cena, la tavola è già apparecchiata, e la mamma gli dice in tono calmo che ora è in debito con lei perché ha apparecchiato al posto suo. Poi fa scegliere a Jack fra alcune cose che sicuramente Jack non farebbe volentieri, ma questo servirà a ripagarla del suo tempo e dei suoi sforzi.

L'autrice Delores Curran dice: «Nessun incarico, nessun divertimento». In altre parole: bambino mio, se tu non fai un servizio per gli altri, nemmeno gli altri faranno un servizio per te. La vita è una strada a due corsie. Una mamma ci ha raccontato: «Spesso mi accusano di corruzione o amore condizionato, ma io rispondo che è la reciprocità a far girare il mondo».

Gli autori Foster Cline e Jim Fay offrono degli spunti di riflessione su alcuni possibili comportamenti genitoriali, alcuni dei quali sono efficaci, altri no, e suggeriscono dei provvedimenti pratici e sensati. Ecco che cosa pensano sull'importanza di avere dei compiti precisi:

> Una delle cose più difficili è riuscire a ottenere che le cose vengano fatte entro gli orari stabiliti. Alcuni genitori saggi stabiliscono un limite temporale con frasi come «prima che ci sediamo a tavola», oppure «prima che ti accompagni alla partita di calcio (o al corso di nuoto, o a casa del tuo amico)». In questo modo i bambini sanno sempre quali sono le regole fondamentali.

Giocare al rialzo

Cecilia è stata adottata, dopo aver vissuto in una situazione di disordine e abbandono dalla nascita fino all'età di tre anni. La sua storia dimostra la relazione fra il fatto di avere dei doveri e l'apprendimento delle competenze necessarie. Cecilia e la sua nuova famiglia stanno attraversando un periodo burrascoso, e i suoi genitori hanno deciso di farsi aiutare da un consulente familiare.

Il consulente suggerisce alla mamma di chiedere a Cecilia, che ormai ha tredici anni e si è sempre rifiutata di dare una mano nelle faccende di casa, di lavare i piatti. Sul volto della donna si dipinge il terrore.

«Lei non lava i piatti.»

«Le ha chiesto di farlo?»

«Sì, e non lo farà neanche questa volta» risponde la mamma.

La donna temeva che quella richiesta avrebbe portato all'ennesima discussione. Mossa dalle migliori intenzioni, la donna pensava che fosse compito suo cercare di convincere Cecilia ad accettare i suoi doveri senza lamentarsi, compito che Cecilia faceva puntualmente fallire.

«È disposta a fare un tentativo?» chiede il consulente. La mamma risponde con un cenno di assenso. «Ora che avete finito di cenare e i piatti sono nel lavandino, vada di sopra da Cecilia e le dica in tono deciso, ma senza alzare la voce e senza rabbia: "Cecilia, ora vieni giù e lava i piatti, per favore". Poi si volti e se ne vada.» La donna esita. «Credo che funzionerà» dice il consulente. «Non rimanga lì ad aspettare il suo rifiuto.»

La donna fa come le è stato detto, poi raggiunge il consulente, che la sta aspettando in cucina. Il suo sguardo è apprensivo, quasi timoroso. Inaspettatamente, meno di un minuto dopo, Cecilia entra nella stanza con aria remissiva, anche se non felice, e si avvicina al lavandino. «Be', cosa devo fare?»

Fino a quel momento, Cecilia non aveva imparato nemmeno i rudimenti di come si contribuisce alla vita di famiglia e, fra le altre cose, non sapeva come si lavano i piatti. Un disastro.

Probabilmente starete pensando: «Non è così semplice!». È vero. Se un bambino impara a ottenere ciò che vuole tramite la manipolazione e le minacce, la famiglia ne pagherà le conseguenze. Cambiare le cose a tredici anni richiede più perseveranza di quanta non ne richieda intervenire a due, tre o quattro anni.[5]

E se si rifiuta di collaborare?

Se Cecilia decide di non obbedire alla richiesta della mamma, la donna può scegliere fra varie opzioni. Con alcuni bambini potrebbe essere necessario usarle tutte.

- La mamma potrebbe interrompere qualunque tipo di servizio nei confronti di Cecilia, e lei non troverà il suo posto apparecchiato all'ora di cena. Il papà, con voce decisa e in poche parole, indicherà un posto apparecchiato sul pianale della cucina, e dirà: «Quello è per te. Se vuoi puoi unirti a noi». Dopo aver mangiato, qualcuno chiederà a Cecilia di aiutare a lavare i piatti. Se lei si rifiuterà, i suoi piatti verranno raccolti, impilati, e messi da parte per il giorno dopo. I genitori devono cercare di mantenere la calma, e a questo punto sarà Cecilia a dover decidere che cosa fare.

- Cecilia otterrà un rifiuto alla richiesta di essere accompagnata a casa di un amico, o di ricevere questo o quel regalo, e nella dispensa non troverà più le cose che le piacciono tanto. Il tutto deve svolgersi come una normale routine. Senza rabbia, senza rancore.
- Si potrà discutere di quali compiti devono essere svolti e quando, ricordando che l'ultima parola spetta agli adulti.
- I provvedimenti da adottare dovranno essere stabiliti di comune accordo fra i genitori. Non dimenticate come funziona il mondo reale: niente lavoro, niente stipendio; niente semina, niente raccolto. Cercate di mantenere l'equilibrio fra il dare e l'avere.

Se il bambino si rifiuta di fare la sua parte, deve essere scoraggiato in modo deciso, non soltanto ignorandolo o punendolo, ma impedendogli di godere dei frutti del contributo degli altri membri della famiglia. Probabilmente piangerà, e chiederà perché è costretto a lavorare. La risposta sarà sempre la stessa: «Perché tu fai parte di questa famiglia, e i membri di una famiglia si aiutano l'un l'altro e stanno insieme». Non occorrono altre spiegazioni.

Vale la pena spendere una parola sulla differenza fra scoraggiare in modo deciso e punire. In entrambi i casi si può ottenere un cambiamento provocando disagio. Scoraggiare è un modo concreto di non adattarsi al comportamento irrispettoso o irresponsabile dell'altro. Significa mandare un messaggio del tipo "noi non siamo i tuoi servi, e ci aspettiamo qualcosa in cambio da te". La vita non è una strada ampia e senza ostacoli, nella quale l'unica persona che conta sei tu. La punizione, invece, mira a imprimere un cambiamento sottraendo qualcosa, oppure infliggendo dolore, e può portare il bambino a diventare più ambiguo e scaltro, in un modo che non gli farà bene.

Vostro figlio può scegliere se portare a termine i suoi doveri con uno spirito positivo o negativo. Sarebbe un peccato se decidesse di affrontarli con un atteggiamento disfattista, ma su questo non potete intervenire. Vostro figlio si sta preparando a tutte le volte in cui nella sua vita potrà scegliere se vedere le cose in modo negativo oppure no.

La doppia formula magica potrebbe essere: *mettilo di fronte a delle scelte, in modo che possa decidere*, e anche *evita il più possibile le lotte per avere il controllo*. Se decidete di iniziare una battaglia con lui, preparatevi a perseverare. La vostra costanza vi premierà. Sarete meglio disposti verso di lui, e lui avrà più fiducia in voi e in se stesso.[6]

L'importanza di contribuire

Prima vostro figlio capisce che è in grado di dare un contributo significativo con le sue buone capacità, meglio è per lui. Prima impara che il lavoro non è solo un peso o un'imposizione fastidiosa, meglio è per lui.

A causa della sua pericolosissima allergia alle noci, spesso Mandi veniva ricoverata d'urgenza al pronto soccorso. Suo fratello maggiore, Peter, era in grado di prendersi cura di Paul, il fratellino più piccolo, e apparentemente i due bambini non davano molta importanza a questi improvvisi ricoveri.

Quando i due ragazzi furono cresciuti, la mamma chiese loro: «Che cosa facevate? Che ricordo avete?». Pete ci pensò un po', poi disse: «Be', è facile. Sapevamo che tu avevi bisogno di aiuto, e noi non ci preoccupavamo perché andava sempre a finire bene. Ma quando tornavi a casa, ti infuriavi con noi se la casa era in disordine. Probabilmente era lo stress». (Non è una reazione strana per un genitore che deve correre in ospedale per salvare la vita di suo figlio!) «Cercavamo di capire che cosa ti preoccupava, mettevamo in ordine in fretta, poi accendevamo la TV e guardavamo i programmi che non avremmo potuto vedere.»

Due membri della famiglia che danno il loro contributo, un'ottima capacità di cavarsela da soli, una ricompensa proibita. Ragazzi scaltri e generosi.

Alcuni anni dopo, durante un incontro di famiglia, la mamma sentì i suoi due figli parlare dei rispettivi posti di lavoro e del timore di dover avere a che fare con collaboratori e supervisori che non avevano competenze nella manutenzione dei giardini. «Non capisco come facciano a non saper fare certe cose» si lamentò uno dei due. «Sono cose che devono imparare a casa loro, non nel mio negozio!»

Già, è essenziale saper fare certe cose. Voi state insegnando ai vostri figli a essere persone competenti?

E se non c'è nulla da fare?

Se la vostra vita familiare è strutturata in modo che non resta praticamente niente da fare, che compiti potete affidare ai vostri figli? Ecco alcune idee.

- Se i corridoi e i saloni sono puliti dai servizi generali dell'edificio, una volta al giorno vostro figlio più grande potrebbe fare il giro dell'isolato con un sacchetto di plastica per raccogliere la spazzatura.
- Se tutti pasti vengono preparati dal cuoco, se mangiate sempre fuori, oppure ordinate al take-away, potreste organizzare almeno un pasto alla settimana con il preciso scopo di insegnare a vostro figlio a cucinare.
- Se tutta la biancheria viene portata in tintoria, potete insegnare a vostro figlio a riporre gli indumenti puliti, e qualche volta potreste mostrargli l'intero processo in una lavanderia self-service.
- Se in casa vostra gli animali non sono ammessi, perché non prendere in considerazione un acquario?
- Se non c'è un giardino di cui occuparsi, cosa ne dite di alcune piante da appartamento, o di fiori freschi che vostro figlio dovrà mettere nel vaso, ai quali dovrà cambiare l'acqua, e che dovrà buttare quando sono appassiti?
- Se vivete in un ambiente piccolo, un compito per tutti i giorni potrebbe essere quello di mettere a posto i giochi e riordinare. Se la casa è grande, potete inventare un "grande gioco", nel quale i giocattoli vengono portati nelle varie stanze, per esempio per un viaggio. Alla fine del gioco, però, bisogna rimettere tutto a posto.

- Se dovete scrivere un messaggio di ringraziamento, invece di usare l'e-mail potreste usare dei collage o dei disegni.
- Se avete del personale di servizio che si occupa di fare le pulizie in tutta la casa, al ragazzo che frequenta le medie o le scuole superiori verrà insegnato come si fa, con la supervisione di un adulto. Ogni settimana una stanza diversa, tutti i mesi. Perché? «Perché tutti devono sapere cosa bisogna fare per tenere in ordine una casa, ed è nostro compito fare in modo che tu impari a farlo.»
  «Ma non voglio, e poi non ho tempo.»
  «Lo so, è per questo che ho organizzato per domenica alle cinque. Dimmi quando hai finito, così vengo a controllare. Se hai bisogno di aiuto, chiamami.»
- Se vostro figlio è piuttosto bravo a navigare in rete, una volta alla settimana o più spesso aiuterà a cercare qualcosa che serve a un altro membro della famiglia.

Credete che chi non ha nessun incarico sia fortunato? Forse nell'immediato, ma non alla lunga. È vostro dovere fare in modo che vostro figlio abbia dei compiti precisi, che li svolga regolarmente e seguendo delle regole. Lo ricompenserete con un grazie, non con gratifiche particolari, perché contribuire alla gestione della casa è una parte essenziale dell'educazione del bambino ed è un contributo prezioso per la famiglia.

* * *

Le faccende domestiche insegnano la responsabilità,
e questo aiuta il bambino di oggi
ad avere successo nella vita adulta.

MARTY ROSSMAN

17

Non c'è bisogno che tu lo faccia

Quando ero bambino, da me non ci si aspettava che acquisissi le stesse abilità degli altri bambini

Tutte le cose sono difficili
prima di diventare facili.
THOMAS FULLER

Quando i giovani elefanti maschi separati dal gruppo d'origine e trapiantati in una lontana riserva cominciarono a raggiungere la maturità sessuale, terrorizzarono i turisti con il loro comportamento aggressivo e il loro impeto distruttivo. Le loro avance sessuali venivano respinte dalle femmine più grandi, così i giovani maschi si accoppiarono con i rinoceronti bianchi, uccidendone molti.

Le guardie del parco avanzarono l'ipotesi che alcuni maschi avessero sviluppato il desiderio sessuale dieci anni prima del normale perché non avevano l'esempio di elefanti più grandi che insegnassero loro ruoli e comportamenti. L'aggressività dei giovani maschi si placò dopo che nel gruppo fu introdotta una mezza dozzina di elefanti adulti, che insegnarono loro come comportarsi.[1]

Questi giovani elefanti sono un classico esempio di cattivo comportamento dovuto alla mancanza di competenze. Per dirla con le parole di un ragazzino, «non sapevano in che altro modo comportarsi». È ovvio. In natura, i mammiferi più grandi insegnano ai loro cuccioli tutto quello che devono sapere per essere competenti e responsabili all'interno del proprio gruppo, cioè a prendersi cura di sé e a soddisfare i propri bisogni, a essere responsabili verso gli altri e delle proprie relazioni con gli altri, e ad apprendere tutto ciò che serve per essere e sentirsi competenti.

Le conseguenze dell'incompetenza

Gli adulti trattati con eccessiva indulgenza[2] hanno riferito che non sapevano fare cose che gli altri bambini della loro età erano in grado di fare. Alcuni se ne vergognavano ed evitavano di mettersi in situazioni nelle quali gli altri avrebbero notato la loro incompetenza. Altri ancora reagivano con spavalderia, sperando che nessuno si accorgesse che in realtà non sapevano che cosa fare, o che non erano in grado di portare termine ciò che gli altri si aspettavano da loro.

Ma che cosa non sapevano fare? La risposta varia da persona a persona. Uno di loro ha detto: «Non è piacevole trovarsi di fronte a qualcosa che non sai nemmeno di non saper fare, mentre hai sempre pensato che te la saresti cavata egregiamente».

Per esempio, rimanendo nell'ambito delle faccende domestiche, le parole di Amanda sono molto eloquenti:

> *Ho avuto un'infanzia perfetta. Mia mamma ha sempre fatto tutto, io non ho mai dovuto alzare un dito. Adesso ho due bambini e non so cucinare né pulire, e per questo mio marito e io litighiamo in continuazione. Devo imparare adesso.*

Nell'ambito delle relazioni:

> *Provate a immaginare di essere Kevin, che all'età di ventidue anni non ha la più pallida idea di come relazionarsi con i suoi colleghi di lavoro. Anche se in genere ottiene il lavoro che vuole, non è capace di ascoltare e tenere conto dei sentimenti degli altri, così si dimette o viene licenziato in continuazione.*

Nell'ambito della gestione del denaro:

> *Chloe, che ha accumulato un debito di 25.000 dollari con la banca, si lamenta con un amico: «Spiegami come fai a decidere cosa comprare e cosa no. A me piacciono le cose belle, ma devo tenere sotto controllo le spese e non so come fare».*

Questi tre esempi ci ricordano che il fatto di sentirsi competenti deriva dalla fiducia nelle proprie capacità di saper gestire le situazioni della vita.

Gli effetti indesiderati delle competenze non apprese

Gli esempi di disturbi comportamentali riportati qui di seguito, riferiti da adulti trattati con troppa indulgenza durante l'infanzia, sono legati al fatto che da loro non è stato preteso che imparassero a fare le stesse cose che gli altri bambini sapevano fare. Vengono definiti disturbi perché vanno oltre il «non sapevo come fare». Si tratta di veri e propri giudizi di autodeprecazione del proprio valore.[3]

- «Se non sono capace di fare quello che fanno gli altri, significa che sono una persona debole.»
- «Se non si è in grado di fare bene una cosa, tanto vale non farla affatto.»
- «Sbagliare in parte equivale a un fallimento completo.»
- «Fare delle domande mi fa sentire stupido.»

Alexis si sentiva interiormente "molle". Ogni tanto credeva persino di essere "falsa". Era piena di insicurezze.

Quando era bambina, i suoi genitori e i nonni facevano qualunque cosa per lei, così non apprese molte delle cose che i suoi amici sapevano fare. In compenso imparò molto bene a fingere. Diventata adulta, si presentava così bene ai colloqui di lavoro che veniva assunta in posizioni decisamente al di sopra delle sue capacità. La sua sensazione di inadeguatezza era costantemente rafforzata dal fatto di dover per forza dimostrare di essere in gamba, per paura che gli altri scoprissero che in realtà era una bugiarda. A quarantadue anni crollò ed entrò in terapia.

Gli adulti che hanno cresciuto Alexis avrebbero dovuto indirizzare le loro buone intenzioni verso un altro scopo, cioè incoraggiarla a diventare responsabile e relazionarsi con gli altri. Sicuramente sarebbe stata capace di affrontare le situazioni che la vita presenta con più sicurezza e meno timore, e avrebbe senz'altro ottenuto ciò che i suoi nonni e i suoi genitori avevano sperato per lei.

Il momento giusto è adesso

Il momento di insegnare qualcosa a un bambino è quando lui mostra interesse ed è pronto a imparare. Spesso questo avviene quando si accorge che gli serve qualcosa, o si rende conto di essere limitato nelle sue azioni. È possibile che vostro figlio sia interessato e motivato, ma è necessario che abbia anche le capacità fisiche, intellettuali ed emotive per portare a termine un determinato compito. Deve essere in grado di farlo. Se a vostro figlio mancano l'interesse o la motivazione a imparare, dovete dirgli: «È ora che impari...». Evidentemente ha bisogno di essere pungolato.

Un bambino che viene spinto ad apprendere competenze che vanno oltre il suo interesse e le sue capacità potrebbe ribellarsi o rifiutarsi di imparare. Un bambino al quale viene impedito di imparare perché gli altri fanno al suo posto cose che dovrebbe essere lui a fare non sarà capace di imparare dalle conseguenze delle proprie scelte, e rischia di condurre una vita difficile o al di sotto delle sue possibilità.

Ecco come si fa

I bambini sono "programmati" per imparare e noi siamo i loro insegnanti. Ma come si fa? Sorprendentemente, proprio nel momento in cui ci sentiamo più incapaci, quando ci ritroviamo per la prima volta a casa da soli con un neonato fra le braccia, e pensiamo "Aiuto! E adesso cosa faccio?", in quel momento scopriamo di avere delle capacità innate che ci permetteranno di prenderci cura del bambino. Ci ritroveremo a fissare il suo faccino, a guardare i suoi occhi, e automaticamente sapremo aiutarlo a imparare a conoscere le altre persone e la nostra lingua. A quel punto, in modo altrettanto automatico, cominceremo a parlare con quella voce cantilenante che lo aiuterà a distinguere i suoni che appartengono solo alla sua lingua madre. Alcuni mesi prima di cominciare a parlare saprà riconoscere il linguaggio del suo popolo. Come avviene questo apprendimento? Nel libro *Tuo figlio è un genio* (Baldini, Castoldi Dalai, Milano 2000), Alison Gopnik e i suoi collaboratori illustrano questo processo e spiegano come nel neonato e nel bambino ogni interazione stimoli la crescita cerebrale. Vi raccomandiamo di leggere questo libro affascinante. Quando il bambino sarà più grande, spezzeremo i compiti di apprendimento in segmenti ben definiti e monitorabili. Non dobbiamo dimenticare che l'atteggiamento dell'adulto verso il progetto di apprendimento può essere un forte stimolo o un deterrente allo sviluppo del bambino. Provate a leggere l'esperienza di Charity e di sua nonna.

Charity, sei anni, aveva imparato in fretta come si fa a cucire una coperta patchwork. Guardò la nonna, che le aveva insegnato le basi dell'arte di cucire, e le disse: «Ti piace davvero tanto, vero nonna?». La donna, che si era sempre dedicata con passione al suo hobby ma non l'aveva mai vista in quel modo, guardò la bambina negli occhi: «Sì, Charity, mi piace davvero tanto cucire. All'inizio non mi dava soddisfazione perché nessuno mi aveva insegnato come si fa, e facevo un mucchio di errori. Ora che ho imparato, non posso farne a meno». Charity osservò il quadrato di stoffa che la nonna stava tagliando. «Quand'è che posso cominciare a tagliare anch'io?»

«Quando avrai imparato a tagliare lungo una linea tracciata su uno scarto di stoffa.»

«Dov'è lo scarto di stoffa? Ti ho osservata mentre tagliavi.»

Come posso aiutarti a imparare, bambino mio?

Successivamente, quando ci sentiamo molto più sicuri di noi rispetto al modo di insegnare le cose al bambino, diventato più grande, potremmo non essere altrettanto fortunati. Alcuni di noi hanno delle doti di insegnamento naturali. Istintivamente, ognuno di noi cerca di insegnare al bambino il metodo di apprendimento più accessibile per lui, ma molti di noi tendono ad affidarsi al proprio, senza soffermarsi a osservare e cercare di capire qual è il modo migliore di imparare per lui.

Mary chiese a sua figlia Lissa di dieci anni di preparare delle focaccine dolci per un ospite. La ragazzina rimase esterrefatta. «Ma mamma, non so come si fa.»

«Certo che lo sai, mi hai visto farlo decine di volte.»

«Sì, mamma, ma non mi hai mai spiegato che cosa stavi facendo.»

Lissa ha bisogno di ascoltare per imparare. Guardare va bene, ma per memorizzare le varie fasi ha bisogno di sentire mentre vengono impartite le istruzioni.

Ward, al contrario, impara meglio osservando. Suo papà si lamenta: «Gli spiego e gli rispiego, ma lui non risponde. Quando mi ricordo di preparagli una lista, in genere fa quello che gli ho chiesto».

Ward ha bisogno di una lista, di un biglietto o di un post-it sul frigorifero. Probabilmente, quando diventerà papà avrà cura di leggere attentamente le istruzioni, piuttosto di sbagliare a montare il passeggino «che si monta in due mosse».

Dick, invece, non impara una cosa finché non l'ha fatta con le sue mani. Sua madre, al contrario, comincia qualunque nuovo progetto con una visita in biblioteca. Lei impara più facilmente osservando. Prima di capire la profonda differenza che c'è fra loro, madre e figlio si sono scontrati un mucchio di volte. Ora ci ridono sopra.

Prima di insegnare una cosa qualunque a un bambino, prima dovreste chiedervi:

- È meglio se glielo spiego?
- Oppure dovrei mostrargli come si fa?
- O forse dovrei farlo insieme a lui?

Se siete indecisi, fatte tutte e tre le cose. In ogni caso, se vi trovate di fronte a più di un bambino, usate tutti e tre i metodi contemporaneamente.

È saggio osservare come i bambini sviluppano una preferenza per metodo di apprendimento quando hanno il quadro d'insieme. «Questi frammenti di informazioni per me non hanno alcun senso fino a quando non li metto insieme.» Alcuni bambini, invece, preferiscono che gli venga spiegata ogni singola fase, e sono loro a immaginare il risultato finale. «Io odio quando parla per ore del prodotto finale. Detesto tutto quel bla bla bla.» Offrite al bambino diverse alternative, e osservate. Man mano che vostro figlio cresce, incoraggiatelo ad assimilare il suo metodo di apprendimento meno preferito. Alcuni insegnanti e la maggior parte dei datori di lavoro sono all'oscuro delle preferenze relative ai diversi metodi di apprendimento, così gli adulti possono dimostrare di essere più forti se riescono ad imparare in vari modi.

Probabilmente, il modo migliore di insegnare a fare una cosa è essere i primi a farla con amore. Benjamin Bloom, nel suo libro *Developing Talent in Young People,* descrive i tre tipi di insegnanti migliori emersi dal suo studio. Il primo aiuta lo studente ad appassionarsi alla materia, dal baseball alla musica classica alla scienza nucleare. Il secondo insegna le regole base, il terzo fa da mentore. In questo ordine. Probabilmente, il modo peggiore per insegnare qualcosa è presentarla come un "compito odioso" o un "peso", o qualcosa che dobbiamo fare perché lui o lei ha detto di farlo, qualcosa da evitare o di cui liberarsi il prima possibile, in modo da poterci dedicare a quello che ci interessa davvero.

Vivere al di sopra o al di sotto degli standard e delle aspettative

Stabilire degli standard con l'aspettativa che vengano soddisfatti è una delle parti più difficili dello sviluppo delle competenze. Se non ci aspettiamo un comportamento di qualità dai nostri figli, loro tenderanno a vivere al di sotto delle nostre aspettative.

La storia che vi raccontiamo dimostra che il fatto di avere degli obiettivi inconsistenti da giovani ha delle conseguenze nella vita adulta.

> *«Mia figlia è così dotata» dice una mamma parlando della figlia venticinquenne. «Quando aveva quattordici anni, abbiamo creduto di fare la cosa giusta iscrivendola a una scuola alternativa. La filosofia della scuola era che il bambino impara ciò che gli serve quando si sente pronto. Il problema è che gli insegnanti ritenevano adeguato qualunque tipo di sforzo. Non stabilivano degli standard al quale il bambino doveva ambire. Quando mia figlia frequentava l'ultimo anno, le fu chiesto di scrivere una tesina di specializzazione. Il giorno in cui avrebbe dovuto consegnarla, disse che l'aveva incominciata, ma le mancava ancora molto per finirla. L'insegnante le disse: "Va bene, non preoccuparti". Credo che il messaggio che mia figlia ha ricevuto da quella scuola sia: "Se una cosa ti crea disagio, evitala". E se ci penso, credo che io e suo padre abbiamo fatto la nostra parte, cercando di renderle le cose più facili di quanto non lo fossero state per noi. A venticinque anni, mia figlia si chiede ancora: "Perché devo farlo, se richiede così tanta fatica?". Indietreggia di fronte a ogni ostacolo, e mi chiedo quanta della sua riluttanza sia dovuta al fatto che non abbiamo preteso di più da lei, e lei non si sente sicura di sé.»*

Test del 4

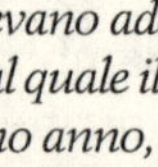

1. La ragazza della storia è stata sostenuta nell'apprendimento dei compiti di sviluppo dell'età delle scuole superiori? La scuola e i genitori non sembravano pretendere molto dal punto di vista dei risultati.
2. Ha assorbito una quantità eccessiva di risorse? Apparentemente no.

3. Per chi erano quegli standard così poco ambiziosi? Decidete voi.
4. È stato arrecato danno a qualcuno? Probabilmente non ad altre persone o all'ambiente.

Si tratta di un caso di eccessiva indulgenza? Siamo di fronte alla mancanza di competenze che i suoi coetanei avevano già acquisito? Se la risposta è sì, c'è stato un eccesso di indulgenza.

È vero che i bambini imparano quando sono pronti a farlo, ma hanno bisogno di essere stimolati e incoraggiati dagli adulti per sapere se stanno seguendo la strada giusta. Basta pensare al modo in cui ci si sente dopo aver fatto un lavoro scadente, e alla soddisfazione che si prova di fronte a una cosa ben fatta, di cui andare orgogliosi. L'adulto può insistere affinché il bambino faccia una cosa oppure, se è necessario, può stimolarlo a continuare a provarci, fino a quando potrà essere orgoglioso degli sforzi che ha fatto.

Ci sono molti modi per insegnare

- «Ora rimetto l'orsacchiotto al suo posto, sullo scaffale, in modo che non cada. Poi tu farai lo stesso con il camioncino.»
- «Mi ricordo di quando hai imparato a fare le uova strapazzate. Erano un disastro! Queste invece sono buonissime.»
- «Mi sembra che tu non ti stia esercitando al pianoforte quanto il tuo insegnante vorrebbe. Hai pensato a cosa fare? Fammi sapere cosa decidi. »
- «Grazie per aver pulito il bagno, hai fatto un ottimo lavoro. Ci sarebbe ancora una cosa da fare: portare gli asciugamani sporchi in lavanderia e mettere quelli puliti. Vieni, ti faccio vedere dove sono.»
- «Se la sera, quando finisci di fare i compiti, li lasci sul tavolino vicino alla porta, al mattino ti ricorderai più facilmente di prenderli.»
- «È arrivato il momento di comperare i vestiti per la scuola. Vediamo un po' quello che hai già e facciamo una lista, prima di andare ai grandi magazzini.»
- «Ehi, guarda un po'. Te la stai cavando molto meglio del solito!»

Per non dimenticare il dolore (l'imbarazzo, l'insicurezza) degli adulti che sono stati trattati con troppa indulgenza, riportiamo qui sotto alcune delle cose che hanno detto.

TESTIMONIANZE DIRETTE

TI È CAPITATO DI NON IMPARARE DELLE COSE CHE DA BAMBINO AVRESTI DOVUTO ESSERE IN GRADO DI FARE? FA' QUALCHE ESEMPIO.

✓ Occuparmi dell'igiene personale, come lavare i denti o cose del genere. Non ho imparato a cucinare, a pulire la casa, a prendermi cura delle mie cose, a eliminare le cose che non servono. Ho più paura che fiducia.

✓ Prendere coscienza della mie sensazioni, esprimere desideri o comunicare dei bisogni, ascoltare le necessità degli altri, trattare per ottenere qualcosa.

✓ Conoscere i miei limiti. Non so quando devo smettere e qualcun altro deve incominciare.

✓ Mi prendo così tanto a cuore i problemi degli altri che mi dimentico di me stesso. Mi faccio carico di cose che non hanno niente a che fare con me.

✓ Gestire il mio tempo e il mio denaro.

✓ L'eccesso di indulgenza mi ha tenuto vicino alla mia famiglia e lontano dagli altri. Non so come entrare a fare parte di un gruppo. Non sono capace di fare amicizia.

✓ Non ho imparato a dialogare con gli altri. Vi faccio un esempio: di cosa si parla in un gruppo eterogeneo di persone? Credo di aver imparato a litigare e ad avere l'ultima parola.

✓ Oltre a non aver imparato a stabilire dei limiti (dicendo di no), a volte mi sento totalmente incapace di socializzare, di comunicare, di creare intimità.

Prima di andare avanti, e ora che avete "ascoltato" le voci di alcune persone trattate in modo troppo condiscendente, riassumiamo ancora una volta i sette rischi di un comportamento eccessivamente indulgente.

1. Difficoltà a imparare come rimandare il momento della gratificazione.
2. Difficoltà a rinunciare a essere costantemente al centro dell'attenzione.
3. Difficoltà ad acquisire
4. la capacità di affrontare le situazioni quotidiane.
5. la capacità di prendersi cura di sé.
6. la capacità di relazionarsi con gli altri.

7. Difficoltà ad assumersi le proprie responsabilità.
8. Difficoltà a sviluppare una propria identità.
9. Difficoltà a capire quando è ora di dire basta.
10. Difficoltà a capire che cosa è normale per gli altri.

Potete usare questa lista per cercare di comprendere meglio il legame che c'è fra il fatto di non dover apprendere delle competenze e le difficoltà incontrate dalle persone trattate con eccessiva indulgenza. Quali di queste, secondo voi, sono maggiormente collegate alla mancanza di competenze?

* * *

Una promessa fatta è un debito non pagato,
e la strada da seguire ha un codice rigoroso.

ROBERT SERVICE,
The Cremation of Sam McGee

18

Basta regole!

Quando ero bambino, i miei genitori non dettavano regole o non pretendevano che io le seguissi

Ci siamo impegnati così duramente per rendere le cose migliori per i nostri figli che alla fine le abbiamo peggiorate.
PAUL HARVEY

«Nella nostra famiglia non servono regole» ci ha spiegato un genitore. «L'unica cosa che occorre sono delle linee guida. Le regole sono fastidiose, e noi siamo persone a modo.» Tutte fantasie! Le regole e la loro applicazione non devono essere necessariamente dure, ostili o temibili. Piuttosto, è più probabile che siano l'assenza di regole e l'eccesso di bonarietà a creare terrore. Certo, le regole devono essere sensate e fatte rispettare con fermezza. Servono a stabilire dei limiti, i confini che delimitano ciò che è sicuro e ciò che non lo è, ciò che è accettabile e ciò che è inaccettabile, sociale o antisociale.

Che cos'è una regola?

Una regola è "un principio o uno standard al quale un'azione deve conformarsi", recita il dizionario.

Le regole del codice stradale, quelle che valgono sul lavoro, a scuola, nello sport, le leggi della moda... la lista delle aree nelle quali esiste un insieme di regole che guida le scelte comportamentali è infinita. Le regole tracciano le linee che aiutano le famiglie, i club, i gruppi di lavoro, le comunità, le istituzioni e le società a operare a vantaggio dei membri e dell'unità nel suo insieme.

I bambini sono ansiosi di imparare le regole.

In genere si dice che una persona è in linea o non è in linea con qualcosa, nel senso che è al di qua o al di là dei limiti. Ci sono conseguenze positive o ricompense per chi osserva una regola (rispetta un limite), e conseguenze negative o punizioni per chi non le rispetta.

Le regole sono come le famiglie: sono fatte per educare, proteggere e tutelare i loro membri. La libertà rientra nei limiti imposti dalle regole.

Le regole del successo

Leggete qui di seguito le affermazioni di alcune persone che sono state educate in modo indulgente da bambini, a causa del fatto di non aver avuto regole o di non aver dovuto seguire quelle che c'erano:[1]

- «Se sbaglio qualcosa, è come se avessi fallito su tutta la linea.»
- «Se non ottengo sempre buoni risultati, non avrò il rispetto degli altri.»
- «Se non sei capace di far bene una cosa, forse è meglio che non la fai affatto.»
- «La mia felicità dipende più dalle altre persone di quanto non dipenda da me.»
- «Se qualcuno non è d'accordo con me, probabilmente vuol dire che non gli piaccio.»

Le regole non sono regole se non ci sono conseguenze

Una regola non può essere definita tale se la sua applicazione o inosservanza non ha conseguenze, positive o negative che siano. I bambini imparano dall'esperienza. Le ricompense per aver rispettato una regola rinforzano la capacità di apprendere del bambino, mentre consentirgli di sperimentare le conseguenze negative di un comportamento scorretto, e pretendere da lui delle scuse, l'ammissione dell'errore o una forma di compensazione, modificando il suo atteggiamento, significa offrirgli la possibilità di riflettere e di imparare.

Alcuni genitori credono che i propri figli si comporteranno istintivamente in modo positivo, senza la necessità di stabilire regole o conseguenze.

Jasmine, tre anni, si rifiuta di sedersi nel seggiolino del carrello del supermercato, e prende dagli scaffali le cose che vuole. Se la mamma dice di no e lei fa i capricci, la donna cede o le promette qualcos'altro. La mamma di Jasmine le ripete in continuazione di non toccare nulla e le dice di starle vicino, ma la bambina la ignora. Quando arrivano alla cassa, la donna è sfinita, mentre Jasmine sembra molto divertita.

Cosa c'è di sbagliato in questa situazione? Non ci sono conseguenze per Jasmine perché non ci sono regole, o perché quelle che ci sono non vengono fatte rispettare. L'adulto che continua a ripetere al bambino che cosa deve o non deve fare, senza pretendere da lui che obbedisca, non fa il suo bene. Senza rispetto, e senza una figura autoritaria di riferimento, come si comporterà Jasmine quando avrà quattordici anni? E diciotto? A quell'età, dovrebbe essere molto più responsabile, ma la responsabilità si acquisisce grazie a un rapporto con i genitori che richiede un comportamento consapevole. Valutiamo insieme il comportamento della mamma:

Le regole sono come le famiglie: sono fatte per educare, proteggere e tutelare i loro membri. La libertà rientra nei limiti imposti dalle regole.

«Jasmine, o sali sul carrello o andiamo subito a casa. Che cosa preferisci?» La mamma deve essere pronta a tornare a casa davvero, altrimenti non ha senso che lo dica. Se Jasmine non sceglie, il genitore deve decidere di riportarla a casa, subito e senza discussioni. Questo insegnerà alla bambina che la mamma sa far valere il suo ruolo, e sa che cosa è meglio per lei e per sua figlia.

Alcuni genitori hanno delle regole, ma quando è il momento di farle rispettare diventano permissivi.

Blake compra una macchina a suo figlio. La regola di Blake è: «Io te la compro, tu te ne prendi cura. Dopo quest'auto, ti dovrai arrangiare da solo». Il figlio di Blake la distrugge in un incidente, ma la famiglia vive a dieci chilometri dalla città, e non ci vuole molto prima che Blake sostituisca l'auto inutilizzabile, dicendo: «Mio figlio deve pur avere un mezzo per spostarsi». Quando il ragazzo distrugge anche la seconda macchina, Blake paga i danni e si lamenta con gli amici per le pessime condizioni della strada.

L'adulto che continua a ripetere al bambino che cosa deve o non deve fare, senza pretendere da lui che obbedisca, non fa il suo bene.

Nella situazione descritta non ci sono conseguenze. La regola c'è, ma i confini sono labili e vengono oltrepassati da un adulto, o forse, in questo caso, per comodità dell'adulto. Gli adulti che ci hanno confessato di essere stati trattati con eccessiva indulgenza da bambini hanno ammesso che non avevano fiducia nella capacità di giudizio dei propri genitori, perché sembravano non sapere che cosa fosse o non fosse giusto per loro.[2]

Regole labili e regole ferree

LABILE Il compito di storia deve essere composto da almeno cinque pagine, ma se è di quattro pagine il voto non viene abbassato.

FERREA Nel momento in cui il compito viene assegnato, l'insegnante spiega chiaramente quanti punti verranno detratti, e mantiene la sua promessa.

LABILE La riunione comincia alle sette in punto. Le comunicazioni importanti vengono fatte sempre all'inizio. Chi arriva tardi si informa su quello che è successo fino a quel momento, e il presidente perde dieci minuti per ripetere ciò che era già stato detto.

FERREA Le comunicazioni non vengono ripetute per chi non era lì ad ascoltare. «Siete pregati di chiedere a qualcuno dei presenti di aggiornarvi al termine della riunione.»

LABILE Il test di ortografia è martedì. Jonathan, dieci anni, non ha studiato e sbaglia a scrivere la maggior parte delle parole. Quando il papà vede il suo compito, non dice nulla e si rimette davanti al computer.

FERREA Il papà di Jonathan dice: «Spero che tu sappia come risolvere questo problema, Jon. Se hai bisogno di aiuto per trovare una soluzione, sarò felice di aiutarti».

LABILE «Per che ora devo essere a casa?» chiede Natalie, tredici anni. «Alle nove. Domani devi andare a scuola» risponde la mamma. Nessuna protesta, ma Natalie rincasa alle dieci. Sua madre non è in casa, e il giorno dopo Natalie dice ai suoi amici: «Tutto liscio, ragazzi, nessun problema».

FERREA La volta dopo, la mamma rimane a casa a controllare che venga rispettato il coprifuoco. Se non può restare a casa, organizza le cose diversamente, oppure dice a sua figlia che non può uscire affatto.

Le conseguenze per chi infrange le regole

Escludendo le pene corporali, il fatto che ci siano delle conseguenze per l'inosservanza delle regole permette al bambino di sperimentare gli effetti positivi o negativi delle sue azioni. Quando le conseguenze implicano un disagio emotivo, come la preoccupazione, il senso di colpa o il rimorso, lasciate che vostro figlio si assuma la responsabilità della sua scelta. Naturalmente è giusto anche che ottenga il riconoscimento che merita per una decisione saggia:

In casa di Aaron è sempre valsa la regola che bisogna vestirsi in base alle condizioni del tempo. Lui, però, che ha quattordici anni, pensa di essere più furbo. Suo padre lo accompagna insieme a un suo amico a una partita di calcio, organizzata dalla scuola per la fine dell'autunno. L'uomo si accorge che Aaron non ha la giacca, ma non dice nulla. A metà della partita Aaron trema per il freddo e corre sul posto per cercare di scaldarsi, ma anche in questo caso suo padre non dice nulla. Alla partita successiva Aaron si mette la giacca.

Ecco l'opinione di Diane Wagenhals, direttrice di un centro di consulenza per genitori, sull'importanza delle conseguenze delle proprie azioni:

Io credo che ci siano conseguenze negoziabili e non negoziabili. Sto cercando di incoraggiare i genitori a stabilire delle "conseguenze aperte", nel senso che i figli devono cercare di convincerli di avere imparato la lezione, di aver rimediato alle proprie azioni e di meritare di tornare alla vita di sempre. In questo modo, la classica frase: «Sei in castigo per una settimana» potrebbe essere sostituita da «Sei in castigo fino a quando non ne avremo parlato e tu non avrai trovato un rimedio che vada bene a entrambi, e avremo sistemato le cose. Devi anche convincermi di aver trovato il modo per evitare che questo succeda di nuovo. Quando mi avrai convinto, il castigo sarà sospeso. Quando sei pronto possiamo cominciare a parlarne». In questo modo il bambino si assume parte della responsabilità, e il genitore non è costretto a punirlo assumendo l'intera responsabilità della soluzione del problema.[3]

Se il bambino ha oltrepassato i limiti, è giusto che vengano presi provvedimenti, e che si fermi a riflettere sul modo per risolvere il problema e porre rimedio alla situazione che si è creata.

Quando il mancato rispetto delle regole compromette la fiducia

Dire che non ci fidiamo di qualcuno equivale a dire che non possiamo contare su di lui.

Savannah ha preparato e decorato con cura la torta per il compleanno di sua figlia. Sua sorella Hailey, che Savannah definisce, con un po' di risentimento, come quella che è stata trattata con troppa indulgenza, come la bambina speciale, quella che era preferita da tutti e trattata in modo diverso rispetto ai fratelli, si presenta mentre sta andando a un concerto e annuncia di non potersi fermare per la festa di compleanno. Vedendo la torta, Hailey chiede a Savannah se può prenderne una fetta da portare via.

«No» risponde Savannah, «almeno non prima di aver cantato "buon compleanno", e non prima che la festeggiata abbia tagliato la prima fetta.» Savannah esce dalla stanza, e quando torna si accorge che un pezzo della torta è sparito, insieme a sua sorella.

Savannah ha fatto la cosa giusta per sé e per gli altri, rifiutando di dare una fetta di torta a sua sorella fino al momento dei festeggiamenti. Il comportamento di Hailey dimostra che la donna non ha rispetto per Savannah, per la festeggiata e, in questo caso, per tutti gli altri, inclusa se stessa. Rispettare i limiti è fondamentale per conquistare e conservare la fiducia degli altri.

«I miei genitori mi ucciderebbero»: quando un genitore non è capace di mettere in pratica le conseguenze

Non c'è ragione per non stabilire delle regole negli ambiti in cui non siete direttamente a conoscenza del fatto che vostro figlio le abbia infrante. Questo vale soprattutto quando i figli cominciano a crescere. Alcuni studi hanno dimostrato che per i giovani il modo migliore per dire "no" all'uso di droghe è quello di affermare (e crederlo davvero) «I miei mi ucciderebbero». In altre parole, sanno che i genitori lo disapproverebbero e che ci sarebbero delle conseguenze. Conseguenze gravi.[4] Per i figli che conoscono i valori in cui credono i propri genitori, la conseguenza peggiore sarebbe la consapevolezza che mamma e papà sarebbero molto delusi a causa di un comportamento che ha danneggiato loro stessi gli altri.

Quando per vostro figlio arriva il momento di fare una scelta o prendere una decisione, le regole che gli avete insegnato e la voce delle persone che gli sono vicine che dice «Ti starò vicino se dirai di no alla droga. Ti farà male, e io ti voglio bene» potrebbe aiutarlo a fare la scelta giusta. Il messaggio di un genitore del tipo «Io mi aspetto che tu non beva una goccia d'alcol fino a quando non avrai compiuto ventun anni, cioè quando potrai decidere di farlo secondo la legge», presumibilmente renderà più ponderata la decisione di bere, rispetto al caso in cui non è stato dato alcun tipo di messaggio. Vostro figlio non dovrebbe mai sentire una frase come «Intanto tutti cominciano a bere prima di avere l'età per farlo», perché sarebbe un consenso implicito a fare qualcosa che è potenzialmente pericoloso, e questa è una cosa che un genitore non dovrebbe mai fare.

Se le regole della mamma sono diverse da quelle del papà

Tutte le volte che uscivano insieme, il papà comprava sempre le gomme da masticare dal distributore automatico. La mamma non era d'accordo, perché secondo lei i bambini avrebbero dovuto riceverle soltanto nelle occasioni speciali, oppure come ricompensa per qualcosa. Un giorno i bambini (rispettivamente di due e tre anni) insistono perché la mamma compri le gomme da masticare nel negozio in cui di solito vanno con il papà. La mamma risponde: «No, mi dispiace». I bambini replicano: «Ma papà ce le compra sempre». «La regola in casa nostra è che la mamma non le compra», risponde lei, e da quel giorno i bambini non gliele chiedono più.

Senza la regola non può esserci l'eccezione

Qualche volta concediamo a noi stessi e ai nostri figli di infrangere una regola. Sia l'adulto sia il bambino dovrebbero essere consapevoli del fatto che, in quell'occasione, la regola non è stata rispettata. «Stasera faremo uno strappo alla regola e leggeremo un'altra storia. Domani mattina possiamo dormire fino a tardi.» Infrangere le regole di proposito può far bene ai genitori e ai figli e non può essere considerato un eccesso di indulgenza, a condizione che non diventi un'abitudine. «Avere dei limiti non significa che bisogna dire di no al bambino a ogni sua richiesta.»[5]

L'importanza di lasciare che il bambino impari da solo

Per un genitore è normale desiderare che il proprio figlio non soffra, ma quando questo sentimento lo spinge ad agire, è opportuno che si chieda: si tratta di un problema mio o suo? Se il problema è del genitore, dovrà cercare di risolverlo. Se invece il problema è del bambino, il genitore dovrà mettersi da parte e lasciare che il bambino sopporti un'eventuale delusione, offrendogli l'opportunità di imparare. Questa delusione è il segnale che il bambino deve fare più attenzione. Se poi non riesce a risolvere il problema da solo, il genitore lo stimolerà a prendere provvedimenti, ma senza agire al posto suo.

Fred, diciassette anni, ha preso una multa per eccesso di velocità perché viaggiava a settanta chilometri orari in una zona in cui il limite è di cinquanta. I suoi compagni di scuola gli consigliano di contestare la multa. «Se non vuoi andare in quella scuola guida per imbranati, ti conviene fare qualcosa. Del resto, i rilevatori di velocità a volte sbagliano.»

Il giorno prestabilito, la mamma di Fred si prepara ad accompagnarlo in tribunale. Gli chiede come intende risolvere la situazione, e Fred le riferisce il suggerimento che ha ricevuto. «E tu credi che sia la cosa giusta da fare?» Il tono di voce della mamma lascia intuire chiaramente cosa pensa, ma in tribunale lascia che sia lui a parlare.

La vecchia aula è stipata da altre trenta coppie di genitori con i rispettivi figli che, come loro, rimangono per un'ora ad ascoltare la dura predica del giudice. Quando ha finito, l'ufficiale giudiziario chiama uno dopo l'altro gli adolescenti presenti, che vengono fatti uscire insieme ai genitori e fatti accomodare in un vecchio ufficio a vetrate che si trova dietro l'aula. Uno alla volta, i ragazzi in attesa sentono i suoni attutiti che pro-

vengono dall'ufficio del giudice: la voce dell'uomo, qualche volta la voce dell'adolescente convocato, ma, soprattutto, le voci dei genitori. E infine la pronuncia della "sentenza": sospensione della patente, ripetizione del corso alla scuola guida. Uno dopo l'altro, gli adolescenti affranti e i genitori agitati lasciano l'ufficio. Fred ha le mani sudate.

Quando arriva il suo turno, il giudice legge il verbale e lo guarda: «Questa è la migliore della giornata». La mamma di Fred vede balenare davanti agli occhi l'immagine di suo figlio che viene portato in prigione. Il giudice chiede al ragazzo: «È vero che hai oltrepassato i limiti di velocità sulla Hampshire Avenue?». «Sissignore.»

Il giudice continua in tono serio: «Bene». Poi aggiunge: «Oggi sei il primo ad ammetterlo. Supererai ancora il limite di velocità? Hai imparato la lezione?».

«Nossignore. E sissignore» rispose Fred, speranzoso.

«Bene, voglio crederti. Guida con prudenza, figliolo» e fa cenno verso la porta. Fred e la mamma escono in silenzio, prendono l'ascensore e lasciano l'edificio. Dopo aver percorso metà isolato, Fred si decide a parlare: «Credo che sia stata un'esperienza positiva, dopo tutto».

Fred ha infranto una regola che aveva delle conseguenze. Ha scelto di non sottrarsi alle sue responsabilità, e la mamma non si è intromessa, lasciando che imparasse la lezione.

I limiti personali sono regole stabilite per se stessi

Il fatto di porsi dei limiti, la capacità di decidere che cosa è giusto per noi e cosa non lo è non sono altro che la conseguenza del fatto di stabilire delle regole che servono a tutelare noi stessi, la nostra sicurezza e il nostro benessere emotivo. Molti di coloro che sono stati trattati con troppa indulgenza si sono lamentati del fatto di avere difficoltà a stabilire dei limiti e a rispettarli.

Un modo per stabilire qual è il nostro limite personale potrebbe essere cercare di dare una risposta a questa domanda: «Qual è il modo giusto per prendermi cura di me stesso?».

Una sera, Steph chiede a Brittany di fare colazione con lei la mattina seguente. «A che ora devo passare a prenderti?» chiede Steph. «Alle nove» risponde Brittany. Steph resta ammutolita. «Veramente io pensavo alle sette.»

Brittany trova Steph gradevole, ma alle sette è davvero troppo presto. Quel giorno ha una serie di riunioni, che inizieranno alle undici e andranno avanti fino alle dieci di sera. Pensando alla cosa migliore da fare per non stancarsi troppo, dice a Steph che non è disposta ad alzarsi così presto. «Cosa ne dici delle otto e mezzo?» propone. Steph accetta. «Va bene, passo a prenderti alle otto e mezzo».

Accettando di incontrare Steph alle otto e mezzo, Brittany ha negoziato, modificando in parte la propria regola, o il proprio limite, se preferite. Se avesse acconsentito a incontrare Steph alle sette, avrebbe infranto una regola, che era stata stabilita valutando quale fossa la cosa migliore per lei e per la sua salute. Se lo avesse fatto, probabilmente alla fine avrebbe provato del risentimento nei confronti della sua amica.

Ecco come un uomo di quarantatré anni ha descritto la sue difficoltà a porsi dei limiti personali:

Mia madre riteneva che fosse suo dovere mettere in ridicolo i suoi figli per indurli a ubbidire. Mio padre non dimostrava il suo affetto e si teneva a distanza da me, pensando che l'affetto della mamma fosse sufficiente. Per mantenere la disciplina, lei puntava molto sulla vergogna. C'erano sempre dei segreti fra noi. Credevo che fosse mio dovere non esprimere mai i miei sentimenti, temendo di perdere l'affetto dei miei genitori. Questo mi ha impedito di imparare a pormi dei limiti, ed è una cosa che ha influito molto nella mia vita. Spesso mi trovo in una complessa situazione a tre.

Il triangolo

Molte delle persone intervistate che hanno denunciato un comportamento troppo indulgente nei loro confronti hanno affermato di essersi trovate al centro della relazione fra i propri genitori. Laurie Simons ha dato una definizione chiara e semplice di relazione triangolare: *quando una terza persona viene coinvolta da due persone che dovrebbero comunicare fra loro, si ha un triangolo. E ancora, quando una terza persona si schiera o cerca di risolvere i problemi che ci sono fra due persone, si parla di relazione triangolare.*

Questa donna, che chiameremo Betty, racconta di come, non per sua volontà, si è venuta a trovare in una situazione a tre. Vero è, tuttavia, che molti di coloro che sono stati trattati in modo troppo indulgente durante la crescita faticano a capire chi è responsabile di che cosa, e per loro non è facile stabilire un confine che li tenga fuori da una relazione triangolare.

In questo rapporto a tre, la mamma si arrabbia con il marito, ma non se la prende direttamente con lui, così è la figlia a infuriarsi con il papà. Lui rimane sorpreso dalla rabbia e dalla violenza della reazione di Betty a quella che a lui sembra una piccola provocazione. La mamma, dal canto suo, è segretamente compiaciuta del fatto che il papà sia il bersaglio della rabbia di Betty. Betty si trova intrappolata in questo triangolo di relazioni con i suoi genitori, dovuto in gran parte all'incapacità da parte degli adulti ad assumersi la responsabilità dei loro problemi.

Una volta adulta, essendo stata vittima della mancanza di chiarezza fra i suoi genitori, Betty potrebbe decidere di risolvere quello che ora è diventato un suo problema, chiedendo aiuto a qualcuno.

«Credo che i confini siano essenziali» spiega Betty. «Molte di noi sono state abituate a fare il possibile per compiacere gli altri, e io sto ancora lottando per cercare di stabilire il giusto limite alle cose. Quando ci riesco, per me è davvero liberatorio.»

Quando le regole culturali vengono infrante

Ogni cultura ha delle regole che contribuiscono a tenerla viva nella sua specificità. Questi standard servono a garantire la stabilità e la sicurezza. Nel suo libro *The Third Side*, William Ury descrive in che modo affrontano le difficoltà i boscimani del Botswana.

> Quando si presenta un problema serio, tutti si siedono, uomini e donne, e parlano. Ognuno ha la possibilità di dire che cosa pensa. Questo dialogo aperto e allargato può durare per giorni... fino a quando non resta più nulla da dire sull'argomento. I membri della comunità fanno il possibile per cercare di scoprire quali regole sociali sono state infrante per provocare un tale disaccordo e per capire che cosa bisogna fare per riportare l'armonia nel gruppo.

Per noi non è pensabile trascorrere intere giornate a discutere per risolvere un problema, ma se un bambino infrange una regola culturale possiamo chiederci: che cosa possiamo fare? Come possiamo aiutare il singolo ad attenersi alle norme sociali? Oppure, se le regole devono essere cambiate, in che modo possiamo farlo?

Le regole sociali contribuiscono alla stabilità e definiscono che cosa è normale, e i bambini hanno bisogno di conoscere le norme sociali e culturali e di sapere come rispettarle.

TESTIMONIANZE DIRETTE

QUANDO I TUOI GENITORI SI COMPORTAVANO IN MODO TROPPO INDULGENTE CON TE, TU CHE COSA PROVAVI?

✓ Mi sentivo trascurato. Non si curavano di me, né ero tenuto a rispettare gli orari. Ero orgoglioso del fatto di dover "fare da madre" a mio fratello, che ha dieci anni meno di me.

✓ Ero confuso, perché non si comportavano in modo coerente.

✓ Ero arrabbiato, perché avrei voluto che i miei genitori mi dicessero: «No».

✓ Mi sentivo ignorato, perché nessuno si preoccupava del fatto che avessi bisogno di una struttura di riferimento e di limiti precisi.

✓ Mi sentivo bene e potente perché potevo fare quello che volevo, ma di solito finiva male perché, quando finalmente venivano stabiliti dei limiti, veniva fatto con rabbia e/o io venivo punito.

SEI SEMPRE STATO TRATTATO CON INDULGENZA, OPPURE C'ERANO DEGLI AMBITI IN CUI AVEVI UNA STRUTTURA DI RIFERIMENTO (LINEE GUIDA, REGOLE, LIMITI)?

✓ Qualche volta mi venivano date delle regole, per esempio mi veniva detto dove potevo andare e a che ora dovevo tornare, ma erano piuttosto elastiche. Superati i tredici anni, non ci sono più state nemmeno quelle.

Nel tuo caso, c'erano delle regole? Sì.
Se la risposta è sì, chi le stabiliva? Si trattava di regole tacite.
Se la risposta è sì, eri tenuto a rispettarle? Sì.
Se la risposta è sì, le rispettavi regolarmente? No.
Se la risposta è sì, venivano fatte valere? Sì.
Se la risposta è sì, chi le faceva rispettare? Papà.
Se la risposta è sì, c'erano delle conseguenze significative se non le rispettavi? No.

✓ Avevo il coprifuoco e dovevo dare una mano nelle faccende di casa. Non osavo chiedere cose che avrebbero infastidito la mamma, come dare un pigiama party. Imparai che la mamma aveva il controllo, e si aspettava che venisse mantenuto.

Nel tuo caso, c'erano delle regole? Sì.
Se la risposta è sì, chi le stabiliva? La mamma.
Se la risposta è sì, eri tenuto a rispettarle? Sì.
Se la risposta è sì, le rispettavi regolarmente? Sì.
Se la risposta è sì, venivano fatte valere? Sì.
Se la risposta è sì, chi le faceva rispettare? Io.
Se la risposta è sì, c'erano delle conseguenze significative se non le rispettavi? No.

✓ Imparai come ci si comporta quando si fa visita a delle persone più grandi.

Nel tuo caso, c'erano delle regole? Qualche volta.
Se la risposta è sì, chi le stabiliva? La mamma.
Se la risposta è sì, eri tenuto a rispettarle? Sì.
Se la risposta è sì, le rispettavi regolarmente? No.
Se la risposta è sì, venivano fatte valere? Sì.
Se la risposta è sì, c'erano delle conseguenze significative se non le rispettavi? No.

Non ho mai saputo che cosa fosse normale

«Non ho mai saputo che cosa fosse normale» si è lamentato uno degli intervistati. Una delle funzioni delle regole consiste nel definire le consuetudini diffuse o gli standard, il normale stato delle cose. Comprendere il ruolo delle regole e il posto che occupano nelle norme culturali è un compito difficile per ognuno di noi, che non si conclude mai.

"Guidare sul lato destro della strada" (fatta eccezione per quei paesi che si ostinano a guidare sul lato "sbagliato") è una regola semplice che chiunque abbia la patente conosce molto bene. Tuttavia, ci sono regole tacite che vengono apprese in modo informale. Una delle maggiori difficoltà consiste appunto nel fare proprie queste regole inespresse.

Nel loro libro *Third Culture Kids,* David C. Pollock e Ruth Van Reken descrivono in modo dettagliato lo stato confusionale nel quale potrebbe venirsi a trovare un bambino che è cresciuto in ambienti culturali diversi, ed entra in un contesto culturale dopo alcuni anni di assenza. Per esempio, gli autori raccontano di una giovane ragazza cresciuta in un paese nel quale c'era scarsità d'acqua. La ragazza aveva imparato la regola *"if it's brown, flush it down, if it's yellow, let it yellow",* che significa che, quando si fa pipì, non è necessario tirare l'acqua dello sciacquone. Una regola semplice ed esplicita. Durante un viaggio negli Stati Uniti, quando la ragazza applicò la regola, la nonna le rimproverò di essere irriguardosa. Nessuno le aveva spiegato che negli Stati Uniti questa regola non valeva, e lei si sentì profondamente in imbarazzo. Naturalmente, non era questa l'intenzione della nonna. *Third Culture Kids* è un libro molto utile per chiunque sia cresciuto o conosca qualcuno che è cresciuto in ambienti culturali diversi. Dal libro emergono le difficoltà che devono affrontare i figli di uomini d'affari, militari, funzionari di governo o missionari che sono costretti a trasferire spesso la propria famiglia da un contesto culturale all'altro.

I genitori insegnano ai propri figli alcune regole tacite in modo informale, in genere durante periodi di tempo piuttosto lunghi. Per esempio, quando devono tenere a freno la lingua, oppure quando è opportuno dire una bugia a fin di bene. Ricordate che al bambino occorre molto tempo per imparare alcune di queste regole (quelli di noi che sono incapaci di stabilire relazioni sociali non le imparano affatto), e spiegandole nel modo giusto potreste evitare che si vengano a trovare in situazioni ridicole o imbarazzanti.

Le regole stabilite e fatte rispettare con affetto trasmettono amore al bambino. Anche se inizialmente potrebbe fare resistenza, alla lunga ne raccoglierà i frutti.

* * *

Chiese agli adulti del mondo
che cosa fare, e loro lo fecero. Dovrà imparare
a colorare all'interno delle linee.

NANCY MCKELVEY

19

Fa' come vuoi

Quando ero bambino, i miei genitori mi lasciavano troppa libertà

Chi non sa obbedire non può comandare.

PROVERBIO

Spesso i figli si lamentano del fatto che i genitori non lasciano loro abbastanza libertà, e per questo è particolarmente interessante constatare che, una volta adulti, coloro che sono stati trattati con eccessiva indulgenza hanno confessato di rimpiangere di aver avuto troppa libertà da bambini. Che cosa intendono? Che cosa significa troppa libertà?

Cos'è la *libertà*? Provate a disporre questi fattori in ordine di importanza:

- possibilità di autodeterminazione;
- emancipazione;
- privilegi;
- mancanza di restrizioni.

Le quattro condizioni citate sopra non sono per nulla negative... per un adulto. Tuttavia, anche in età adulta impariamo che la libertà assoluta può trasformarsi da positiva in negativa in un batter d'occhio, in base al modo in cui la usiamo.

La libertà concessa troppo presto, cioè prima che il bambino abbia imparato a usarla, non è un gran regalo, come ci hanno detto gli adulti che hanno confessato di essere stati trattati con troppa indulgenza in età infantile.

TESTIMONIANZE DIRETTE

IN QUALI CASI SEI STATO TRATTATO CON ECCESSIVA INDULGENZA?

✓ Mi è stata concessa troppa libertà troppo presto. I miei genitori non erano abbastanza energici e si sentivano in colpa.

✓ Ho ottenuto troppa indipendenza quando ero ancora troppo giovane (dodici anni).

✓ Mi piaceva vedere fin dove sarebbe arrivata la mamma per difendere i miei "diritti". Ero redattore del giornale del liceo, così scrissi un articolo nel quale offendevo alcune persone della scuola e della comunità per poter vedere come avrebbe reagito lei.

Molti giovani dicono: «Voglio fare quello che mi pare, e non deve esserci nessuno a dirmi il contrario». Per loro "libertà" significa eccitazione, indulgenza verso se stessi, superamento delle regole e delle convenzioni sociali, possibilità di agire senza restrizioni. Tuttavia, un bambino che ha più libertà che responsabilità si trova in una posizione pericolosa. E lo stesso vale per chiunque si venga a trovare sulla sua strada. I terroristi la pensano così. I criminali la pensano così. Gli anarchici la pensano così. «Le tue regole non valgono per me. Io posso fare ciò che voglio.»

I pericoli della troppa libertà

I bambini non sono tutti uguali. Vengono apprezzati nello stesso modo per ciò che sono, ma si distinguono dagli adulti per capacità di discernimento, esperienza, capacità e responsabilità. E la libertà concessa a un bambino potrebbe essere potenzialmente pericolosa per un altro. I bambini ai quali vengono concesse cose che vanno oltre il livello di responsabilità che hanno dimostrato corrono dei rischi. E lo stesso vale per chiunque venga in contatto con loro.

Howard Light, un professore dell'Università di Harvard, sta conducendo uno studio sul modo in cui gli studenti possono trarre il maggior profitto dagli anni del college. «La maggior parte dei college e delle persone che li dirigono pensano: "Ammettiamo i migliori studenti che ci sono sulla piazza, e poi ci togliamo di mezzo"» spiega il professor Light. Egli consiglia agli studenti di approfondire la conoscenza di "almeno un membro di facoltà per ogni semestre". Il suggerimento è dettato dalle risposte che ha ricevuto dagli studenti ai quali era stato chiesto in che modo fosse possibile migliorare la loro esperienza al college. «Sono rimasto esterrefatto» spiega Light. «Gli studenti hanno risposto che, per ottenere il massimo dagli anni universitari, noi – i membri di facoltà, i loro professori – avremmo dovuto interessarci a loro. Volevano che noi ci mettessimo di mezzo.»[1]

Per un bambino, troppa libertà è quando i suoi desideri superano il suo livello di maturità e la sua capacità di giudizio. Un'eccessiva libertà di azione è pericolosa per il bambino che non ha i mezzi e l'esperienza necessari a gestirla. Pretendendo da lui che affronti situazioni e relazioni senza aver imparato a farlo in modo sicuro e responsabile lo si mette in difficoltà. È necessario che gli adulti si "mettano di mezzo", impedendo che i loro figli abbiano troppa libertà.

Che cosa pensano gli adulti che hanno avuto troppa libertà

Gli adulti ai quali da bambini è stata concessa troppa libertà in generale condividono le affermazioni seguenti:[2]

- «Sono insicuro riguardo alla mia capacità di fare le cose.»
- «Mi sembra di essere incapace di affrontare la maggior parte delle difficoltà che la vita presenta.»
- «Se una persona chiede aiuto, è un segno di debolezza.»

Naturalmente, nessuno di noi vorrebbe che i propri figli credessero così poco in se stessi. Tuttavia, dallo studio emerge che è proprio così.*

La concessione di troppa libertà

In che modo i bambini ottengono più libertà di quanto sia giusto per loro? Alcuni lavorano in gruppo, studiano un piano e poi agiscono fianco a fianco, premendo fino a spingere i propri genitori ad abolire le restrizioni. Altri lavorano da soli, e sono molto bravi a far crollare l'adulto per sfinimento. Alcuni adulti cedono prima di altri, con

* Le prime due citazioni sono state riprodotte con il consenso degli autori e dell'editore di: M. Sherer, J.E. Maddux, B. Mercandante, S. Prentice-Dunn, B. Jacobs, R.W. Rogers, *The self-efficiency scale: construction and validation*, «Psychological Reports», 1982, 51, 663-671. © Psychological Reports 1982.

l'intento di compiacere i propri figli, oppure per essere sicuri che il bambino non venga emarginato o evitato. Qualche genitore finisce per arrendersi, anche se questo va contro i suoi principi.

Un genitore che, per compiacere, mette a repentaglio la salute e la sicurezza del bambino modificando una regola, è un genitore troppo indulgente. I bambini cercano di oltrepassare il limite, ma è necessario che l'adulto resti fermo nelle sue posizioni, e si attenga a quello che è il bene del bambino.

Se il bambino diventa ingestibile

La saggezza di una ragazzina di tredici anni, Annie, alla quale è stata riconosciuta troppa autorità, ci aiuta a comprendere quanto sia importante che il genitori si comportino in modo risoluto.

> *La mamma e il papà di Annie sono cresciuti con genitori tossici e incapaci. Decisi a impedire che la loro figlia subisca le stesse loro privazioni, le concedono qualunque cosa sin da quando è molto piccola. Lei dice che cosa vuole che facciano, e loro lo fanno.*
>
> *Quando se ne va di casa senza permesso per stare con i suoi amici, e non torna fino a quando non ha voglia di farlo, spesso anche il giorno dopo, il papà la mette in castigo. Lei risponde scappando di nuovo.*
>
> *Alla fine Annie è costretta a entrare in terapia a causa del suo carattere impossibile. Quando lo psicologo le chiede: «Da quando sei così ingestibile?», lei, stupita dalla domanda, risponde senza esitare nemmeno un secondo: «Da sempre.».*

Non importa se strillano e puntano i piedi, i bambini hanno bisogno di genitori saggi, forti e sicuri. Concedere loro troppa libertà, cedere alle loro richieste semplicemente perché le fanno significa mandare il messaggio sbagliato. L'adulto deve tenere conto delle opinioni e dei desideri del proprio figlio, ma alla fine è lui che deve decidere e fissare dei limiti.

Adulti che fanno il proprio dovere... oppure no?

Una giusta dose di libertà permette al bambino di esplorare e sperimentare, senza oltrepassare la soglia di sicurezza e nei limiti delle sue capacità. Una giusta dose di libertà favorisce la creatività senza distruggere, e permette di apprendere lezioni importanti dall'esperienza.

«Certo che puoi andare alla festa» è la risposta dei genitori di un quindicenne che non si preoccupano di chiedere nulla su "Chi, Cosa, Dove, Quando, Quanto, A che ora, Chi altro c'è, Chi ti accompagna a casa, Ci sono degli adulti?". Troppa responsabilità. Genitori che non fanno il proprio dovere. Un pericolo per i figli.

«Certo che puoi andare alla festa.» Queste sono le parole del papà di un quindicenne che, dopo aver raccolto tutte le informazioni, e nonostante abbia dei dubbi, cede alla pressione e dice di sì. Troppa responsabilità. Genitori che non fanno il proprio dovere. Un pericolo per i figli.

«Certo che puoi andare alla festa.» Queste sono le parole dei genitori di un quindicenne che si sono preoccupati di verificare tutte le informazioni, hanno chiamato i genitori di altri ragazzi invitati alla festa e hanno risposto sì con qualche condizione, stabilita insieme al figlio, come l'orario di rientro. Genitori che fanno il proprio dovere. Sicurezza per i figli.

> **Una giusta dose di libertà permette al bambino di esplorare e sperimentare, senza oltrepassare la soglia della sicurezza e nei limiti delle sue capacità. Una giusta dose di libertà favorisce la creatività senza distruggere, e permette di apprendere lezioni importanti dall'esperienza.**

Quando il bambino – e tutti noi – ci scontriamo ripetutamente con un'autorità troppo rigida o irragionevole, significa che è il momento di rivedere la situazione, discuterne e stabilire i cambiamenti necessari.

Libertà: sì, ma quanta?

Qual è la giusta dose di libertà? In caso di dubbio, il genitore – o chiunque altro – può provare a porsi queste domande:

- È una dose di libertà che il bambino è in grado di gestire in modo responsabile?
- Concedere al bambino questa libertà lo aiuterà ad apprendere i compiti di sviluppo?
- Quanta responsabilità comporta questo aumento di libertà?
- Quali esigenze vengono soddisfatte?

Uno dei compiti più difficili per un genitore è quello di conciliare il bisogno di attenzione del bambino e la necessità di porre dei limiti. La ricercatrice Diana Baumrind[3] e altri studiosi hanno cercato di stabilire da quale tipo di famiglia provengono i figli dotati di maggiori competenze. Utilizzando i parametri della comprensione verso i figli e del livello di esigenza nei loro confronti, hanno inquadrato alcune categorie di famiglie. In questa classificazione, "comprensione" equivale ad attenzione, mentre "livello di esigenza" equivale a struttura. Ecco le categorie individuate:

AUTORITARIA Comprensione limitata e livello di esigenza elevato. In questo caso, i genitori impongono regole ed esigono obbedienza, ricorrono alle punizioni per ottenere rispetto, limitano l'autonomia dei bambini. Troppo poca libertà;

PERMISSIVA Molta comprensione e basso livello di esigenza. In questo caso, i genitori pretendono poco dai figli; li sostengono e li accudiscono, ma non esercitano un controllo sul loro comportamento. Troppa libertà;

SCOSTANTE, INCURANTE Comprensione limitata e basso livello di esigenza. I genitori che appartengono a questa categoria sono distaccati. Non sostengono, non offrono attenzione ed esigono poco dal comportamento dei propri figli. Troppa libertà;

AUTOREVOLE Molta comprensione e livello di esigenza elevato. I genitori che appartengono a questa categoria fissano dei limiti e li fanno rispettare con coerenza, spiegandone le motivazioni. Stabiliscono l'equilibrio fra volontà e conformità. Giusto grado di libertà.

I numerosi studi condotti su questo argomento confermano che i figli che dimostrano maggiori competenze provengono con maggior probabilità da famiglie autorevoli, che offrono molte attenzioni ma pongono anche molti limiti.

Attenzioni e fermezza per il giusto grado di libertà

A CASA

Danielle, quattro anni, utilizza tutte le sue doti di convincimento quando il papà esce per fare una passeggiata e lei vuole andare con lui. Sono le otto di sera, e lui dice: «No, questa volta non puoi veni-

re con me. Tra poco devi andare a dormire». Danielle fa una scenata in piena regola. Il papà si limita a dire: «Ti voglio bene, Danielle. Torno fra poco», e la lascia insieme alla mamma. La mamma aspetta che Danielle riprenda il controllo di sé, e ben presto la bambina smette di piangere e urlare. A quel punto la mamma dice: «Vieni a sederti vicino a me», e le legge un libro, oppure rimangono sedute e si fanno le coccole, fino a quando Danielle non salta giù dal divano per giocare con sua sorella.

Secondo voi, si tratta di un caso di attenzione e fermezza da parte degli adulti? Sì. I genitori di Danielle fanno il proprio dovere, offrendo sicurezza ai propri figli.

I quattro figli dei Willis, di età compresa fra i tre e i quattordici anni, guardano la TV e giocano con il Nintendo diverse ore al giorno e per tutto il tempo che vogliono. In qualche caso i loro genitori sanno quali programmi stanno guardando, ma non intervengono quasi mai nella scelta. Il figlio più piccolo, di soli tre anni, se ne ha voglia guarda le trasmissioni scelte dai fratelli più grandi. Il Nintendo è nella camera del figlio dodicenne, ed è praticamente sempre in funzione. Quando mamma e papà annunciano che è ora di andare a dormire, significa che bisogna spegnere tutti gli apparecchi dotati di schermo.

Troppa libertà? Assolutamente sì. In questo caso siamo anche di fronte a un basso livello di attenzione, perché non vengono prese in considerazione le necessità dei bambini. Quali esigenze vengono soddisfatte in casa Willis? Non si può nemmeno parlare di fermezza, perché non vengono posti dei limiti finalizzati a garantire situazioni salutari e sicure per la crescita dei bambini. Apparentemente, in questo caso mamma e papà sembrano aver completamente dimenticato l'importanza di stabilire dei limiti.

Uno studente del college ha raccontato: «Quando ero bambino passavo tutto il mio tempo davanti alla TV. Vorrei che le cose fossero andate diversamente».

«Perché?» gli ha chiesto Connie.

«Perché avrei imparato molto prima a fare certe cose. Non ho mai provato a fare molte delle cose che mi piacciono fino all'età di diciannove anni.»

A SCUOLA

Gli insegnanti e il personale della scuola vengono messi a dura prova dagli studenti, esigenti e irrispettosi. Il risentimento crescente del personale avrebbe dovuto essere interpretato come un segnale del fatto che c'era un problema da risolvere.

Isabella va nella scuola frequentata da suo figlio per aiutare uno studente immigrato di recente a integrarsi. Quando entra, viene travolta da una nube di fumo che aleggia nel corridoio: in uno dei bagni gli studenti stanno fumando. I pavimenti sono sporchi e coperti di cartacce.

Isabella entra nel bagno e scopre che è rimasta solo una stanza vuota. L'impianto idraulico è stato chiuso, i sanitari sono stati rimossi. Chiede a un insegnante che cosa è successo e le viene risposto che gli studenti, quando si trovavano a fumare, rompevano in continuazione i rubinetti, così sono stati tolti.

«Perché fumano all'interno dell'edificio?» chiede.

La risposta è una scrollata di spalle, accompagnata da un «Non so».

Il preside dice di aver cercato di rispettare i desideri dei ragazzi, assecondandoli, ma loro hanno continuato a chiedere sempre di più, e lui non sa come fare a interrompere la loro sequenza di richieste. «La maggior parte degli insegnanti non approva la situazione che si è creata.»

In questo caso è evidente che gli adulti non fanno il proprio dovere. Struttura debole, poche attenzioni: una situazione pericolosa per i ragazzi. Che si trovino a casa o a scuola, i ragazzi hanno bisogno di figure adulte di riferimento che abbiano il polso della situazione. Si scontreranno con l'autorità? Sì. Se decidono di varcare i limiti, nel tentativo di scoprire che tipo di persone sono, hanno bisogno di figure autorevoli e forti con le quali confrontarsi. Ecco come prosegue la vicenda di Isabella:

L'anno seguente arriva un nuovo preside che apporta dei cambiamenti, dopo aver analizzato la situazione, ottenuto il sostegno del personale scolastico e aver organizzato diverse riunioni con i genitori: vietato fumare nell'istituto, basta immondizia e comportamenti maleducati nei corridoi, maggior rispetto reciproco, più sorrisi.

In questo caso il preside si è preoccupato del fatto che venissero soddisfatte sia le esigenze degli studenti sia quelle degli insegnanti, prestando attenzione alle necessità di tutti. Inoltre, ha agito con molta fermezza, stabilendo dei limiti per creare un ambiente salutare (dal punto di vista fisico ed emotivo) e sicuro. Anche in questo caso è stato offerto il giusto grado di libertà.

Gli adulti hanno ricominciato a fare il proprio dovere, offrendo sicurezza agli studenti (e al personale scolastico).

Laurie Simons ha scritto un libro molto utile, intitolato *Taking "NO" for an Answer* (La risposta è no), che propone molti giochi istruttivi e attività da svolgere in famiglia, e insegna a mettere in pratica diverse competenze in modo divertente, inclusa quella di guidare una famiglia.

Adulti in sintonia fra loro

Le decisioni migliori rispetto a chi è responsabile di cosa e quanta libertà è giusto concedere sono quelle sulle quali i genitori sono in perfetto accordo. Nell'esempio seguente, i genitori non sono d'accordo, e uno di loro demanda all'altro senza discuterne.

> *«Perché non hai detto di no, quando ti ho detto che stavo andando a casa di Jerry a vedere la sua nuova macchina fotografica?» Quando fece questa domanda, Brooke aveva ventidue anni. «Avevo solo otto anni, e lui ne aveva quindici. Come potevo immaginare?»*
>
> *Quando aveva chiesto il permesso di andare a casa di Jerry, la mamma aveva risposto di no e suo marito, che era presente, aveva detto: «Lasciala andare». Nonostante l'apprensione, la mamma aveva lasciato perdere. Brooke andò a casa di Jerry e venne molestata.*

In questo caso i genitori non hanno fatto il loro dovere. Troppa libertà, e una situazione pericolosa per Brooke, che non è ancora in grado di proteggere se stessa. Avrebbe avuto bisogno di maggiori competenze, e di essere guidata. La bambina è stata costretta a crescere troppo in fretta, nel modo sbagliato. È stata danneggiata. Non occorre applicare il test dei quattro indizi per capire che, in questo caso, la troppa libertà concessa è una forma di eccessiva indulgenza, e che l'eccessiva indulgenza ha causato dolore.

Molti anni dopo, durante una terapia familiare, la mamma

dice a Brooke: «Mi dispiace di non averti protetta. Tu avevi bisogno di me e io ti ho lasciata sola. Mi dispiace di non essere rimasta ferma nella mia prima risposta, e di non essermi opposta a tuo padre. Era compito mio, e ho fallito. Farò tutto quello che posso per riconquistare la fiducia che ho perso quando avevi otto anni».

Aiutare a decidere

Ancora una volta, vi consigliamo di consultare l'Appendice A su età e fasi della crescita (p. 321), per capire se le vostre regole e i vostri limiti devono essere più o meno severi. Chiedetevi se state facendo in modo che quelle regole vengano rispettate. Se domandate qualcosa a vostro figlio, e ottenete riposte confuse, irrazionali o sospettose, forse dovreste pensare a regole e limiti più rigorosi. Verificate costantemente se la regola che avete stabilito viene rispettata, e valutate se è ancora adatta allo scopo per il quale l'avete pensata. Siate disponibili a cambiare le regole che devono essere modificate, perché è così che insegnerete ai vostri figli a sviluppare gli strumenti di cui hanno bisogno per prendere decisioni responsabili sulla propria libertà.

Spettatori solidali

Nell'attuale clima culturale, nel quale vige la regola "Non dire nulla ai figli degli altri", i genitori che cercano di arginare atteggiamenti scorretti non sono sostenuti dalla società nel loro sforzo di stimolare comportamenti socialmente adeguati. Anni fa, quando Jean si è trovata al centro di una situazione difficile, gli adulti che le erano vicini non hanno segnalato il suo caso alla polizia, né hanno avvertito i genitori. Si sono limitati a fermarla, e nessuno ha più detto una parola sull'argomento. Oggi si ha la tendenza a ignorare gli atteggiamenti scorretti dei giovani, o a liquidarli con un sorriso. Non stiamo parlando del pianto di un neonato, che è assolutamente naturale, o dei capricci di un bimbo di due anni, che potrebbe essere la normale reazione a un no. Queste situazioni meritano soltanto uno sguardo comprensivo rivolto al genitore. Stiamo parlando di comportamenti rispetto ai quali i genitori dovrebbero essere autoritari, come l'eccessiva insistenza, le botte, i calci, il lancio di oggetti, le urla. I genitori hanno bisogno del supporto degli adulti che assistono a questi episodi, i quali dovrebbero spiegare al bambino che certi atteggiamenti non sono tollerabili.

Quando i figli degli altri si comportano male, a volte ci giriamo e ci allontaniamo. Spesso non sappiamo in che modo aiutare. In qualche caso, però, non possiamo evitare di intervenire, per esempio quando ci troviamo in uno spazio limitato, magari su un aereo. Siamo in trappola. Non possiamo semplicemente voltare le spalle a un atteggiamento fastidioso. In queste situazioni, come quando ci troviamo su un autobus, su un treno, o al ristorante, anche noi spettatori possiamo fare qualcosa.

QUEI BAMBINI MI INFASTIDISCONO!

«Sono esausto!» si lamentò Ralph. «Non è un viaggio lungo, ma ho l'impressione che sia durato un'eternità. C'erano dei bambini che continuavano a correre lungo il corridoio dell'aereo, si nascondevano sotto i sedili, mi venivano addosso, lanciavano urla che mi hanno perforato i timpani. Non sono riuscito a concentrarmi sulla relazione che avrei dovuto scrivere e non sono riuscito a leggere. Ho anche provato a dormire, ma non c'è stato verso. Cosa può fare un povero passeggero, se i genitori non sono capaci ti tenere a freno i loro figli, e non ti degnano neppure di uno sguardo?»

Molti di noi si sentono impotenti, quando dei passeggeri che ci arrivano a malapena al ginocchio riescono a rendere un viaggio un vero e proprio inferno. Abbiamo il dovere di fare qualcosa. Forse non siamo stati particolarmente fortunati, ma non è vero che non possiamo fare nulla.

Quando a una giovane mamma che viaggia spesso con i suoi figli è stato chiesto: «Che cosa dovrebbe fare un passeggero in questa situazione?», lei ha risposto senza esitazione: «Non bisogna far finta di niente». In altre parole, questo significa:

- Non bisogna comportarsi come se andasse tutto bene.
- Non bisogna fare commenti indulgenti, del tipo: «È proprio un bambino vivace», oppure: «I bambini hanno bisogno di muoversi. Cosa può fare un genitore?», o ancora: «Anche mio figlio si comportava così».

- Soprattutto, non bisogna sorridere di fronte a un comportamento scorretto, perché in questo modo sarebbe come dire al bambino che ha trovato un modo per interagire con adulti... un po' strani.

Ecco quello che potete fare:

- Chiamare l'assistente di volo e chiedere aiuto. Ricordate che, se la spia della cintura di sicurezza è spenta e il bambino non disturba il suo lavoro, lui non è tenuto a fare nulla, a meno che un passeggero non si lamenti.

Quando parlate con l'assistente di volo, cercate di dare indicazioni precise:

- «Questo bambino mi infastidisce. Se c'è un posto libero lontano da lui, gradirei spostarmi.»
- «Il comportamento di questo bambino è fastidioso. Potrebbe farlo accomodare al suo posto, per favore?»
- «Ho mal di testa e queste urla mi infastidiscono. La prego di fare qualcosa.»
- «Potrebbe chiedere ai genitori di farlo rimanere seduto? Questo correre e saltare mi disturba, e devo finire di scrivere una relazione.»
- «Qual è la linea adottata dalla vostra compagnia riguardo ai bambini che non stanno seduti al loro posto e disturbano gli altri passeggeri?»
- «Mi sto chiedendo che cosa fareste se mi mettessi a correre lungo il corridoio e a gridare. Scommetto che prendereste subito dei provvedimenti. Non potreste fare lo stesso con quei bambini?»

Dal momento che l'assistente di volo potrebbe non avere l'autorità necessaria ad accogliere la richiesta, ci sono altre cose che un passeggero può fare:

- Non sorridete di fronte a un comportamento scorretto. Guardate il bambino con aria severa.
- Se il bambino vi urta, dite: «Ahi!» e scuotete la testa, facendogli capire che non si fa.

- Se il bambino seduto dietro o davanti a voi vi infastidisce, ditegli in tono deciso: «Per favore, smettila. Mi dai fastidio». Non sorridete.
- Usate il vostro intuito per valutare se è il caso di parlare con il genitore. Ricordate che anche lui è in difficoltà, e forse non sa cosa fare. Provate a considerare quale tipo di approccio potrebbe essere più efficace con quel genitore in particolare.

Se qualcuno vi fa un'osservazione per aver obiettato di fronte a un comportamento scorretto, è perché la nostra società soffre di una malattia che si chiama "libertà eccessiva". Questo non significa che avete torto; significa che siete gli unici ad aver cercato di aiutare il bambino.

La vera libertà

Troppa libertà è dannosa per il bambino, i genitori e le altre persone. La vera libertà si ha quando lo spazio d'azione concesso è circoscritto entro limiti sicuri. Questa sicurezza deriva dal prendere coscienza dei limiti in un contesto familiare, per poi saperli rispettare anche in ambienti estranei.

* * *

I figli non hanno bisogno di genitori
che siano amici. Hanno bisogno di genitori
che sappiano essere amichevoli.

ADA ALDEN

20

La via maestra della fermezza

Sei modi di strutturare la vita del bambino, due dei quali sono efficaci

Non si può cambiare il modo in cui una macchina sterza dandole una nuova mano di vernice.

M.C.K.

La funzione di qualunque strada è quella di condurre in modo sicuro l'auto e il suo guidatore da una località all'altra, cioè da qui a là. Nell'immagine della strada dell'educazione, condurre "là" significa accompagnare il proprio figlio fino al suo completo sviluppo, cioè fino alla realizzazione delle sue competenze, al raggiungimento della fiducia in sé, allo sviluppo delle sue capacità. Questa, almeno, è la nostra intenzione.

Il "qui" dal quale comincia il viaggio non sempre è un solido punto di partenza. Potrebbe essere cedevole, fragile, oppure soltanto abbozzato. Cionondimeno, se questi sono i mezzi di cui disponiamo per affrontare il viaggio – e questo viaggio lo dobbiamo necessariamente affrontare – dobbiamo utilizzarli, fino a quando non usciamo di strada o ci areniamo di fronte alle asperità del terreno.

Quando perdiamo il controllo, non importa quale sia la ragione, le irregolarità del suolo ci indicano che dobbiamo aggiustare il tiro per tornare in carreggiata.

«Se quello che sto facendo non va bene, cosa diavolo devo fare?» Se vi capita di chiedervelo, questo capitolo vi aiuterà a capirlo.

La via maestra della fermezza

Proprio come esiste una "strada dell'educazione", esiste anche un "codice" che definisce il tipo di struttura di riferimento. I vari tipi di strutture sono disposti orizzontalmente, come nella tabella alle pp. 234-35, con *rigidità* e *trascuratezza* posti alle due estremità.

LA VIA MAESTRA DELLA FERMEZZA

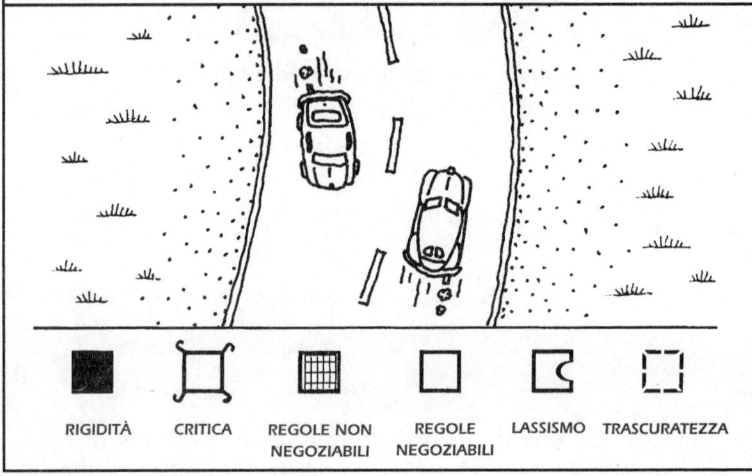

La strada dell'educazione offre un'immagine eloquente dei modi in cui possiamo stabilire delle regole. Mentre leggete, tenete presente che il *lassismo* è un atteggiamento eccessivamente indulgente rispetto alle regole. Se per voi il termine "regola" ha una connotazione negativa, usate un'espressione più neutrale che per voi abbia lo stesso significato, come "il nostro metodo".

La strada rappresentata mostra sei diverse relazioni verso i nostri figli e verso noi stessi per stabilire delle regole, ordinate dal più al meno severo. Le quattro posizioni esterne sono deleterie, o comunque senz'altro meno efficaci delle due centrali, *regole non negoziabili* e *regole negoziabili*. Quando questi due metodi di applicazione delle regole vengono messi in atto tenendo conto dell'età e della fase di sviluppo del bambino, rappresentano un modo efficace per creare un ambiente sicuro per lui e stabilire dei limiti per noi stessi.

Vediamo i sei possibili metodi per dare una struttura di riferimento, disposti come se fossero le corsie di una strada.

La sicurezza delle corsie centrali

Le regole non negoziabili sono utili. Definiscono che cosa è sicuro e cosa non lo è perché il bambino si senta protetto. Queste regole devono essere osservate e fatte rispettare con conseguenze adeguate, sia negative sia positive. È l'adulto a fare le opportune riflessioni e a stabilire le regole, ma nel farlo tiene conto del livello di sviluppo del bambino.

Anche le regole negoziabili sono utili, perché stimolano il bambino a riflettere, incentivandolo a raccogliere e valutare le informazioni, e lo responsabilizzano, in quanto impara che i suoi comportamenti hanno delle conseguenze.

Margini pericolosi

La critica non è un atteggiamento utile, perché implica derisione e offesa, e pone l'attenzione sul bambino, più che sul suo comportamento. Spesso non offre un'indicazione utile, ma dà l'esempio di un fallimento: «Finirai col diventare pigro come lo zio Joe».

Nemmeno il lassismo è un atteggiamento produttivo. Tende a proteggere o a cedere alle richieste del bambino, compromettendo la sua sicurezza e la sua salute. Il messaggio che il bambino riceve è che non ha bisogno di rispettare delle regole o acquisire delle competenze. È una delle forme attraverso le quali si manifesta l'eccessiva indulgenza.

Fossati insidiosi

La rigidità è la posizione più severa. Non è un atteggiamento costruttivo, in quanto nello stabilire le regole non si tiene conto delle necessità e delle competenze del bambino. La persona che stabilisce le regole non è disposta a negoziare.

La trascuratezza è un metodo tutt'altro che efficace, e si ha quando gli adulti non sono in grado di stabilire o far rispettare delle regole per proteggere i propri figli. Non insegna al bambino come si deve comportare per non mettersi nei guai, né lo aiuta ad apprendere le competenze di cui ha bisogno.

La tabella seguente riporta ulteriori informazioni sulle varie posizioni relative alla fermezza nell'educazione. Vi invitiamo a leggere i capitoli 8-15 del libro di Clarke/Dawson *Growing Up Again, Parenting Ourselves, Parenting Our Children* (cit.), dove troverete ulteriori informazioni e molti altri esempi utili su come offrire una struttura di riferimento ai vostri figli.

TABELLA DEI CODICI EDUCATIVI

Da una struttura che prevede regole negoziabili e non negoziabili il bambino percepisce protezione, sicurezza, libertà, autostima. Dalla rigidità, dalla critica, dal lassismo e dalla trascuratezza nascono fallimento e disperazione.

RIGIDITÀ	CRITICA	REGOLE NON NEGOZIABILI
Caratteristiche		
La rigidità, presumibilmente finalizzata al bene del bambino, nasce dalla paura. Si compone di vecchie regole ferree, provenienti in genere dal passato. Queste regole spesso ignorano gli obiettivi evoluivi del bambino. Per ottenere il rispetto delle regole si rischia di compromettere l'affetto, in alcuni casi arrivando persino all'abuso. Non prevede che il bambino abbia il diritto di dire la sua per migliorare le cose.	La critica etichetta la persona con definizioni poco lusinghiere, anziché stabilire gli standard di un comportamento accettabile. Spesso prevede parole generiche come "mai" e "sempre". Non riconosce il bambino e gli insegna a fallire. La derisione è una forma di critica devastante che umilia e incoraggia risate sprezzanti da parte degli altri.	Le regole non negoziabili sono regole che devono necessariamente essere rispettate. Il bambino si affida a queste regole per mettere ordine nella sua vita, per trovare sicurezza, per capire chi è, per prendere le decisioni giuste e per costruire la propria autostima. Anche se le regole non negoziabili sono stabilite e fatte rispettare con fermezza, non sono "rigide", e possono essere riscritte per il bene della famiglia e dei suoi componenti.
Esempio: un tredicenne beve alcolici		
Il genitore dice: «Se tocchi ancora una goccia d'alcol, non disturbarti a tornare a casa».	La mamma dice: «Ti comporti stupidamente. Adesso ti sei persino messo a bere. Sei uguale a tuo padre».	Il genitore dice: «Non puoi bere alcolici fino a quando la legge non ti autorizzerà a farlo. Ci aspettiamo che tu rispetti questa regola. Se non lo farai, ci saranno conseguenze molto serie».
Ecco il messaggio che probabilmente verrà percepito dal bambino:		
Tu non sei importante. Non pensare. Non essere quello che sei. Non esistere. Se farai un errore verrai punito o abbandonato. Non fidarti delle tue capacità.	Non essere quello che sei. Non cercare di avere successo. Non mettere in pratica ciò che sai fare. Non meriti di essere amato.	Il tuo benessere e la tua sicurezza sono importanti. I tuoi genitori si aspettano che tu rispetti la legge. I tuoi genitori sono disposti a fare il proprio dovere e a far rispettare le regole.
Le reazioni più comuni da parte del bambino:		
Si sente oppresso, allontanato. Non ha speranze, crede di essere inadeguato. È arrabbiato, scontento, sfiduciato, spaventato. Si sente abbandonato e impotente.	Si sente impotente e sminuito, rifiutato, ferito, umiliato, poco importante, inadeguato. È arrabbiato, spaventato, scontento.	Si sente sicuro, supportato, forte, responsabile, fiducioso, importante. Forse qualche volta si sentirà frustrato, irritato, opporrà resistenza, ma imparerà a seguire le regole e a essere responsabile.
Le decisioni che spesso vengono prese dal bambino:		
Le regole sono più importanti delle mie esigenze. Non mi vogliono. I miei genitori non si curano di me. Lascerò che siano gli altri a pensare per me. Io mi adeguerò, mi ribellerò, oppure mi allontanerò. Mi vergognerò di me.	Pretendono da me che sappia quello che non so. Non chiederò aiuto a nessuno. Proverò a cavarmela da solo, a essere forte, cercherò di essere perfetto. Se non faccio bene le cose, non valgo niente. Non posso farcela. Sono senza speranza. Allora chi me lo fa fare di provarci?	Ci sono alcune regole che devo seguire. Posso imparare dai miei errori. Io valgo qualcosa. Sono in gamba, e mi vogliono bene. Loro si preoccupano per me e si prendono cura di me.

REGOLE NEGOZIABILI	LASSISMO	TRASCURATEZZA
Caratteristiche:		
Insegnano al bambino a pensare lucidamente e a risolvere i problemi, aiutandolo ad aumentare la propria autostima. Queste regole vengono negoziate. La possibilità di trattare offre al bambino l'opportunità di discutere e confrontarsi con i genitori, di comprendere l'importanza delle regole, di valutare le informazioni sulle quali vengono basate le decisioni, aumentando così la responsabilità verso se stesso.	I genitori danno libertà senza chiedere in cambio un comportamento responsabile. Apparentemente offre sostegno, ma in realtà il bambino non è tenuto o non è in grado di seguire delle regole. Sminuisce le capacità del bambino e gli dà il permesso di essere irresponsabile e di sbagliare, avalla la sua incompetenza e la sua incapacità. Allo stesso tempo, mette apparentemente i genitori in buona luce, facendoli apparire come martiri.	La trascuratezza è l'assenza di regole, protezione e contatto. Il messaggio che il bambino riceve è che gli adulti non sono disponibili per lui. Se, quando ha bisogno di fermezza o di approvazione, il bambino viene deriso, quella è trascuratezza.
Esempio: un tredicenne beve alcolici		
Il genitore dice: «Ci sono ragazzini la cui priorità assoluta è quella di bere alcolici. Credi che sia una buona cosa frequentarli? Non potresti cercare dei coetanei che non bevono, in modo da non trascorrere tutto il tuo tempo libero con amici ai quali piace bere?»	Il genitore dice: «Se tutti i tuoi amici bevono, immagino che non ci sia niente di male se lo fai anche tu», oppure «Sei troppo giovane per bere e guidare, quindi, se vuoi farti una birra, bevila qui», o ancora «I bambini devono comportarsi da bambini».	Il genitore dice: «Non voglio parlarne». L'adulto non è disponibile (fisicamente o mentalmente), è alcolizzato o soffre di disturbi mentali, oppure ignora o si prende gioco del bambino.
Ecco il messaggio che probabilmente verrà percepito dal bambino:		
Puoi pensare, negoziare e dialogare. Le tue esigenze sono importanti, e lo sono anche quelle degli altri. Devi imparare ad affrontare le cose per quello che sono realmente. Ci aspettiamo che tu sia forte in modo positivo, per te stesso e per gli altri.	Non c'è bisogno che tu sia competente né responsabile. Non essere te stesso. Non crescere. Puoi fare ciò che credi e renderti odioso, e cavartela così. Io dovrò continuare a prendermi cura di te. Le mie esigenze sono più importanti delle tue.	Non sono disposto a prendermi cura di te. Non ti voglio. Le tue esigenze non sono importanti, le mie sì. Nessuno è qui per te. Tu non esisti.
Le reazioni più comuni da parte del bambino:		
Si sente rispettato, accudito, ascoltato, forte, importante, amato, intelligente, al sicuro, e qualche volta deluso. Impara a valutare le regole e a stabilirne l'importanza, si abitua a seguirle e diventa responsabile.	Si sente protetto e incoraggiato a non crescere, rimane incompetente per compiacere i genitori. Si sente insicuro, manipolato, sminuito, non amato, insoddisfatto, ed è arrabbiato.	È spaventato, ferito, arrabbiato. Si sente rifiutato, sminuito, confuso, poco importante, è sconvolto. Potrebbe avere tendenze suicide.
Le decisioni che spesso vengono prese dal bambino:		
Devo crescere, ma non c'è nulla di male se qualche volta dipendo dagli altri. Posso riflettere sulle cose e chiedere agli altri di confrontarsi con me. Divento sempre più competente e responsabile.	Devo tenere conto dei sentimenti e delle necessità degli altri, oppure non devo curarmi di nessun altro all'infuori di me. Non so come fare a imparare ad apprezzare me stesso e a prendermi cura di me. Se qualcuno mi offre il suo aiuto, io diffido di lui, o quanto meno dovrò dargli qualcosa in cambio, ma non mi aspetto di ricevere punti di riferimento dagli altri.	Non chiedere e non aspettarti aiuto da nessuno. A nessuno importa di me. Se voglio sopravvivere, devo cavarmela da solo. Se qualcuno mi offre il suo aiuto, devo diffidare di lui. L'aiuto e la fiducia sono fasulli.

Le risposte tipiche per ciascuna posizione

Qui di seguito riportiamo alcuni esempi delle sei possibili risposte educative. Leggendole dovreste farvi un'idea del tipo di messaggio offerto in ciascuna delle situazioni proposte. I messaggi corrispondenti relativi al modo di offrire attenzione, riferiti alle stesse situazioni, sono riportati alle pp. 162-67.

Il papà sta preparando la colazione e la piccola Hannah, tre anni, vorrebbe aiutarlo a sbattere le uova.

RIGIDITÀ «No».
CRITICA «Non sai come si fa, e poi faresti troppo disordine».
REGOLE NON NEGOZIABILI «Puoi guardare come rompo le uova, poi ti faccio vedere come sbatterle».
REGOLE NEGOZIABILI «Preferisci sbattere le uova o buttare i gusci nella pattumiera?»
LASSISMO lascia fare alla bambina quello che vuole, ma è nervoso e cerca di raccogliere i pezzi.
TRASCURATEZZA «Va' di là a guardare la TV».

Terry, otto anni, chiede al papà di comprarle un nuovo videogioco, piuttosto costoso.

RIGIDITÀ «No, neanche per sogno».
CRITICA «Non sei capace di prenderti cura nemmeno delle cose che hai. Non ho intenzione di sprecare altri soldi per te. Passi già fin troppe ore seduta a giocare con quella roba. Alzati e fai qualcosa, Miss Pigrizia».
REGOLE NON NEGOZIABILI «Sai bene qual è la regola rispetto al numero di videogiochi che puoi avere. Quando ricevi un nuovo gioco, ne devi vendere uno o regalarne uno vecchio».
REGOLE NEGOZIABILI nella famiglia di Terry, questa regola non è negoziabile.
LASSISMO il papà compra il videogioco e stabilisce un limite di tempo con il quale può giocarci, ma poi non lo fa rispettare.
TRASCURATEZZA compra il videogioco senza fare domande.

Allegra, tredici anni, chiede ai suoi genitori di comprarle un biglietto per un grande concerto, di accompagnare lei e i suoi amici all'entrata, e di tornare a prenderla.

RIGIDITÀ «Nessuno dei miei figli andrà mai a un concerto come quello. Non pensarci nemmeno!».

CRITICA «L'unica cosa che sai fare è chiedere, chiedere, chiedere. Cosa c'è di sbagliato in te?».

REGOLE NON NEGOZIABILI «Mi fido del giudizio di tua sorella maggiore per decidere se quel gruppo è adatto a te. Puoi andarci se tua sorella e i suoi amici vengono con te».

REGOLE NEGOZIABILI «Come pensi di pagare il biglietto? Puoi chiedere ai genitori dei tuoi amici di telefonarmi, o è meglio che li chiami io?»

LASSISMO «Sinceramente non credo che sia una buona idea, ma se i tuoi amici ci vanno, immagino che possa andarci anche tu».

TRASCURATEZZA «Fa' come credi, l'importante è che non debba venirti a prendere».

Lee, sedici anni, non si è fatto vedere per la consueta riunione di famiglia del 4 Luglio.

RIGIDITÀ «Sapevi benissimo che ti aspettavamo per la festa. Dammi la patente. Fra sei mesi deciderò se restituirtela oppure no».

CRITICA «Lo hai fatto di nuovo. Pensi sempre e soltanto a te stesso».

REGOLE NON NEGOZIABILI «In questa famiglia il rispetto è una cosa importante. Entro domani mattina mi aspetto che tu abbia riflettuto sulle conseguenze di quello che hai fatto, e ci dirai in che modo pensi di riconquistare la nostra fiducia.».

REGOLE NEGOZIABILI «In che modo pensi di farti perdonare da tutta la famiglia?»

LASSISMO «Lo so che stai diventando grande e pensi che i tuoi cugini siano noiosi. Cerca di non mancare, l'anno prossimo».

TRASCURATEZZA Nessuno dice una parola sul fatto che Lee non era presente. Tutti fingono che non sia successo nulla.

Kenny ha ventinove anni e vive ancora con i suoi, tiene per sé l'intero stipendio che riceve per un lavoro ben pagato, e non contribuisce alla gestione della casa, né con i soldi né con l'aiuto pratico.

RIGIDITÀ «Sono stufa! Fa' le valigie ed esci da questa casa».

CRITICA «Scegli sempre la via più facile, principino Kenny. Vivrai alle nostre spalle per tutta la vita».

REGOLE NON NEGOZIABILI «È arrivato il momento che tu vada a vivere da solo. Entro la fine del mese dovrai aver trovato un posto dove andare».

REGOLE NEGOZIABILI «È arrivato il momento che tu vada a vivere da solo. Fino a quando non te ne andrai, in che modo pensi di contribuire al tuo sostentamento?»

LASSISMO i genitori si lamentano con gli amici ma non fanno nulla per cambiare le cose.

TRASCURATEZZA «Puoi rimanere qui per tutto il tempo che vuoi».

In base all'età di vostro figlio, probabilmente avrete sperimentato tutti e sei i metodi descritti e prima o poi li avrete applicati tutti. La maggior parte degli adulti in genere ha un metodo preferito, o uno che utilizza più spesso o al quale ricorre quando è sotto stress. Il punto è: cercate di capire in che punto della strada vi trovate e chiedetevi se volete stare lì. Se la risposta è no, cambiate corsia!

In poche parole

Riassumendo, possiamo dire che per stabilire una valida struttura di riferimento bisogna fissare dei limiti, dei confini e degli standard con delle regole precise, che devono essere fatte rispettare con una ricompensa per chi le osserva e conseguenze serie per chi le ignora. Tutte le regole non sono negoziabili fino a quando il bambino non dimostra di essere in grado di gestire l'aumento di responsabilità che una maggior libertà comporta. Tutte le regole vengono stabilite tenendo conto del grado di sviluppo del bambino (che cosa è lecito aspettarsi a età diverse). Più il bambino è grande, più le regole possono essere negoziate (sempre che dimostri di meritarlo). Inoltre, possono essere modificate man mano che le competenze e l'esperienza del bambino aumentano. Una nuova regola non negoziabile, incluse le conseguenze per chi non la rispetta, nasce da una trattativa. Vi invitiamo a consultare la tabella relativa ai codici educativi per comprendere meglio le varie sfumature dei diversi tipi di strutture (pp. 234-35). Se volete qualche altro consiglio su come stabilire e far rispettare le regole, leggete il già citato libro *Growing Up Again* di Clarke/Dawson.

Altre applicazioni concrete della fermezza educativa

I tre esempi seguenti mostrano in che modo comportarsi quando il bambino si spinge oltre i limiti.

Quando un bambino di quattro anni non rispetta una regola non negoziabile:

«È ora di andare a dormire, tesoro. Prendi un libro, io ti raggiungo in camera.»

(La mamma legge due libri.) «È ora del bacio della buonanotte.»

«Leggimi questo. Solo questo e poi basta. Ti prego, non sono stanco.» (Detto con vivacità e convinzione.)

«Puoi guardare le stelle sul soffitto, oppure chiudere gli occhi. Prenditi cura di papà orso. Ti voglio bene. Ci vediamo domani mattina.» (La mamma esce).

È la mamma a decidere a che ora bisogna andare a dormire perché è in grado di giudicare di quanto riposo ha bisogno sua figlia. Quando la bambina sarà più grande, potrà negoziare un nuovo orario.

Un bambino di dieci anni prova a negoziare:

«Papà, domani posso andare a casa di Brian con l'autobus, dopo la scuola?»

«Jacob, lo sai che andiamo a trovare Brian solo nel fine settimana, perché abita lontano da qui.»

«La mamma di Brian ha detto che mi riaccompagna lei perché deve andare a una riunione. Domani abbiamo lezione solo per mezza giornata.»

«A che ora ti riaccompagna? E come la mettiamo con i compiti?»

«Glielo chiederò e te lo farò sapere, e ti prometto che, se abbiamo dei compiti, li farò a casa di Brian. Abbiamo la stessa insegnante, ricordi?»

«Tu parla con la mamma di Brian, e ne io parlo con tua madre. Se sarai a casa per le otto, credo che tu ci possa andare, ma non so che cosa dirà la mamma. Forse prima vorrà parlarne con la mamma di Brian.»

Le fasi di questa trattativa sono:

- Richiesta
- Determinazione di un limite
- Affermazione del bambino
- Richiesta di informazioni
- Il bambino fornisce le informazioni richieste
- Il genitore decide per il sì
- Determinazione di un nuovo limite/regola o riaffermazione di un limite/regola già esistente

oppure

- Il genitore decide per il no e la trattativa continua, o l'adulto decide di interrompere.

Un quindicenne prova a negoziare:

«Papà, ti ricordi che ti ho aiutato a pulire il garage? Ho bisogno di un favore.»

«Sì?»

«Be', domani devo presentare un compito, e sono piuttosto indietro. Ho bisogno di aiuto. Se non lo presento entro domani, mi troverò in un mare di guai.»

«Non posso fare i compiti al posto tuo. Su che cos'è il compito, e a che punto sei arrivato?»

«È sul terremoto in Giappone, e ho appena iniziato.»

«Figlio mio, mi chiedi più aiuto di quello che sono disposto a dare, ma sono sicuro che sai già che cosa devi fare.»

- Richiesta
- Determinazione di un limite
- Affermazione del ragazzo
- Richiesta di informazioni
- Il ragazzo fornisce le informazioni richieste
- Il genitore decide per il no
- Determinazione di un nuovo limite/regola o riaffermazione di un limite/regola già esistente

Un diciassettenne prova a negoziare:

«So che tu e papà andrete via per il weekend. Posso invitare qui alcuni amici sabato sera?»

«Lo sai che non puoi invitare i tuoi amici quando noi non ci siamo.» (È una regola di famiglia non negoziabile.)

«Ma li conosci tutti, e poi è il mio turno.»

«Ci saranno fumo e alcolici? E chi avresti intenzione di invitare esattamente?»

«No, dirò che il fumo e gli alcolici sono assolutamente vietati. Saremo io, Tim, Eddie, Justin e Fabio.»

«E se qualcuno volesse partecipare alla festa senza essere stato invitato, tu cosa farai?

«Dirò che non si può. Comunque non succederà. Andiamo, mamma. Perché fai tutte queste obiezioni? Non ti fidi di me?»

«Vorrei poterlo fare, ma non credo che riuscirai a far rispettare la regola che non si beve e non si fuma, perché conosco bene sia Justin sia Fabio. Non credo che riuscirei a trascorrere un weekend rilassante. La mia risposta è no. Vuoi provare a sentire cosa ne pensa papà, o vuoi che lo faccia io?»

- Richiesta
- Determinazione di un limite
- Affermazione del ragazzo
- Richiesta di informazioni
- Il ragazzo fornisce le informazioni richieste
- Il genitore decide per il no
- Determinazione di un nuovo limite/regola o riaffermazione di un limite/regola già esistente.

I rischi di un netto cambiamento di rotta

Una delle risposte più frequenti alla domanda «Perché i genitori trattano i propri figli con eccessiva indulgenza?» è stata «Perché vogliono che abbiano una vita migliore o più facile della loro». Quando gli adulti che sono cresciuti con regole molto rigide si trovano a dover stabilire una struttura di riferimento per i propri figli e per se stessi, in genere vogliono evitare quello che hanno passato loro. *Non farò mai una cosa del genere ai miei figli.* Il problema è che questi adulti non hanno imparato come stabilire e far rispettare le regole in modo efficace (applicando il metodo delle regole negoziabili e non negoziabili), eppure desiderano ciò che avrebbero voluto e non hanno mai ottenuto. Rifiutando la propria esperienza, i genitori tendono a esagerare nel senso opposto, optando per un netto cambiamento della direzione di marcia e scoprendo di essere comunque insoddisfatti del risultato.

Per esempio, un bambino che ha sperimentato sulla sua pelle gli effetti negativi della rigidità potrebbe diventare un genitore propenso alla trascuratezza, che ha conseguenze altrettanto devastanti. Lo stesso vale per quegli adulti che adottano un atteggiamento lassista, nel tentativo di non ripetere gli errori che hanno subito da bambini a causa dell'atteggiamento critico dei loro genitori.

Ricordate, nel limite del possibile è meglio stare lontano dai fossati. Se vi accorgete di esserci finiti dentro, è arrivato il momento di fare qualcosa per spostarsi in una posizione più sicura. La rigidità e la trascuratezza possono avere effetti profondamente negativi e duraturi sul bambino.

Anche la critica e il lassismo hanno un'influenza negativa sui figli. Sono ai margini della strada, un po' come le corsie di emergenza. I bambini che crescono viaggiando su queste corsie trovano il modo di affrontare la vita, ma potrebbero avere delle difficoltà ed essere incapaci di assaporarne gli aspetti più piacevoli, come l'intimità emotiva, la fiducia in se stessi e nelle proprie capacità, la gioia spontanea.

Le due corsie centrali offrono maggior sicurezza al bambino, insegnandogli a riflettere e a essere responsabile. Dal momento che siamo esseri umani, è possibile affermare con un buon grado di certezza che nessuno di noi riesce a rimanere costantemente in questa posizione, ma quando ci accorgiamo che ci siamo spostati su una corsia meno sicura, o addirittura pericolosa, possiamo utilizzare la tabella relativa al codice della strada dell'educazione per rimetterci in carreggiata e puntare verso le corsie centrali. Ricordate, le brusche sterzate rivelano che è in atto un cambiamento. Il vostro cuore e la vostra mente vi stanno spingendo a fare meglio. Fatelo. Aggiustate il tiro. Fermatevi a pensare. Fatelo di nuovo. Correggetevi. Ora festeggiate!

* * *

Frequentare altre famiglie
che viaggiano al centro della strada
può essere d'aiuto.

JIM JUMP

21

La strada dell'educazione: il binomio attenzione-struttura

Uno strumento efficace per i genitori

Seguite la regola delle tre R: rispetto per se stessi, rispetto per gli altri, responsabilità delle proprie azioni.

ANONIMO

Se l'attenzione offerta al bambino non è associata a una struttura di riferimento può essere sgradevole come il lassismo. Di contro, se la struttura di riferimento non è associata a una giusta dose di attenzione può essere dura come la critica. L'attenzione e la struttura vanno di pari passo, danzano l'una con le altre, si fondono l'una nell'altra come il giorno e la notte. Rappresentano le corsie centrali della strada dell'educazione, la sicurezza e il sostegno. Qualcuno, tuttavia, potrebbe obiettare che non sempre è facile individuare il centro della strada. «Come mi comporto se la situazione è particolarmente complessa, o se un vecchio problema si ripropone?»

Il binomio attenzione e struttura di riferimento, in altre parole l'associazione della strada dell'educazione e del suo relativo codice, può aiutare a capire che cosa occorre fare, o che cosa sta succedendo. Ecco qualche consiglio su come fare:

- Scegliete una situazione o un problema che volete affrontare, oppure usate uno dei temi proposti nel test dell'Appendice B per capire se siete genitori troppo indulgenti (p. 343). Se avete più di un problema, usate una pagina diversa per ciascuno.
- Usando il grafico della strada dell'educazione (p. 247), scrivete la vostra risposta rispettivamente per ciascuna delle corsie centrali, i margini e i fossati. In qualche caso probabilmente vi troverete a dire: «Ma io questo non lo farei mai!». Certo

che no, ma provate a immaginare in che modo vi comportereste, oppure come si è comportato qualcuno che conoscete. Riempite tutti gli spazi.

- Ora osservate le corsie centrali. La vostra linea di condotta dovrebbe trovarsi lì. Se non emerge una soluzione plausibile, provate a pensare ancora, o chiedete un suggerimento a qualcuno.
- Cercate di capire che cosa occorre fare, e fatelo.
- Se vi accorgete che in realtà sapete che cosa andrebbe fatto, ma in genere non lo fate, avete bisogno di aiuto. Osservate le corsie laterali e i fossati, e provate a identificare la risposta che dareste abitualmente, la più probabile, o quella che vorreste dare. Se non l'avevate scritta, fatelo ora.
- Fermatevi a riflettere su ciò che vorreste fare, senza riuscirci. Non rimproverate voi stessi, non vergognatevi. Limitatevi a prenderne coscienza, in modo che possiate spostarvi verso il centro della strada. Dopo che avete preso coscienza della situazione e l'avete esaminata attentamente, provate a prendere le distanze e fatevi questa domanda:

Che cosa devo fare per non ricadere più nello stesso errore, o almeno non così spesso?

Ecco alcuni esempi:

ABUSO «Mi capita di abusare quando mi arrabbio molto. Ho bisogno di aiuto, non solo per controllare la mia rabbia, ma anche per risolvere ciò che mi fa arrabbiare così tanto».

LASSISMO «Tendo a essere lassista perché cerco l'approvazione dei miei figli. Ma il ruolo del genitore non rende popolari. Ada Alden dice: "I bambini non hanno bisogno di genitori che siano amici. Hanno bisogno di genitori che sappiano essere amichevoli". Chi può insegnarmi a porre dei limiti in modo deciso ma cordiale?»

TRASCURATEZZA «Mi sono reso conto di aver creduto al luogo comune secondo il quale è impossibile porre dei limiti ai figli dopo che hanno compiuto tredici anni. Dove posso informarmi sullo sviluppo degli adolescenti, e su come consigliare e controllare mio figlio?»

CRITICA «Mi impongo di non criticare, e poi sento uscire dalle mie labbra le stesse parole di derisione che venivano rivolte a me. Devo mandare in pensione quel vecchio disco e sostituirlo con un nuovo linguaggio.»

ECCESSIVA INDULGENZA «Mi piace essere indulgente, ma so che non va bene. Mi chiedo come posso fare a provare le stesse sensazioni piacevoli senza danneggiare i miei figli».

Provateci. Mettetevi in viaggio. Fate tutto ciò che serve per spostarvi dai margini della strada o dai fossati nei quali vi trovate per raggiungere il centro della strada dell'educazione, e lasciate che gli effetti dei vostri sforzi equivalgano alle vostre buone intenzioni.

Qui di seguito riportiamo un esempio che associa le possibili reazioni a una delle situazioni proposte nei capitoli 14 e 21.

L'idolo di Allegra sta per arrivare in città. Lei e i suoi amici fremono dalla voglia di andare al concerto. Allegra, che ha dodici anni, chiede ai suoi genitori di comprarle un biglietto, di accompagnare lei i suoi amici all'ingresso e di andarli a riprendere alla fine.

ABUSO «Non mi fido né di te né dei tuoi amici. Sei sempre in cerca di guai, e sono sicura che ti metteresti nei pasticci anche questa volta» (abuso psicologico, attacco al carattere).

ATTENZIONE CONDIZIONATA «Certo, Allegra. È una buona idea accompagnare i tuoi amici. Voglio che tu abbia successo con loro» (viene imposto un prezzo da pagare: mi ricompensi avendo successo).

INTERVENTO ASSERTIVO «Prendi in prestito dalla biblioteca un CD del gruppo. Lo ascolteremo insieme, per vedere se quella musica è adatta a te».

SOSTEGNO «Se decidiamo che il concerto non è sicuro, è troppo caro o suonano musica inadatta a te, ti piacerebbe invitare qui i tuoi amici per una festa, quella sera? Lo sai che per me è importante che tu sia felice» (viene offerto un sostegno e viene proposta un'alternativa).

ECCESSIVA INDULGENZA «Se è questo quello che vuoi, tesoro, ti accontenteremo» (non viene dimostrato interesse per il bene della figlia).

NEGLIGENZA la mamma acconsente e compra i biglietti, anche se non potrebbe permetterseli. Non tiene conto della sicurezza o del tipo di messaggio che il gruppo trasmette ai fan (non si tiene conto della situazione e delle esigenze della famiglia).

RIGIDITÀ «Nessuno dei miei figli andrà mai a un concerto come quello. Non pensarci nemmeno!» (non si tiene conto del punto di vista della figlia).

CRITICA «L'unica cosa che sai fare è chiedere, chiedere, chiedere. Cosa c'è di sbagliato in te? Non sei mai soddisfatta» (ecco come sbagliare del tutto).

REGOLE NON NEGOZIABILI «Se il concerto è adatto a te puoi andarci, a condizione che con voi ci sia un adulto. Il biglietto lo dovrai comprare con i tuoi risparmi, e prima voglio fare una telefonata ai genitori dei tuoi amici» (vengono posti dei limiti).

REGOLE NEGOZIABILI «Puoi chiedere ai genitori dei tuoi amici di telefonarmi, o è meglio che li chiami io?» (viene offerta una possibilità di scelta). «Se trovi un adulto che io conosco disposto ad accompagnarvi, non ho obiezioni» (la figlia viene coinvolta per cercare di trovare una soluzione).

LASSISMO «Se i tuoi amici ci vanno, puoi andarci anche tu» (viene declinata ogni responsabilità).

TRASCURATEZZA «Fa' come credi, l'importante è che non debba venirti a prendere» (non viene assunto un comportamento da genitore).

Pensate che sia facile? Per Jean non lo è stato. Quando ha avuto il suo primo figlio e ha chiesto a sua madre: «Come faccio a sapere come si fa a essere un buon genitore?», sua madre le ha risposto: «Oh, ti verrà spontaneo». Lei ha aspettato l'illuminazione, ma non è mai arrivata. Per la maggior parte di noi non è una cosa facile. È più semplice prendersela con i figli. Tuttavia, siamo noi a dover guidare la famiglia, quindi, quando bisogna assumere il controllo di una situazione, siamo noi adulti a doverlo fare. Dobbiamo trovare il modo di soddisfare le nostre necessità. Non quelle fasulle di cibo, shopping, sesso, lavoro, dominio, gioco d'azzardo, alcol, droghe o eccitazione. Le nostre vere esigenze. Il nostro bisogno di amore e gratificazione, di fermezza, di stimoli, e di tranquillità.

Ricordate di chiedere aiuto tutte le volte che ne avete bisogno. Trovate la vostra strada, e seguitela.

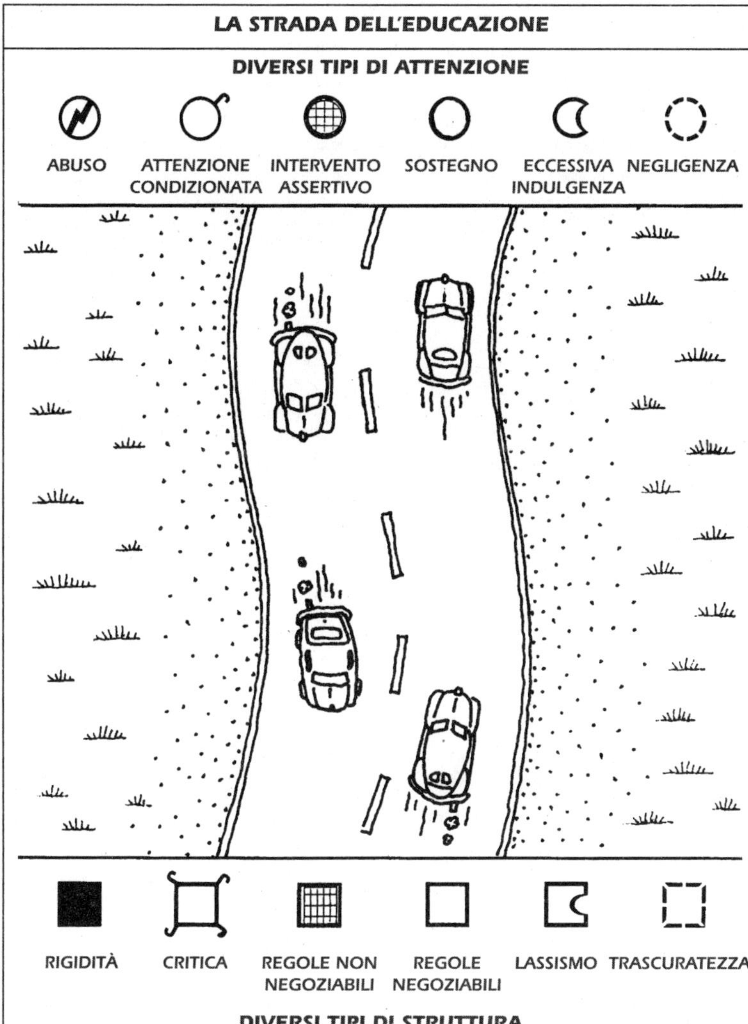

* * *

Crescere un figlio è un compito troppo importante e complesso per essere svolto da una sola persona o due.

PAT DAUNT

22

Fa' di me il tuo leader

Quando ero bambino, i miei genitori mi permettevano di assumere il comando o di dominare la famiglia

Chi comanda nella tua famiglia? chiese il consulente familiare. Io, rispose il bambino di otto anni.

Qualcuno deve assumere il controllo

Saggio, quel bambino di otto anni. Ha capito che in ogni gruppo deve esserci un leader, e se i genitori non assumono il controllo, deve farlo lui. È fondamentale che nella famiglia ci sia un capo, e se questo ruolo non viene ricoperto da un adulto, lo farà uno (o più di uno) dei figli.

Quando i genitori abdicano in favore dei figli, i membri della famiglia non ricevono ciò di cui hanno bisogno. I bambini non hanno la maturità o le competenze necessarie a guidare una famiglia, e non sono certo loro a doverlo fare. Quel bambino di otto anni è stato ingannato, e lo stesso vale per l'intera famiglia.

Il ruolo di leader spetta ai genitori. Quando permettono che parte delle loro funzioni vengano svolte dai figli, riprendersele non è affatto facile.

Cenare con i figli?

Nel corso degli anni Hal, Betsy e il loro figlio adolescente Tyler hanno creato un doloroso schema di relazioni che ha quasi distrutto la famiglia. Tyler chiede, Hal lo critica, Betsy interviene per cercare di far sentire meglio Tyler. Hal critica sua moglie e suo figlio, Betsy continua a proteggere Tyler e guarda suo marito con aria di sfida. Dopo ogni discussione, Tyler se la svigna, lasciando mamma e papà ad affrontare un altro dei loro lunghi silenzi. Nel frattempo, il ragazzo è di-

ventato scontroso e impertinente, ignora quasi tutte le regole (anche se ha contribuito a stabilirle) e si rifiuta di partecipare agli incontri di famiglia. Ha preso l'abitudine di rincasare quando gli pare, senza disturbarsi di informare i genitori su dove si trova. Forse la cosa più preoccupante è il linguaggio irrispettoso con il quale Tyler si rivolge ai suoi genitori, soprattutto a sua madre.

Quando Tyler, il giorno del Ringraziamento, se ne va senza dire una parola, Hal decide che ne ha abbastanza. Quando il ragazzo torna a casa, quella sera, suo padre lo afferra e lo scaglia sul pavimento, si siede sopra di lui e gli chiede: «Chi comanda qui dentro? Chi comanda qui dentro?». Dopo che Hal ha ripetuto la stessa domanda per dieci minuti, il ragazzo si decide a rispondere: «Tu, papà». Solo allora Hal permette a Tyler di rialzarsi.

Da quel giorno, Hal punisce severamente Tyler tutte le volte che il ragazzo usa un linguaggio maleducato o non si assume le sue responsabilità.

Oggi Tyler ha trent'anni, è un figlio accomodante e un uomo di successo. Parlando di quello che è successo il giorno del Ringraziamento, sua mamma dice: «Quello è stato un punto di svolta per Tyler e me. Rimpiango di aver permesso che Tyler conducesse le nostre vite. Avremmo dovuto fare qualcosa molto prima. Dopo che abbiamo preso posizione, le cose sono cambiate drasticamente per Tyler e per noi».

Si dice che la natura non tolleri il vuoto, che ogni spazio libero implori di essere riempito. Quando gli adulti non assumono il loro naturale ruolo di leader, lasciano un vuoto, che viene colmato dai figli, perché nessuna famiglia può fare a meno di un leader. Dopo tutto, lo scopo primario dei figli è quello di tenere unita la loro famiglia, quindi faranno qualunque cosa per prendersi cura dei loro genitori e cercare di garantire la sopravvivenza del nucleo familiare. Si assumeranno responsabilità e ruoli che gli adulti rifiutano, sebbene non abbiano l'esperienza necessaria per farlo.

Cenare senza figli

Quando i loro amici suggerirono di andare tutti insieme al ristorante dopo la regata, Dick e Stephanie declinarono l'invito con una scusa. La verità era che, ogni volta che portavano fuori a mangiare i loro figli di cinque e sette anni, i bambini facevano i capricci e loro non riuscivano a gustarsi la serata, erano terribilmente imbarazzati, e finivano con l'arrabbiarsi molto con i ragazzi. Dopo quella sera, però, decisero che le cose dovevano cambiare. Consultarono diversi libri e ne parlarono con una zia, dopodichè stabilirono un piano.

La settimana seguente Dick e Stephanie chiesero ai bambini di salire in macchina. Mentre viaggiavano, spiegarono loro che stavano andando nello stesso ristorante in cui, qualche settimana prima, avevano fatto una scenata. Invece di andare direttamente al locale, però, fecero una sosta programmata a casa di zia Rachael e annunciarono senza tante cerimonie che i bambini sarebbero rimasti con lei, mentre mamma e papà si sarebbero goduti la cena senza di loro a fare confusione. Poi se ne andarono.

La zia non fece nulla per intrattenere i bambini. La cena fu nutriente ma semplice, poi i ragazzi la aiutarono a strappare le erbacce dal giardino.

Dopo aver cenato in santa pace, i genitori passarono a prendere i bambini. Resistettero alla tentazione di fare una predica, ma parlarono a lungo di quanto fosse stato piacevole e di quanto si fossero divertiti.

Quando decisero di organizzare un'altra cena al ristorante, Dick e Stephanie si domandarono ad alta voce se i ragazzi fossero pronti ad andare insieme a loro. Entrambi si misero a saltare e gridarono: «Siamo pronti! Siamo pronti!». Inaspettatamente, però, il programma prevedeva la stessa sosta a casa di zia Rachael e la stessa cena frugale.

Quella sera, mentre tornavano a casa, i bambini chiesero: «Che cosa dobbiamo fare?». I genitori dissero di essere scettici, ma promisero che avrebbero fatto delle prove a casa, fino a quando i bambini non fossero stati pronti a cenare insieme a loro al ristorante.

Buone intenzioni, risultato positivo

Possono i genitori single fare tutto questo? Certamente. Identificando (o creando) un team composto da famiglie, amici, educatori e gruppi di sostegno, i genitori single possono fare le stesse cose che hanno fatto Hal, Dick e Stephanie. Il principio è lo stesso, cambiano solo i dettagli.

La situazione che riportiamo qui di seguito dimostra che il genitore può assumere – o riconquistare – il controllo della famiglia:

- I figli cercano di assumere il controllo prima di avere l'esperienza e le competenze per farlo.
- I figli si comportano male, in un modo che è autolesionistico o allontana gli altri.
- Le energie dei figli vengono utilizzate per cercare di mantenere la stabilità della famiglia. A risentirne è il loro sviluppo.

A volte i genitori cedono il comando ai propri figli perché ritengono che sia importante vivere in una democrazia e desiderano che loro ne imparino i principi. Tuttavia, essere democratici non significa che non ci deve essere un leader. Al contrario, le democrazie forti sono guidate da capi carismatici.

Tutti noi, adulti compresi, abbiamo bisogno di un leader che ci aiuti a soddisfare il nostro bisogno di avere una struttura di riferimento, di ricevere gratificazioni e stimoli. Un buon capo è in grado di offrire tutte e tre le cose: una struttura che dia stabilità, il riconoscimento del fatto che ciascun membro del gruppo è importante, lo stimolo che incentiva la crescita. La famiglia è il primo gruppo nel quale il bambino impara che cosa è un capo, ed è importante che i genitori abbiano il controllo della situazione, per lui e per loro stessi.

I tre ruoli di un buon leader

Un buon leader è fondamentale per la solidità del gruppo, a partire dalla famiglia. Per essere davvero tale, il leader deve essere *responsabile*, *effettivo*, *psicologico*.

Il *leader responsabile* è la persona che ha un titolo. Nella famiglia, il titolo è sempre quello di genitore. Se qualcosa va storto, è lui che viene chiamato a risponderne di fronte alle autorità competenti.

Il *leader effettivo* è colui che ottiene delle risposte quando fa delle domande, viene ascoltato quando dà delle istruzioni, e prende le decisioni. Il leader effettivo è anche colui che fa le cose, o si assicura che vengano fatte.

Il *leader psicologico* ha una posizione particolarmente influente nel gruppo. È irresistibile, onnipotente, instancabile, senza paura. Il leader psicologico deve sempre essere compiaciuto o accontentato (non sorprende il fatto che, quando ai bambini viene permesso di assumere il comando, spesso vengono chiamati il Piccolo Imperatore o la Piccola Principessa).

In genere, i genitori devono assumere contemporaneamente tutti e tre i ruoli all'interno della famiglia. Tuttavia, qualche volta uno o due di questi ruoli può essere provvisoriamente delegato a uno dei figli, per ragioni precise e per un periodo di tempo limitato, a condizione che si tratti di una funzione adeguata al suo livello di sviluppo.

Il bambino come (provvisorio) leader responsabile o effettivo

In una famiglia, in circostanze particolari il bambino potrebbe ritrovarsi investito del ruolo di leader responsabile o effettivo. Alcuni bambini vivono questo incarico come un peso, ma se i genitori spiegano chiaramente le ragioni e la durata di questo ruolo, per loro potrebbe diventare un'opportunità per dimostrare le proprie capacità. Condividere il comando con i figli, a condizione che siano in grado di offrire il loro sostengo, aiuta ad accrescere la loro autostima e ad acquisire competenze.

Miguel accompagna i suoi genitori, che non parlano inglese, a una riunione con l'insegnante. Quando l'insegnante pronuncia ad alta voce il nome dei suoi genitori, lui si alza in piedi, assumendo provvisoriamente la responsabilità. Durante la riunione traduce per loro. In questo caso svolge il ruolo del leader effettivo, permettendo che le cose si svolgano nel modo giusto. Al termine della riunione, l'insegnante lo ringrazia per il suo aiuto. È il segnale che per il momento il suo compito di leader è terminato, e che il giorno dopo potrà tornare a essere semplicemente uno studente. Una volta a casa, anche i suoi genitori lo ringraziano per quello che ha fatto: «Ora, figliolo, possiamo parlare di quello che ha detto il tuo insegnante. Siamo orgogliosi di te per i risultati che hai ottenuto in arte e in storia, ma vorremmo che ti impegnassi di più in scienze e in matematica. Cosa puoi fare per migliorare in queste materie?». I genitori di Miguel hanno assunto di nuovo il ruolo di leader della famiglia, riconoscendo al bambino il merito di essere un membro importante in grado di offrire il proprio contributo, ma non il leader.

Qualche volta, in situazioni di emergenza, il bambino è chiamato ad assumere provvisoriamente uno o più d'uno dei ruoli di leader.

La mamma di Clara è costretta a recarsi fuori città per accudire una nonna malata, e durante la sua assenza affida provvisoriamente il controllo alla figlia tredicenne. «Clara, la nonna è malata e devo andare da lei. Starò via da giovedì a lunedì. Vorrei portarvi con me, ma non posso portare Benji in ospedale, e ho bisogno che tu stia qui a prenderti cura di lui. Papà ha degli impegni di lavoro importanti, ma giovedì dovrebbe riuscire a tornare a casa presto. Ti prepareremo una giustificazione per l'assenza dall'ultima ora di lezione e dalle attività pomeridiane di venerdì e lunedì. Mi dispiace doverti chiedere questo, ma i membri di una famiglia si aiutano fra loro, e ora la nonna ha bisogno di me. Penseremo insieme al menu di questi giorni, e andrò a fare la spesa prima di partire. Penseremo anche ad alcune cose che potrai fare insieme a Benji, e ti mostrerò come calmarlo se si agita. Tuo papà starà con te tutte le sere e durante il fine settimana.»

La mamma di Clara le ha offerto una struttura di riferimento, il riconoscimento di un ruolo e lo stimolo di cui ha bisogno. In qualità di genitore, è lei il leader responsabile. Il fatto che sia anche il leader effettivo risulta evidente dai progetti che ha fatto per aiutare Clara, e la funzione di leader psicologico emerge dalla determinazione con la quale spiega che cosa vuole e cosa si aspetta da Clara. Non le ha chiesto: «Va bene?», o «Sei disposta a farlo?», o «Per favore». Il suo atteggiamento, la sua determinazione e la fiducia che dimostra nelle capacità della figlia Clara trasformano un inconveniente in un modo per permettere alla ragazza di offrire il proprio contributo alla famiglia, assumendo provvisoriamente il ruolo di leader. Tutti i bambini, indipendentemente dall'età, hanno bisogno di sapere che sono utili al resto della famiglia.

La condivisione del ruolo di leader responsabile, effettivo e psicologico

In alcune famiglie, tutte e tre le funzioni del leader sono svolte dalla stessa persona – in genere la madre, il padre, oppure un nonno. In altri casi i genitori riuniscono i tre ruoli, ma li condividono – per esempio, il padre potrebbe essere il leader responsabile e psicologico e la madre il leader effettivo.

A volte capita che parte del comando sia assunto da qualcuno esterno alla famiglia. Quando Wanda, una mamma single, si ammalò, diversi membri del gruppo di sostegno del quale faceva parte assunsero provvisoriamente il ruolo di leader effettivo portando i pasti alla famiglia, prendendo gli appuntamenti con il dottore e accompagnando la figlia a scuola. Una di loro, Annette, diventò provvisoriamente il leader psicologico, chiamando ogni giorno, cercando di tenere alto il morale di Wanda, e accertandosi che la donna si curasse.

In alcun casi, i ruoli si alternano a seconda dei diversi ambiti della vita familiare. In casa Rutger, per esempio, entrambi i genitori sono leader responsabili, ma il padre è il leader psicologico nell'ambito sportivo. Vorrebbe che i suoi figli diventassero molto bravi, praticando a livello agonistico. La mamma, invece, è il leader effettivo: li accompagna alle partite e agli allenamenti, e si assicura che le loro divise siano sempre pulite. Nella gestione della casa, è la signora Rutger a svolgere tutti e tre i ruoli, mentre il signor Rutger è il leader effettivo per quanto riguarda la scuola: è lui che partecipa alle riunioni e controlla che i ragazzi facciano i compiti. Il ruolo psicologico è condiviso da entrambi, che si preoccupano di stabilire degli standard per il rendimento scolastico e offrono il giusto riconoscimento per un lavoro ben fatto.

Tutti i bambini, indipendentemente dall'età, hanno bisogno di sapere che sono utili al resto della famiglia.

Obiettivi conflittuali dei leader familiari

La condivisione dei ruoli funziona bene finché i genitori sono d'accordo sugli obiettivi della famiglia. A volte, però, il controllo da parte dei genitori vacilla, se prima non sono stati definiti chiaramente gli obiettivi da raggiungere o se mamma e papà hanno idee diverse in proposito. Questa situazione, per esempio, a volte si verifica nelle coppie divorziate. Tuttavia se i genitori, pur avendo obiettivi diversi, li espongono chiaramente e rispettano quelli dell'altro coniuge, possono evitare di confondere i figli, i quali imparano che nelle due case possono esserci obiettivi diversi, regole diverse e comportamenti diversi.

Ecco l'opinione di Martha Farrell Erickson, direttrice del Children, Youth and Family Consortium dell'Università del Minnesota:

> Le ricerche condotte sulle conseguenze del divorzio sono state sopravvalutate, e a volte la metodologia è problematica. La maggior parte dei figli di genitori separati non ha problemi seri, e gran parte delle conseguenze negative per il bambino vengono mitigate se gli adulti decidono di collaborare nella sua educazione e si assicurano che il bambino abbia un rapporto stretto, positivo e continuativo con entrambi.[1]

Forza equivale a struttura, affetto equivale ad attenzione.

In realtà, se gli obiettivi dei genitori sono in contrasto, il bambino ne risente maggiormente quando mamma e papà vivono nella stessa casa:

Il matrimonio di Elizabeth e Robert è in crisi da molti anni. Entrambi hanno mandato messaggi espliciti ai propri figli riguardo a ciò che è importante. In alcuni casi, però, questi messaggi sono in contraddizione, e questo confonde i bambini. Robert pensa che le regole di Elizabeth sul comportamento responsabile verso la società siano troppo severe, mentre Elizabeth ritiene che Robert sia troppo indulgente con i figli riguardo all'acquisto delle attrezzature sportive.

Quando un consulente familiare chiede a entrambi di elencare gli obiettivi della loro famiglia, le difficoltà diventano lampanti. I due non si erano mai confrontati sull'argomento, e ognuno di loro dava per scontato che gli obiettivi della propria famiglia di provenienza sarebbero andati bene anche per la nuova realtà familiare.

Crescendo, Elizabeth ha fatto propri gli obiettivi della sua famiglia, che erano, nell'ordine:

- Rendere il mondo un posto migliore.
- Sostenere e rimanere accanto alla propria famiglia.
- Fare dell'educazione una priorità assoluta.
- Guadagnare abbastanza per vivere nel miglior modo possibile.

Nella famiglia in cui è cresciuto Robert, invece, gli obiettivi erano, in ordine di importanza:

- Guadagnare abbastanza per vivere bene.
- Sostenere e rimanere accanto alla propria famiglia.
- Fare dell'educazione una priorità assoluta.

Quando Elizabeth annuncia che intende candidarsi per le elezioni comunali, Robert cerca di impedirglielo: «Sarebbe meglio che non lo facessi. La tua famiglia viene prima. Ti porterà via troppo tempo. Rimani a casa e prenditi cura di noi».

Elizabeth si stava preparando ad assumere un ruolo effettivo nella società, in linea con il suo primo obiettivo. Robert ha usato le sue funzioni di leader effettivo e psicologico della famiglia per promuovere il suo obiettivo numero uno, cioè vivere bene. Elizabeth ha accettato, ma non è felice di questa scelta. Di fronte al conflitto di ruoli fra i genitori, uno dei figli di Elizabeth e Robert ha assunto provvisoriamente la funzione di leader psicologico.

L'obiettivo del giovane Tim è diverso da quelli di entrambi i suoi genitori: vuole divertirsi. Tim cerca di promuovere attività divertenti ogni volta che può. Ben presto trova il modo di proporre attività sempre diverse, e si arrabbia molto se i suoi genitori non lo accontentano (ricordate, il leader psicologico è quello al quale bisogna obbedire).

Per evitare conflitti fra loro, Elizabeth e Robert (del resto, a entrambi piace divertirsi) ben presto si ritrovano al servizio di Tim, e utilizzano sempre più spesso il loro ruolo di leader effettivi per sostenere e organizzare le attività ricreative che il figlio chiede insistentemente: giocano a minigolf, vanno allo zoo, partecipano a eventi sportivi, giocano a carte e fanno giochi di ruolo, comprano dei nuovi videogiochi, acquistano degli attrezzi per allestire un miniparco in giardino. Le faccende di casa e le lezioni ben presto vengono dimenticati, Tim smette di acquisire le competenze adeguate alla sua età, e i genitori diventano ansiosi perché si rendono conto che qualcosa non va. Gli equilibri della famiglia saltano, e Tim viene trattato con eccessiva indulgenza, a causa della totale mancanza di una struttura di riferimento, e dell'eccesso di libertà e potere che gli vengono concessi.

I figli hanno bisogno di genitori che remano nella stessa direzione, puntando verso la stessa meta, lasciando liberi i figli di concentrasi sul loro compito, quello di crescere.

Tu sarai il capo, va bene?

A volte gli adulti incoraggiano inavvertitamente i propri figli a diventare i leader effettivi della famiglia e a prendere le decisioni, utilizzando in modo scorretto le espressioni «okay?» o «va bene?». I bambini (e anche gli adulti) le interpretano come se volessero dire «sei d'accordo?», quando in realtà i genitori intendono semplicemente dire «hai capito?». Così, quando chiedono «okay?», ottengono un «no» come risposta, ma pretendono che il bambino ubbidisca ugualmente, e lui si sente inevitabilmente confuso o persino ingannato.

Provate a mettervi nei panni di vostro figlio. Immaginate che vi vengano fatte le richieste che riportiamo qui di seguito, e che voi non siate molto dell'idea. Non siete d'accordo, e rispondete di no, ma i vostri genitori insistono perché lo facciate comunque.

- «Ora ti metto nel seggiolino del carrello, okay?»
- «È ora di andare a dormire. Okay?»
- «Non dimenticare il caschetto per la bici, okay?»
- «Chiamami quando arrivi a casa del tuo amico, okay?»

Voi vi sentireste ascoltati? Pensate che questo aiuterebbe ad aumentare la fiducia nell'adulto?

L'intenzione dei genitori probabilmente è quella di assicurarsi che il bambino abbia sentito e compreso, ma dal momento che «okay?» suona come una richiesta di assenso, quelle parole mettono il bambino, nella posizione di dover decidere. Sarebbe meglio chiedere: «Hai capito?» o, meglio ancora, utilizzare una delle frasi seguenti:

- «Ora ti metto nel seggiolino del carrello, tesoro. Alza le braccia.»
- «È ora di andare a dormire. Andiamo.»
- «Non dimenticare il caschetto per la bici, serve a proteggerti la testa.»
- «Chiamami quando arrivi a casa del tuo amico. Dobbiamo sapere dove ti trovi.»

Provate ancora una volta a dare ascolto alle vostre emozioni. Vi sentite ascoltati? Questo vi aiuterebbe ad aumentare la vostra fiducia nell'adulto?

Quando gli adulti non si comportano da adulti

Quando, a causa della malattia di un adulto, o di una dipendenza, di un'assenza prolungata, o di negligenza, la gestione della casa ricade spesso o costantemente su uno dei figli, quest'ultimo è costretto ad assumere alcune delle funzioni del leader effettivo.

La mamma di Mina, undici anni, è alcolista. La maggior parte delle volte Mina fa la spesa mentre torna a casa da scuola, aiuta sua mamma – già ubriaca – a trasferirsi dal divano al letto, riordina la casa e prepara la cena (per lo più cibi precotti) per sé e per i suoi fratelli più piccoli. Nessun adulto sembra accorgersene. Il risultato è che Mina non può contare su una struttura di riferimento e non riceve il riconoscimento di cui ha bisogno. Inoltre, la gestione della casa sottrae del tempo prezioso all'apprendimento dei suoi compiti di sviluppo.

In questo caso la rinuncia al ruolo di leader da parte del genitore è evidente. Si tratta di un chiaro esempio di negligenza, ma anche di eccessiva indulgenza, perché a Mina viene concesso troppo potere.

In altri casi, il passaggio del ruolo di leader effettivo al bambino è molto più sottile.

Jacob, due anni, dimostra la tendenza tipica dei bambini della sua età a chiedere molto e a fare resistenza. Ruth, sua mamma, è dell'idea che un bravo genitore non debba dire di no al proprio figlio. Crede anche che la funzione di un genitore sia fare in modo che i propri figli siano felici. Il risultato è che concede troppo a Jacob.
Ora, all'età di cinque anni, Jacob ha le idee molto chiare su ciò che vuole. Sua madre ubbidisce a bacchetta a ogni sua richiesta, e non riesce a capire perché il bambino sia ingrato e spesso infelice.

Apparentemente Ruth sembrerebbe il leader effettivo, perché è molto impegnata a cercare di far funzionare la famiglia. Tuttavia, non bisogna dimenticare che il capo effettivo è colui che prende le decisioni, e in questo caso è Jacob. Il bambino ha perso la sicurezza che deriva dalla solidità di una struttura di riferimento stabilita dai genitori.

Genitori che reclamano il loro ruolo di leader

Se vi accorgete che, intenzionalmente oppure no, avete ceduto parte del comando della famiglia a uno o a più d'uno dei vostri figli, la check-list seguente potrebbe aiutarvi a riacquistare il controllo:

1. Mettete in chiaro quali sono gli obiettivi e i valori della vostra famiglia. Il libro di Harriet Health, *Using Your Values to Raise Your Child to Be an Adult You Admire,* vi sarà particolarmente utile.

2. Spiegate ai vostri figli quali sono gli obiettivi della vostra famiglia. Metterli per iscritto potrebbe essere molto utile. Come dice il detto, *se non è scritto, non esiste*.
3. Individuate quale parte del vostro ruolo di leader avete delegato.
4. Spiegate ai vostri figli che avete fatto uno sbaglio a lasciare che fossero loro ad assumere il comando, e volete rimediare. D'ora in poi sarete voi a prendere le decisioni: «Troppo spesso ho lasciato che fossi tu a decidere. D'ora in poi sarò io a decidere a che ora si fa colazione. Puoi scegliere che cosa mettere per andare a scuola, a condizione che tu sia pronto in tempo per la colazione. Se non sei pronto, decido io come ti vesti. E non pensare di saltare la colazione per guadagnare tempo». Potreste anche aggiungere: «Forse all'inizio non sarò molto bravo, ma con il tempo migliorerò».
5. Ignorate le loro obiezioni.
   - Se dicono: «Non cambiare. Ormai mi sono abituato così», rispondete: «Devo cambiare. Sono un genitore, e devo fare il mio dovere».
   - Se dicono: «Ti odio», voi rispondete: «Probabilmente sì, ma io ti voglio bene comunque».
   - Se dicono: «Chiamerò il telefono azzurro», voi rispondete: «Ecco il numero. L'aiuto di un buon assistente sociale potrebbe essermi d'aiuto».
   - Se dicono: «Non voglio che cambi», rispondete: «Questo non mi sorprende, ma avrei dovuto farlo molto prima».
   - Se fanno il diavolo a quattro, dite loro: «Prima o poi ti abituerai, vedrai che non è poi così male».

Nella maggior parte dei casi il bambino si abitua in fretta, e quando i genitori si riappropriano del loro ruolo di leader è molto più contento.

Ricordate, cedere una delle funzioni del capofamiglia ai propri figli è una forma di eccessiva indulgenza nei loro confronti. Concedere loro troppo potere o troppe responsabilità può interferire con l'apprendimento dei normali compiti di sviluppo, che è il punto numero uno del *Test dei quattro indizi*.

Leadership condivisa

Man mano che crescono, i figli hanno bisogno di assumere il controllo effettivo in molti ambiti della loro vita. Anno dopo anno, l'adolescente conquista un po' di autonomia in più, e man mano che fa propri gli obiettivi della famiglia, aggiungendo parte della sua energia di leader psicologico al nucleo familiare, contribuisce alla sua unità.

La condivisione delle funzioni di capofamiglia con i figli grandi, ormai giovani adulti, diventa una sorta di passo a due, in cui i ruoli si sovrappongono e si alternano:

Quando Cameron, che aveva vissuto da solo per un certo periodo di tempo, tornò a casa, in famiglia fu stabilito un chiaro patto di condivisione dei ruoli di leader. I suoi genitori (i leader responsabili) indicarono due ambiti nei quali, secondo loro, il ragazzo avrebbe dovuto assumere il controllo: la manutenzione delle auto e i lavori di giardinaggio (leadership effettiva). Il bucato, la cucina e la pulizia della casa furono suddivisi fra tutti con turni settimanali (leadership effettiva). Cameron insistette (leadership psicologica) perché venissero fatti alcuni lavori di riparazione alla casa, che durante la sua assenza era stata trascurata dai suoi genitori.

Il ciclo della vita

Più tardi, nel ciclo della vita, può capitare che un figlio, ormai adulto, debba assumere il controllo effettivo in alcuni ambiti, se ci sono cose che i genitori non sono più in grado di fare. In alcuni casi, a causa di incapacità mentale, il figlio adulto si trova a dover assumere completamente il controllo, mentre il ciclo della vita fa il suo corso.

Genitori – e nonni – per sempre

In qualche caso i genitori devono riassumere il loro ruolo di capofamiglia, per esempio quando un figlio adulto muore, si ammala, o non svolge adeguatamente il suo ruolo.

Nonna Emma assunse tutte e tre le funzioni di leader, prendendo in custodia i suoi tre nipoti, dal momento che la loro mamma, assuefatta all'uso di stupefacenti, abusava di loro e li trascurava. Per consentire il cambiamento, Emma dovette esercitare una forte leadership psicologica nella famiglia allargata. Diventò il leader responsabile, il custode, e il leader effettivo, colui che stabilisce gli obiettivi e fa in modo che vengano rispettati. Non è questo che Emma aveva sperato per la sua famiglia, e questa situazione la fece soffrire molto, ma fece ciò che era necessario per il bene dei suoi nipoti.

A volte, il fatto che i genitori siano costretti a riassumere il ruolo di capofamiglia comporta cambiamenti drastici. In altri casi, invece, si tratta di un aiuto molto gradito.

Faith, una donna di mezza età, stava gradualmente perdendo l'udito. Il dottore le disse di non sollevare pesi, perché il cambio di pressione avrebbe potuto danneggiare ulteriormente l'apparato uditivo.

I suoi genitori le chiesero come pensava di organizzarsi per togliere le controfinestre e sistemare il giardino. Non volendo rinunciare alla sua indipendenza, Faith rispose semplicemente che ci avrebbe pensato lei, facendo molta attenzione. Avrebbe fatto rotolare i ciottoli di cemento per creare il sentiero, e avrebbe tolto una sola controfinestra al giorno. Dal tono della sua voce fu chiaro che non avrebbe ammesso discussioni. Mamma e papà si consultarono fra loro: «Non è facile comportarsi da genitori con un adulto, ma è evidente che questa volta dobbiamo intervenire. Come possiamo farlo cercando di rispettare il suo desiderio?».

Consegnarono a Faith una busta con un assegno, e le dissero: «Sappiamo che ora sei indipendente, e ne siamo felici, ma in questo caso vogliamo che tu ti faccia aiutare dai tuoi genitori e che incarichi qualcuno di togliere le controfinestre e sistemare il giardino al posto tuo. Stiamo facendo un investimento sul tuo udito». Faith pianse e rise contemporaneamente abbracciando i suoi genitori. «Mi conoscete troppo bene. Farò come dite voi».

I genitori di Faith si sono intromessi, mettendo in atto la loro funzione di leader effettivi, e hanno deciso di regalarle dei soldi senza peccare di eccessiva indulgenza nei suoi confronti, e senza imporre il loro controllo in ambiti nei quali non era necessario. Buone intenzioni, ottimo risultato.

Alla salute!

Man mano che la famiglia invecchia, i figli ormai adulti si alternano e condividono il ruolo di capofamiglia con i genitori, in base alla situazione. Se questo avviene nel rispetto reciproco, ne nascerà una famiglia allargata in perfetta armonia. In questo caso il brindisi che ci è stato tramandato dagli antichi greci si adatta perfettamente:

> *Brindo*
> *Non sopra di te*
> *Non sotto di te*
> *Ma al tuo fianco!*

* * *

La nostra paura più grande
non è quella di essere inadeguati,
la nostra paura più grande
è quella di esercitare il nostro potere
oltre misura.

NELSON MANDELA

PARTE QUINTA

Per i genitori che sono stati trattati con eccessiva indulgenza da bambini

23

Non lo farò mai!

In che modo l'essere stati trattati con troppa indulgenza influisce sul futuro genitore

Non farò mai ai miei figli quello che i miei genitori hanno fatto a me, dissi. Ops, l'ho appena fatto di nuovo.

L'eredità

Chi ha avuto dei bravi genitori è fortunato, perché ha ricevuto un'eredità preziosa, ha imparato come educare bene i propri figli. Tutti gli altri, però, che hanno ricevuto un esempio imperfetto[1] dai propri genitori biologici o dagli adulti che si sono presi cura di loro quando erano giovani, devono lavorare molto. Devono scegliere fra ciò che è utile e ciò che è inutile, conservare quello che ritengono utile, e sostituire in modo costruttivo ciò che è stato scartato.

L'obiettivo è quello di smettere di essere troppo indulgenti con i propri figli.

Tuttavia, cambiare potrebbe essere molto difficile. Perché? Perché l'esempio che abbiamo ricevuto per noi diventa il modo più naturale di comportarci, e tutto ciò che abbiamo imparato riaffiora continuamente in superficie per essere utilizzato in qualunque momento. In particolare, quando ci troviamo in situazioni di forte stress, ci ritroviamo a fare esattamente le stesse cose che facevano i nostri genitori, anche se, quando eravamo noi a subirle, non ci sembravano giuste. E con noi non hanno funzionato.

L'esatto opposto

Alcune persone di carattere forte decidono di fare esattamente l'opposto rispetto ai loro genitori, prendendo le distanze dalla loro infelice esperienza, e ottengono buoni risultati. Alcuni adulti che sono stati picchiati non hanno mai colpito i propri figli. Altri, che sono stati vittime di incesto, sono attentissimi nel vigilare che i loro figli siano al sicuro. Alcuni di coloro che sono cresciuti in una famiglia di alcolisti trovano un compagno o una compagna o degli amici in grado di aiutarli, e riescono a lasciarsi per sempre alle spalle il sistema delle dipendenze, anche se questo significa allontanarsi da alcuni membri della propria famiglia. Qualcun altro, che è stato trattato con eccessiva indulgenza durante l'infanzia, riesce a non ripetere gli stessi errori con i propri figli. Ma non sempre le cose vanno così.

Se provate a rileggere le tabelle della strada dell'educazione (pp. 234-35 e 164-65), noterete che la disposizione dei sei metodi indicati per ognuna delle due offre delle indicazioni su come si possono effettuare dei cambiamenti, dai quali i nostri figli possono trarre grossi vantaggi.

Ecco in che modo. Se mi accorgo che il tipo di attenzione che ho ricevuto era per lo più condizionata e voglio che mio figlio si senta amato, invece di offrirgli sostegno e una presenza assertiva, potrei puntare all'opposto dell'attenzione condizionata e dell'eccessiva indulgenza. Non dimenticate ciò che è stato detto sulle buone intenzioni e sull'effettivo risultato. Oppure, se voglio cambiare il mio modo di essere genitore, potrei fare riferimento alla tabella relativa ai diversi tipi di strutture e cercare di passare dalla corsia laterale della critica a quella del lassismo, nel tentativo di mitigare quella che è stata la mia esperienza da bambino.

Avendo ben presenti le qualità e i vantaggi delle posizioni centrali di entrambe le tabelle, quando mi accorgo che mi sto comportando in modo poco costruttivo, posso sempre puntare verso il centro della strada.

Ecco che cosa ci hanno detto gli adulti che sono stati trattati con eccessiva indulgenza da bambini riguardo al loro modo di essere genitori.

TESTIMONIANZE DIRETTE

SE HAI DEI FIGLI, LI TRATTI CON ECCESSIVA INDULGENZA?

- ✓ «È la cosa che mi riesce meglio. Mi aiuta a mantenere il controllo e a rimanere in movimento.»
- ✓ «In genere sono indulgente con loro quando le mie esigenze non vengono soddisfatte.»
- ✓ «Voglio che abbiano tutto quello che posso dargli. Questo mi fa stare bene.»
- ✓ «Eccedo nel tempo che dedico alle loro attività intellettuali e ricreative, perché i miei genitori non trascorrevano abbastanza tempo con me e non potevano permettersi di offrirmi gli stimoli intellettuali che mi sarebbe piaciuto ricevere.»
- ✓ «I miei genitori ritenevano che l'indulgenza fosse una cosa necessaria, e io non conosco altri tipi di comportamento.»
- ✓ «Quando torno a casa tardi dal lavoro porto a mio figlio una sorpresa. Voglio che impari in fretta.»
- ✓ «Ho l'impressione di non essere capace di far rispettare le regole, e questo mi fa sentire male, soprattutto quando mi accorgo di aver gestito male una situazione. Poi tiro mio figlio fuori dai guai, qualche volta dandogli dei soldi, anche se non ne abbiamo, così lui si riconcilia con me.»
- ✓ «Non credo di avere le idee chiare su che cosa significhi esattamente eccessiva indulgenza, e su quale sia il metodo giusto.»

Rimediare agli eccessi di indulgenza: i quattro ostacoli

Per qualcuno non è facile interrompere una catena di comportamenti eccessivamente indulgenti. Ci sono diversi fattori che ci ostacolano, ci trattengono, o ci bloccano del tutto.

1. C'è un segreto che bisogna mantenere per evitare derisioni.
2. Se non abbiamo riconosciuto l'indulgenza e non siamo riusciti a darle un nome, probabilmente non sappiamo contro cosa dobbiamo combattere.
3. Non vogliamo ferire i nostri genitori, del resto le loro intenzioni erano buone.
4. Probabilmente non abbiamo idea di come poter rimediare.

Ora proviamo a eliminare questi quattro ostacoli.

1. IL SEGRETO. Non devono esserci segreti. Dobbiamo parlare apertamente e senza vergogna: stiamo parlando dell'eccessiva indulgenza.
2. IL NOME. Per cercare di risolvere un problema insidioso dobbiamo prima dargli un nome. Abbiamo definito questa condizione eccessiva indulgenza, e abbiamo analizzato le nostre convinzioni e i nostri comportamenti in modo da poterne parlare, prenderne coscienza e studiare le nostre sensazioni.
3. L'INTENZIONE. Rispettiamo le buone intenzioni che si celano dietro a un comportamento indulgente, ma bisogna riconoscere che nella vita a volte capita che le buone intenzioni non portino al risultato sperato.
4. L'IDEA. Nessuna idea di cosa fare? Innanzitutto possiamo smettere di ignorare il problema.

Il rifiuto del problema: la colla che ci unisce

Una delle ragioni per cui spesso non facciamo ciò che ci eravamo ripromessi è il rifiuto, la tendenza a ignorare l'esistenza del problema.

Questo ci impedisce di risolvere le difficoltà, di estrarre i piedi dal fango. Probabilmente non ci rendiamo conto che stiamo ignorando un problema, e non siamo del tutto consapevoli del fatto che il rifiuto fa parte della nostra cultura. È una cosa che fanno tutti. È una tendenza talmente comune che non ce ne accorgiamo nemmeno. Tuttavia, una volta che ce ne siamo resi conto, cambiare le cose è più facile.

Ci sono vari livelli di rifiuto. Proveremo a identificarli, in modo che sia più facile contrastarli. La situazione è questa: una mamma, che di recente ha imparato che cos'è l'eccessiva indulgenza, dice a suo marito di essere preoccupata perché ritiene che sia troppo condiscendente nei confronti del figlio:

PROBLEMA la donna dice: «Ho l'impressione che tu stia spendendo troppo per Jerry».

Livello 1: *rifiuto dell'esistenza del problema*
Il marito risponde: «I vicini lo fanno, ma io no» (il problema non esiste);

Livello 2: *rifiuto della gravità o degli effetti negativi del problema*

Il marito risponde: «È vero, spendo molto per Jerry, ma le cose che gli compro gli piacciono molto e le usa sempre» (riconosce che potrebbe esserci un problema, ma ritiene che non abbia un effetto negativo su di lui o su suo figlio);

Livello 3: *rifiuto della possibilità di risolvere il problema*

Il marito risponde: «Forse ha troppe cose, ma con tutto quello che hanno i suoi amici, non possiamo fare nulla per evitarlo» (riconosce il problema e le sue conseguenze, ma crede che non ci sia soluzione);

Livello 4: *rifiuto della propria capacità di trovare una soluzione e metterla in pratica*

Il marito risponde: «Nonostante tutte le cose che compro a Jerry, lui ne chiede sempre di più. Di certo la cosa non mi fa piacere, ma cosa posso fare? I ragazzi sono tutti uguali. Forse alcuni genitori, oppure un consulente familiare, saprebbero come comportarsi, ma io non ci riesco» (riconosce il problema, le conseguenze e la possibilità di risolverlo, ma non si assume la responsabilità di farlo);

Volontà di risolvere il problema

«Né io né Jerry ci divertiamo più insieme. Troverò il modo di cambiare le cose, così smetterò di sentirmi responsabile e potrò ricominciare ad apprezzare mio figlio».

Comportamenti e atteggiamenti del genitore nei confronti del bambino: trappole in agguato

Il nostro terzo studio sul problema dell'indulgenza ci ha permesso di individuare alcune delle trappole nelle quali i genitori di oggi tendono a cadere, lascito di un comportamento eccessivamente indulgente nei loro confronti quando erano bambini. Abbiamo individuato alcuni atteggiamenti e comportamenti, dai quali emerge se il genitore che li mette in atto si aspetta che il riconoscimento del suo ruolo di capofamiglia debba venire da lui stesso o dall'esterno. Abbiamo suddiviso i risultati in tre aree:

1. comportamenti e atteggiamenti del genitore nei confronti del bambino;
2. comportamenti e atteggiamenti del genitore nei confronti di se stesso:
3. convinzioni dalle quali dipende il comportamento del genitore.

La ricerca ha rivelato che più l'adulto è stato trattato con indulgenza, più tende a condividere le nove affermazioni che riportiamo qui di seguito, relative al modo in cui bisogna educare i propri figli:[2]

- «I genitori non dovrebbero affrontare i problemi con i loro figli, perché ignorandoli prima o poi scompaiono.»
- «A volte, quando sono stanco, permetto ai miei figli di fare cose che normalmente non consentirei.»
- «Lascio che mio figlio la passi sempre liscia.»
- «Di solito mio figlio la spunta sempre, quindi a cosa serve mettersi a discutere?»
- «Spesso è più comodo lasciare che mio figlio l'abbia vinta, piuttosto che arrabbiarmi.»
- «Se tuo figlio si impunta su una cosa, alla fine l'unica cosa che puoi fare è dargliela vinta.»
- «Se un figlio si arrabbia spesso, un genitore non può fare altro che arrendersi.»
- «Non riesco a mantenere la calma con mio figlio, quando lui si arrabbia.»
- «Quando faccio uno sbaglio con mio figlio, in genere non sono capace di rimediare.»

A una prima lettura queste affermazioni potrebbero sembrare scoraggianti, ma ricordate:

- Non tutte le affermazioni riportate valgono per tutte le persone che sono state trattate con eccessiva indulgenza.
- Più l'adulto è stato trattato con indulgenza, più tende a condividere quanto è stato detto, e gli effetti di quello che ha subito durante l'infanzia durano praticamente per sempre.
- Chiunque sia stato trattato con indulgenza potrebbe aver identificato un comportamento o degli atteggiamenti che non sono contemplati nelle affermazioni riportate. Naturalmente potete aggiungere alla lista precedente altri tipi di comportamenti, basati sulle vostre osservazioni. Forse in alcuni casi riscontrerete delle analogie, in altri casi evidenzierete atteggiamenti diametralmente opposti, e alcuni comportamenti probabilmente saranno il riflesso delle vostre esperienze.

Ora vi invitiamo a rileggere la lista, pensando al genitore come al capofamiglia.

Ora, invece, provate a riconsiderare ciascun comportamento tenendo a mente le domande seguenti:

- Mi suona familiare?
- Lo faccio spesso/raramente/mai?
- È qualcosa a cui devo fare attenzione?

Se avete risposto "sì" a queste domande, provate a chiedervi: «Devo essere un leader più responsabile, devoaumentare il mio ruolo di leader effettivo o psicologico?».

Come cambiare i vecchi atteggiamenti e comportamenti

Ognuno di noi è responsabile del proprio comportamento, pertanto, se lo ritiene opportuno, può decidere di modificarlo in qualunque momento. Per farlo bisogna considerare metodi anche diversi tra loro:

1. scegliete un solo comportamento o atteggiamento alla volta. Soltanto uno. Non puntate troppo in alto.
2. Fate un elenco dei modi in cui potreste rendere migliore la vita di vostro figlio e la vostra, modificando quel comportamento o atteggiamento.
3. Fate un elenco degli svantaggi di un eventuale cambiamento. Qualunque cosa, a partire da «Mio figlio scatenerà un putiferio» fino a «Forse non piacerò più a mio figlio», o «Non ho idea di come cambiare».
4. Se decidete che volete cambiare, fate tutto ciò che è necessario, anche se questo potrebbe causare dolore. Questo potrebbe significare che dovrete liberarvi di comportamenti ai quali siete abituati, ma sono risultati inefficaci, o dovrete ammettere con rammarico che vi siete comportati in quel modo troppo a lungo. Se non sapete come superare il dolore, provate a seguire i suggerimenti contenuti nel libro Good Grief Rituals di Elaine Childs-Gowell. Se volete saperne di più sull'argomento, fra i numerosi

testi che possono aiutare segnaliamo Connections: The Threads That Strengthen Families di Jean Illsley Clarke. Come il giardiniere toglie le erbacce per lasciare spazio al fiore, anche voi potete creare spazio per nuove informazioni utili.

5. Provate a descrivere il vostro nuovo comportamento, partendo da quello vecchio e modificandolo. Per esempio: «Lascio che mio figlio l'abbia sempre vinta» potrebbe diventare «Non permetto che mio figlio l'abbia sempre vinta» oppure «Ritengo mio figlio responsabile per il suo comportamento». Provate a pronunciare queste frasi a voce alta per cinque volte, al mattino e alla sera. Scrivetele su un foglio e appiccicatelo allo specchio o al cruscotto dell'auto, o infilatelo nel portafoglio.
6. Al mattino provate a pensare a un modo semplice per modificare il vostro atteggiamento o per comportarvi diversamente durante la giornata e mettetelo in pratica.
7. Quando vi sentite pronti, scegliete un cambiamento significativo sul quale esercitarvi ogni settimana e mettetelo in atto. Se ne avete bisogno, chiedete aiuto.
8. Se avete una ricaduta, congratulatevi con voi stessi per averci provato. Non buttatevi giù.
9. Quando notate un cambiamento positivo nel vostro modo di comportarvi, festeggiate. Quando notate un cambiamento positivo nel comportamento di vostro figlio, festeggiate, ma non cedete all'indulgenza.
10. Riprendete la lista e valutate quante cose sono cambiate in meglio. Ora festeggiate.

Atteggiamenti e comportamenti dei genitori verso se stessi

I sei punti della scala del *locus of control* riportata qui di seguito si riferiscono al comportamento dei genitori verso se stessi. Ogni volta che un adulto che svolge il ruolo di leader effettivo della famiglia prende una decisione, si ritrova a pensare: «In che modo questa decisione influirà su di me? Sui miei figli? E sull'intera famiglia?».

Leggete i sei punti seguenti e provate a considerare fino a che punto il genitore ha ceduto il controllo della sua vita al proprio figlio.[3]

1. Per essere sicuro che i miei piani funzionino, faccio in modo che coincidano con i desideri di mio figlio.
2. Il numero delle miei amicizie dipende da mio figlio.
3. La mia vita è in gran parte controllata da mio figlio.
4. Mio figlio controlla la mia vita.
5. Ho l'impressione che gran parte delle cose che accadono nella mia vita siano determinate da mio figlio.
6. Per me non è facile sottrarmi al tentativo di mio figlio di avere il controllo su di me.

Rileggete ogni punto e provate chiedervi: «Se avessi risposto di sì a queste domande, vorrebbe dire che ho ceduto il controllo effettivo della famiglia a mio figlio concedendogli troppo, creando una struttura di riferimento troppo debole, oppure in entrambi i modi?».

Le convinzioni che determinano il comportamento del genitore

Le sette affermazioni seguenti rappresentano ciò che un genitore pensa a proosito dei suoi figli e del suo rapporto con loro. Maggiore è il grado di indulgenza ricevuta dall'adulto durante l'infanzia, maggiore è la sua identificazione con ciò che viene affermato. Leggete ciascun punto e provate a valutare che tipo di legame c'è con l'autorità del genitore.[4]

- Non si può essere genitori senza fare uno strappo alla regola ogni tanto.
- Ciò che influisce maggiormente sulla personalità del bambino è il fattore ereditario.
- Spesso ho notato che, quando si tratta di mio figlio, succeda quello che deve succedere.
- Il successo con i figli sembra dipendere più dall'umore e dalle sensazioni del bambino in quel momento che dalle proprie azioni.
- Né io né mio figlio siamo responsabili del suo comportamento.
- Quando fra me e mio figlio qualcosa va storto, io posso fare ben poco per rimediare.

Se ho delle aspettative per mio figlio, quasi certamente non posso fare niente per aiutarlo a realizzarle.

Il fatto di condividere queste affermazioni può indurre il genitore, il leader responsabile per definizione (vedi cap. 20), a delegare ai propri figli il ruolo di leader effettivo. Se i genitori non prendono le decisioni, non stabiliscono le regole e non creano una struttura di riferimento, saranno i figli a farlo, e questo non fa bene né alla loro crescita né alla famiglia nel suo insieme.

Un modo per tenere sotto controllo la tentazione di delegare il proprio ruolo di genitore potrebbe essere quello di reclamare la propria autorità riscrivendo ciascuna delle affermazioni precedenti. Potete provare a riscriverle voi oppure continuare a leggere per scoprire in che modo sono state riscritte da altri genitori.

Quel che ha scritto un genitore

- Non si può essere genitori senza fare uno strappo alla regola ogni tanto.[5]
  «Nessun genitore è perfetto. Non smetterò mai di imparare a comportarmi come un leader effettivo.»
- Ciò che influisce maggiormente sulla personalità del bambino è il fattore ereditario.
  «L'ambiente – i genitori – possono aiutare il bambino a utilizzare in modo positivo i tratti della sua personalità.»
- Spesso ho notato che, quando si tratta di mio figlio, succeda quello che deve succedere.
  «Posso aiutare mio figlio a imparare ad affrontare le situazioni che si presentano e posso cercare di modificare il suo comportamento, insegnandogli ciò che gli serve per farlo. Valuterò la situazione di volta in volta e il carattere di mio figlio, e deciderò che cosa posso accettare e quando devo intervenire.»
- Il successo con i figli sembra dipendere più dall'umore e dalle sensazioni del bambino in quel momento che dalle proprie azioni.
  «Per avere successo con i propri figli bisogna tenere conto del loro stato d'animo e aiutarli a dare un nome alle loro sensazioni, insegnando loro a gestirle in modo positivo.»

- Né io né mio figlio siamo responsabili del suo comportamento.
  «Mio figlio è responsabile del suo comportamento e io sono responsabile del mio, e ho il compito di ritenerlo responsabile delle sue azioni.»
- Quando fra me e mio figlio qualcosa va storto, io posso fare ben poco per rimediare.
  «Quando fra me e mio figlio qualcosa va storto è compito mio, in qualità di adulto, trovare il modo di risolvere la situazione e chiedere aiuto, se necessario.»
- Se ho delle aspettative per mio figlio, quasi certamente non posso fare niente per aiutarlo a realizzarle.
  «Se ho delle aspettative per mio figlio, devo accertarmi che siano ragionevoli e incoraggiarlo a realizzarle.»

Come cambiare le proprie convinzioni su se stessi

Dal momento che ognuno di noi ha le proprie convinzioni, se lo desidera può decidere di cambiarle. Applicate le dieci linee guida riportate alle pp. 271-72.

Se vi riconoscete in qualcuna delle storie che vi abbiamo raccontato finora, soffermatevi sui suggerimenti relativi a un diverso modo di comportarsi. Cercate altri adulti che sono stati trattati con eccessiva indulgenza e confidatevi con loro: quello che finora vi è sembrato giusto in realtà potrebbe non esserlo. Siate comprensivi con voi stessi e con gli altri, e resistete alla tentazione di biasimarvi e lamentarvi.

- Ammettete il problema.
- Applicate quello che avete imparato.
- Rivendicate il vostro ruolo.
- Liberatevi da convinzioni sbagliate.
- Trovate la forza di riconoscere ciò che è vero.

Genitori "materasso"

Se siete un genitore debole e avete deciso di cambiare, preparate una lista delle cose che direte a vostro figlio quando cercherà di farvi tornare come eravate. Ecco alcuni esempi:

- *Sono io l'adulto, e prendere le decisioni spetta a me.*
- *Perché lo faccio? Perché sono tuo padre (o tua madre) ed è un mio dovere.*
- *Sono tua madre, e ho detto no.*
- *Sono tuo padre, e ho detto no.*
- *Io e tua madre (o io e tuo padre) abbiamo deciso di no.*
- *Fare il genitore non rende molto popolari.*
- *Le avversità e le delusioni fanno parte della vita. Ti ci abituerai.*
- *Siamo una famiglia, e dobbiamo contribuire tutti.*
- *I membri di una famiglia si aiutano fra loro.*

Se avete deciso di cambiare, oggi è il giorno giusto per iniziare. Ne vale la pena, per voi e per i vostri figli.

Ricordate, un genitore forte che ha il controllo della situazione aiuta il bambino a capire chi è. Potete creare l'eredità che desiderate per i vostri figli, e per i figli dei vostri figli.

* * *

Fare il genitore è una lotta continua,
non un singolo match.

KAREN ZIMMERMAN

PARTE SESTA

Resistere alla tentazione di essere eccessivamente indulgenti

24

I pericoli dentro casa

Le circostanze che possono trasformare le buone intenzioni in eccesso di indulgenza

Il piccolo mondo dell'infanzia, con il suo ambiente familiare, è un modello del mondo dei grandi. Maggiore è l'intensità con la quale la famiglia imprime il suo carattere nel bambino, più lui rivedrà e ritroverà la sua realtà in miniatura nel mondo degli adulti. Naturalmente, questo non è un processo intellettuale consapevole.

CARL GUSTAV JUNG

Nella vita, in alcune circostanze la strada potrebbe essere piena di ostacoli, costringendoci ad abbandonarla. Tuttavia, se siamo consapevoli della loro presenza, e abbiamo il volante ben saldo, possiamo sterzare e tornare verso il centro della carreggiata.

Coloro che partecipano agli incontri sul tema trattato in questo libro, generalmente cominciano le loro domande con «Lei crede che...?». Nel resto della domanda di solito vengono citate circostanze che, secondo *loro,* inducono genitori ben intenzionati a essere troppo indulgenti con i propri figli.

Proponiamo un elenco di condizioni che potrebbero provocare comportamenti indulgenti all'interno di una famiglia, ricavate dalle testimonianze di molte delle persone con le quali abbiamo parlato.

- Genitori che lavorano
- Conflitti irrisolti fra adulti
- Separazione, divorzio, famiglie divise e due case
- Tentativo di aiutare il proprio figlio, che ha un amico con i genitori divorziati e troppo indulgenti
- Forme di dipendenza

- Compensazione per la perdita di un figlio, negligenza o abuso, malattie croniche o disabilità, adozione
- Morte di un membro della famiglia
- Scarsa conoscenza delle fasi di crescita del bambino
- Genitori ricchi/poveri
- Immaturità dei genitori, genitori che cercano di soddisfare le loro necessità inappagate attraverso i figli
- Figli unici, nipoti unici, figli minori o bambini attesi a lungo
- Incapacità di svolgere il ruolo di genitore

Si tratta di una lista impressionante. Tuttavia, generalmente in una sola famiglia si verificano soltanto una o alcune delle condizioni descritte. Utilizzatela per aumentare la vostra consapevolezza sulle possibili cause dell'indulgenza, non per giudicare, ma per aiutare chi sta cercando di cambiare.

Genitori che lavorano

La prima risposta di John Q. Public alla domanda *perché gli adulti si comportano in modo troppo indulgente?* è *credo che sia perché lavorano.* Questa convinzione comune è errata, ma vale la pena citarla fra i possibili rischi.

I genitori che lavorano devono fare attenzione ai sensi di colpa. Chi si sente colpevole ha la sensazione che ci sia qualcosa che non va, che i suoi comportamenti e le sue scelte non corrispondano ai valori in cui crede, agli obiettivi, alle intenzioni. Ci sono due modi per affrontare questo contrasto. Il primo è quello di rivedere il proprio stile di vita, facendo in modo che le scelte siano conformi ai valori. Questo elimina il senso di colpa. Il secondo consiste nel tener fede alle proprie scelte e utilizzare una solida struttura di riferimento, prestare la giusta attenzione ai propri figli, offrire a loro e a se stessi ciò che serve, rendendo il proprio comportamento coerente con i propri valori.

Mandy e Joe, sebbene abbiano faticato ad ammetterlo, avevano la tendenza a concedere privilegi e oggetti materiali ai loro figli come forma di compensazione per le lunghe ore di lavoro trascorse lontano da casa. Quando si sono resi conto che quella situazione non era più sostenibile, si sono seduti ad analizzare la situazione per cercare delle soluzioni. Ecco la lista che hanno preparato:

1. *Uno di noi smette di lavorare fuori casa e diventa genitore a tempo pieno.*
2. *Entrambi cerchiamo un lavoro più vicino a casa, possibilmente con orari più flessibili.*
3. *Uno di noi (o tutti e due) lavora da casa, full-time o part-time.*
4. *Ci trasferiamo in una casa meno costosa, vendiamo la seconda auto e la sostituiamo con un'altra macchina, affidabile ma meno costosa.*
5. *Smettiamo di comperare cose nuove spinti dal senso di colpa e applichiamo il Test dei quattro indizi per tenere sotto controllo la nostra tendenza a indulgere troppo.*
6. *Cerchiamo di capire se stiamo trascurando i bambini a causa del nostro attuale lavoro.*
7. *Verifichiamo la situazione per stabilire se questo campanello di allarme significa «È il momento di cambiare le cose», oppure se le circostanze non giustificano il senso di colpa.*

Quando scegliete la soluzione che vi sembra più adatta alla vostra famiglia, cambiando i vostri valori o il vostro comportamento, offrite affetto ai vostri figli, cercando di fare in modo che imparino qualcosa, ma senza indulgere troppo spinti dal senso di colpa.

Quello che definiamo senso di colpa, in realtà potrebbe essere vergogna. La vergogna è un messaggio che rivolgiamo a noi stessi, il cui contenuto suona più o meno così: «Come persona non valgo molto». Probabilmente si tratta di una sensazione sepolta da tempo nel profondo di noi stessi. Se avete l'impressione che questo sia il vostro caso, cercate di analizzare la situazione. Chi è stato il primo a dire una cosa del genere? Lo credete ancora? Chi lo ha detto, potrebbe dire la stessa cosa di se stesso? È proprio vero che come persona non valete molto?

I bambini sono particolarmente bravi a "prendere all'amo" la nostra vergogna. «Non c'è bisogno che io passi l'aspirapolvere in soggiorno. Lavorate tutti e due. Perché non assumete qualcuno che faccia le pulizie?». La vergogna può nascere anche da un messaggio che ogni tanto riaffiora, che ci ricorda che "una brava mamma non lavora fuori casa". Fate che questo vi scivoli via. Se abboccate, potreste ritrovarvi invischiati in una discussione interminabile con vostro figlio, dalla quale probabilmente non uscireste mai vincitori. Una mamma ha risposto così: «Buon per te che i tuoi genitori fanno il possibile perché tu abbia ciò che ti serve, e buon per me che ho un figlio così scaltro. Adesso, però, passa l'aspirapolvere».

Conflitti irrisolti fra adulti

Prendiamo il caso di una "pessima mamma".

Mackenzie, tredici anni, ha avuto dalla mamma il permesso di trascorrere il fine settimana a casa di sua cugina Rebecca. Rebecca è eccitata, perché ha programmato di andare a pattinare insieme a Mackenzie il venerdì sera, e di rimanere fino alla chiusura della pista. Quando Mackenzie viene a sapere che l'orario di chiusura è dopo il suo coprifuoco, dice allo zio che probabilmente la mamma non l'avrebbe lasciata andare. «Che cosa?» risponde lui in tono brusco, «tua mamma esagera! Ti tratta come una bambina. Perché si comporta così?»

Se un adulto ha un problema con un altro adulto, dovrebbe risolverlo direttamente con lui, senza coinvolgere i figli. Lo zio avrebbe dovuto chiamare la sorella e chiederle se Mackenzie poteva rimanere fuori oltre il suo solito orario, soltanto per quella volta.

Gestire una famiglia allargata è già abbastanza difficile, un genitore che mette in discussione l'autorità di un altro genitore è un problema serio. Nelle famiglie in cui gli adulti hanno delle difficoltà fra loro, e non cercano di risolverle, spesso la loro rabbia e il loro risentimento passano attraverso i figli, e questo a volte provoca un eccesso di indulgenza.

TESTIMONIANZE DIRETTE

IN GENERALE, PERCHÉ I GENITORI SONO INDULGENTI CON I PROPRI FIGLI?

✓ Il matrimonio dei miei genitori è stato difficile, ed essere indulgenti nei nostri confronti per loro era un modo per allontanarci dall'altro genitore.

Leggete la storia della piccola principessa:

Il papà prese la figlia di tre anni, la fece sedere sulle sue gambe, e le disse che lei era la principessa, lui era il re, e la mamma, che era in cucina a preparare la cena, era la strega cattiva. Glielo ripeté spesso, così la bambina lasciava che fosse solo il re a pettinarle i capelli, e quando la mamma provava a farlo, strillava e faceva un mucchio di storie. Il re sussurrava piccoli segreti all'orecchio della principessa, mentre entrambi guardavano la mamma con sguardi d'intesa.

Quando la bambina compì undici anni, chiese alla mamma se poteva fare il buco all'orecchio, ma lei rispose che avrebbe dovuto aspettare ancora un anno o due. Il papà, invece, le diede il permesso. Il giorno dopo la principessa mostrò alla mamma i lobi forati e le disse in tono arrogante: «Hai visto? L'ho spuntata io».

A quattordici anni, la ragazza si mise a gridare con rabbia contro la mamma, che stava aiutando suo fratello maggiore a preparare la cena. La donna disse: «Se gridi in questo modo non riesco a capire quello che dici». A quel punto il papà entrò in cucina e disse: «Da brave, ragazze.» Il figlio si morse le labbra e sentenziò: «Si mette sempre di mezzo».

Quando la ragazza diventò adulta, dovette entrare in terapia per cercare di consolidare i difficili rapporti con il resto della famiglia.

Quando la rabbia di un bambino si manifesta con molta più violenza di quanta possa giustificarne l'episodio che l'ha scatenata, è possibile che in realtà il bambino non stia dando libero sfogo soltanto alla sua collera, ma anche a quella del genitore con il quale ha stabilito un'alleanza. Nella storia precedente, la figlia ha trasferito sulla madre la rabbia del padre. In questo caso, il fratello maggiore si è fatto portavoce della rabbia della madre nei confronti del padre. Da queste dinamiche potrebbe risultare una relazione apparentemente stabile per i genitori, ma il prezzo che devono pagare i figli è molto alto. Gli adulti sono responsabili per se stessi e hanno il dovere di risolvere i loro conflitti senza coinvolgere i figli. Sarebbe stato meglio se i genitori della storia si fossero fatti aiutare da un consulente o avessero superato in altro modo il loro rancore reciproco quando i figli erano molto piccoli o, meglio ancora, quando non erano ancora nati.

Separazione, divorzio, famiglie divise e due case

Salvo circostanze particolarmente favorevoli, i genitori separati in genere usano un tono ostile quando si riferiscono all'altro coniuge. In queste situazioni, spesso gli adulti sono arrabbiati e pieni di rancore, e a volte sono preoccupati per l'incertezza del futuro. Per loro potrebbe essere difficile indirizzare la loro rabbia esclusivamente verso il partner, che è il vero responsabile di quello stato d'animo. Diversamente, è possibile che il bambino diventi la vittima in un pericoloso tira e molla di "scegli me, saprò farmi amare più di chiunque altro". L'eccesso di indulgenza che ne deriva, però, non fa per niente bene al bambino.

Cody può vedere sua figlia Melissa un weekend sì e uno no e il mercoledì sera, a settimane alterne. Quando la va a prendere, Melissa indossa i vestiti che usa per andare a scuola e lo aspetta. In genere Cody coglie l'occasione per rimproverare alla sua ex moglie di non aver scelto degli abiti più adeguati, e di non averla pettinata "come si deve". Poi lui e Melissa vanno a comperare dei vestiti nuovi, e lui gioca il ruolo del "papà magico" per il resto del tempo che trascorrono insieme.

Secondo la mamma, Melissa sta assumendo un atteggiamento irrispettoso, e la donna è preoccupata per quello che la bambina sta cominciando a pensare di lei.

Quando i figli tornano a casa dopo essere stati con un genitore, e raccontano le cose splendide che hanno fatto o mostrano le cose che hanno comperato, potrebbe scatenarsi una pericolosa gara per primeggiare sull'altro. Concedendo favori speciali, acquistando tutto quello che il bambino vuole, e persino cose che non sa nemmeno di volere, evitando di ritenerlo responsabile delle sue azioni, non pretendendo che dia una mano in casa, accontentandosi di meno di quello che sarebbe in grado di fare, concedendogli troppa libertà e potere, non si fa certo il suo bene. Pur apprezzando tutto quello che gli viene concesso, svilupperà un quadro distorto della realtà e un senso malsano della propria importanza.

Carlos e Vanessa si incontrano regolarmente per discutere delle difficoltà del loro ruolo di genitori in due case diverse e con, rispettivamente, una nuova compagna e un nuovo compagno. Uno di loro può permettersi di portare i figli in viaggio, mentre l'altro acquista la maggior parte dei loro vestiti. Quando uno dei due vuole comperare un regalo costoso per il loro compleanno, prima ne parlano insieme. I bambini godono di benefici diversi in ciascuna casa, e sono tenuti a dare il loro contributo in ognuno delle due famiglie. In questo caso non ci sono problemi di confronti, perché i genitori non lo permettono.

Chiunque decida di avere dei figli prende un impegno a lungo termine, e il divorzio non fa cadere gli obblighi assunti. Quando i genitori separati sono in conflitto fra loro, devono fare il possibile per risolverlo. Tuttavia, se un ex coniuge si rifiuta di ammettere un comportamento troppo indulgente o di cambiare atteggiamento, che cosa dovrebbe fare l'altro genitore? Leggete i suggerimenti che un educatore ha dato a un genitore frustrato, impotente di fronte all'indulgenza dell'ex coniuge nei confronti del loro figlio di nove anni.

Caro amico frustrato,

prima di tutto, va detto che è molto difficile riuscire a cambiare gli ex mariti e le ex mogli, per cui, a meno che la situazione non sia tanto grave da richiedere l'invento di un tribunale, ti suggerisco di accettare questa situazione come parte dell'esperienza di crescita di tuo figlio. Si tratterà soltanto di questo, dal momento che, in base a quello che mi dici, tuo figlio trascorre la maggior parte del tempo insieme a te. Le tue parole rimarranno impresse nella sua mente, e serberà dentro di sé, da qualche parte, le cose che tu gli insegni. Quando sarà più grande, e si renderà conto di quanto è utile tutto ciò che ha imparato da te, sono sicuro che non si limiterà a metterlo in pratica, ma saprà anche dargli il valore che merita. Ecco alcune cose che potresti dirgli quando è con te:

A nove anni, un bambino dovrebbe riporre i suoi vestiti da solo. Vuoi che ti faccia vedere come si fa?

Adesso che hai nove anni, stai diventando più responsabile. Ho notato che appendi la giacca all'attaccapanni, metti i piatti nella lavastoviglie...

Quando credi di non saper fare una cosa, provaci lo stesso. Scommetto che ci riuscirai. Sforzati, mi faresti contento.

Infine, dovrai imparare a sopportare le sue sofferenze e le sue delusioni. Fanno parte della sua crescita. Non consolarlo se fa i capricci. Gli dimostrerai tutto il tuo affetto in altri momenti, e non concludere mai una frase con "okay?". Gli faresti credere che la scelta dipende da lui.

Ti auguro ogni bene.

Aiutando tuo figlio, che ha un amico con genitori divorziati troppo indulgenti

La storia che vi stiamo per raccontare descrive la reazione di una mamma di fronte alla figlia invidiosa, e dimostra come si può aiutare un figlio ad avere la giusta visione delle cose.

> *Ieri mia figlia mi ha raccontato che una sua amica sta per trasferirsi nella periferia meridionale della città per vivere con suo padre. Mia figlia è molto triste, perché non la vedrà più tutti i giorni a scuola. Per noi non sarà facile coordinare gli incontri al di fuori delle lezioni, ma vogliamo che questa amicizia continui, così faremo il possibile. Dopo che mia figlia ha espresso il suo dispiacere, ha aggiunto in tono vivace che il papà della sua amica le avrebbe comperato un computer, una stampante, e forse anche un portatile. Avrebbe potuto decorare la sua camera come voleva, e avrebbe ricevuto in regalo dei mobili nuovi. Inoltre, avrebbe avuto anche un nuovo cellulare e avrebbe rinnovato completamente il guardaroba. Gli occhi di mia figlia brillavano di stupore.*
>
> *Le ho risposto che tutte quelle cose non avrebbero garantito che la sua amica fosse felice, e le ho spiegato che i regali non comperano l'affetto e l'attenzione. Mia figlia mi ha risposto: «Lo so, ma sarebbe fantastico avere tutte quelle cose!». Le ho detto di essere d'accordo sul fatto che probabilmente sarebbe stato bello poterle avere, ma ero contenta che lei capisse la differenza fra l'affetto e le cose materiali.*
>
> *Non sono preoccupata per mia figlia, so che è abbastanza matura per capire queste cose. Piuttosto, sono preoccupata per la sua amica, perché ho l'impressione che la competizione fra i suoi genitori stia aumentando, e lei sia accecata dalla prospettiva di vivere come una "principessa".*

Forme di dipendenza

Quando il componente di una famiglia privilegia il rapporto con una sostanza, invece che con un'altra o altre persone, significa che è vittima di una forma di dipendenza. La lista delle cose che possono dare assuefazione è lunga, e include le droghe (l'alcol e la marijuana sono droghe), il lavoro, il sesso, il cibo, il gioco, Internet, alcune relazioni, la religione, la televisione. In pratica, qualunque sostanza o abitudine che, alla lunga, sia deteriorante.

Di norma, l'attenzione dell'intera famiglia è incentrata sui comportamenti della persona soggetta a una di queste forme di dipendenza, mentre le necessità degli altri vengono inevitabilmente sottovalutate. L'esigenza del bambino di apprendere i normali compiti di sviluppo passa in secondo piano, mentre gli vengono attribuite responsabilità che in realtà competerebbero all'adulto in difficoltà. In situazioni analoghe, i figli spesso vengono trascurati, se non addirittura sottoposti ad abusi. In questi casi, come forma di compensazione, o per allontanare il senso di colpa, spesso si cede all'indulgenza.

TESTIMONIANZE DIRETTE

SE HAI DEI FIGLI, TI COMPORTI IN MODO ECCESSIVAMENTE INDULGENTE NEI LORO CONFRONTI?

✓ Spesso. Mi sento in colpa a causa del divorzio e del dolore che l'uso da parte mia di alcol e droghe hanno provocato nella vita di mio figlio. Mi sono sentito in colpa anche quando ho deciso di tornare a scuola, perché sottraevo del tempo a lui.

Per affrontare di petto le forme di dipendenza e cercare di riportare l'equilibrio nella famiglia occorre analizzare a fondo il problema e cercare di rimediare al danno fatto. La prima cosa che deve essere recuperata sono le relazioni familiari, in particolare il rapporto di coppia e gli errori commessi dai genitori.

Compensazione per le sconfitte di un figlio, negligenza o abuso, malattie croniche o disabilità, adozione o affido

I bambini che devono riprendersi da un trauma hanno bisogno di comprensione, di attenzione, e di una solida struttura di riferimento. Lo stesso vale per i bambini affetti da malattie croniche o da forme di disabilità. La prima cosa da fare è accertarsi che le necessità primarie del bambino vengano soddisfatte, fra cui il bisogno di un ambiente circostante sicuro e amichevole e di assistenza medica.

Tuttavia, se si esagera, si corre il rischio di offrire troppe attenzioni o di indebolire la struttura di riferimento. Mossi dal desiderio sincero di compensare in qualche modo il proprio figlio per il suo dolore e di rendere migliore la sua vita, si può cadere facilmente nell'errore di indulgere troppo:

Melanie e Alex avevano arredato con cura la cameretta, l'avevano rivestita con della carta da parati colorata e l'avevano riempita di giocattoli, astronavi e animali di peluche per il bambino di cinque anni di nazionalità russa che stavano per adottare. Quando arrivò, gli mostrarono come lavarsi i denti, gli insegnarono alcune parole in inglese, e gli mostrarono quanto fosse bella la giacca che avevano comprato per lui. Ivan non ricevette alcun incarico per contribuire alla gestione della casa, gli furono date poche regole, e non venne stabilita alcuna conseguenza per le sue azioni.

Immaginate la sorpresa di Melanie e Alex quando scoprirono i giocattoli rotti sotto il letto di Ivan, i pezzi della carta da parati che aveva strappato dal muro, e i graffi sulla scrivania nuova. Colti alla sprovvista dall'apparente rifiuto del loro approccio, i neogenitori rimasero disorientati di fronte alla delusione e alla rabbia che provarono nei confronti del bambino. Avevano fatto tutto il possibile per accoglierlo nel miglior modo possibile e farlo sentire il benvenuto, ma non era servito a nulla. Quando Ivan fece a pezzi l'orsacchiotto di peluche, Melanie e Alex si rivolsero a un consulente perché li aiutasse a capire che cosa fare... e cosa non fare.

I bambini che hanno subito degli abusi e sono stati trascurati, anche quelli che provengono da centri di assistenza di tipo istituzionale, non sono abituati a ricevere troppe cose, oggetti troppo belli, o troppe attenzioni. Per loro, tutto ciò che non è familiare rappresenta un potenziale "pericolo". Le situazioni nuove sono imprevedibili, e di conseguenza ne sono spaventati. Il loro comportamento eccentrico e distruttivo di fronte agli oggetti e all'affetto che ricevono è un tentativo di riprendere il controllo e vincere la paura.

Nel caso di Melanie e Alex, il consulente familiare ha raccomandato di togliere tutto dalla stanza di Ivan, lasciando solo il letto e una cassettiera. Il bambino era abituato all'ambiente austero di un orfanotrofio, e non era preparato a vivere in un luogo pieno di oggetti. La sua nuova casa era così diversa dal contesto in cui aveva vissuto fino a quel momento che Ivan aveva paura di non appartenere a quel mondo. Inoltre, non riusciva a capire perché avesse ricevuto così tante cose, quando in realtà lui si sentiva così male con se stesso. Prima di tutto, il bambino avrebbe dovuto imparare a fidarsi dei suoi nuovi genitori. Melanie e Alex resero più sobria la sua cameretta, misero in pratica alcune semplici regole e stabilirono delle conseguenze, nel caso in cui il bambino non le avesse rispettate, e pretesero che contribuisse alla gestione quotidiana della casa, riordinando e aiutando mamma e papà. Con il tempo l'ansia di Ivan diminuì, e gli oggetti che erano stati tolti dalla sua stanza a poco a poco furono reintrodotti, man mano che lui si abituò a convivere con la "ricchezza" della sua nuova casa.

Disabilità non significa inabilità

Il miglior modo di comportarsi nei confronti di un figlio con delle disabilità è quello di aspettarsi da lui le stesse cose che si chiederebbero a un qualunque bambino della sua età, tenendo conto dei suoi limiti. Lo stesso vale anche per chi è stato vittima di abuso o trascuratezza, per chi sta cercando di vincere la dipendenza da alcol o droghe, per chi soffre di malattie croniche o è nato con un problema di assuefazione agli stupefacenti.

TESTIMONIANZE DIRETTE

SE HAI DEI FIGLI, TI CAPITA DI ESSERE TROPPO INDULGENTE CON LORO?

- ✓ Spesso. Questo è un grosso problema nella mia famiglia, e riguarda sia me sia mio marito. Abbiamo due gemelli di sette anni. Uno di loro soffre di disturbi all'udito, e da piccoli entrambi hanno avuto problemi di salute. Siamo troppo indulgenti con loro, li viziamo nel tentativo di renderli felici. Non possiamo permettere che siano infelici.
- ✓ Spesso. Mia moglie ha una malattia cronica, e a me capita di essere eccessivamente indulgente con i ragazzi per compensare la mancanza di attenzione da parte della madre e la mia assenza, dovuta agli impegni di lavoro.

Kimberly non aveva mai lavorato con persone disabili prima di prestare servizio come consulente in un campo estivo per bambini con handicap fisici. Nel tentativo di fare bene il suo lavoro, aiutava i bambini che non ne avevano bisogno o non volevano il suo aiuto. Quando cominciarono a lamentarsi, lei imparò a chiedere se volevano essere aiutati e che tipo di sostegno desideravano. A poco a poco arrivò a conoscere le esigenze di ciascuno di loro e offrì il suo sostegno in modo naturale, senza doverlo chiedere ogni volta.

Kimberly ha imparato che offrire attenzione e sostegno è il modo migliore di relazionarsi con le persone che hanno delle disabilità, anche se molti di noi avrebbero la tentazione di fare per loro anche quello che sono in grado di fare da soli.

Morte di un membro della famiglia

Oggi sappiamo molte cose sul modo in cui i bambini soffrono per la perdita di una persona cara. Quando muore un membro della famiglia, gli adulti cercano di aiutare i bambini ad affrontare il dolore in tutte le forme nelle quali si manifesta. Tuttavia, quando l'adulto cerca di superare il proprio dolore prendendosi cura del bambino, l'attenzione si trasforma in eccessiva indulgenza.

Zia Michelle regalò a Sean un costoso trenino elettrico, pensando che lo avrebbe aiutato a sentirsi meglio dopo la morte di sua madre. Ciò che Sean desiderava, invece, era parlare di sua madre con qualcuno. Il trenino lo aveva già.

Durante le due settimane successive al funerale del nonno, Evan, nove anni, rimase a casa da scuola, in modo da evitare lo stress delle lezioni in un periodo già difficile. A Evan, però, mancavano i suoi amici. Si chiese perché lo avessero tenuto a casa, e cominciò a temere che non sarebbe riuscito a recuperare le lezioni che aveva perso.

Quando sua sorella maggiore morì, Jenna rimase l'unica nipote. I nonni e i genitori cominciarono a trattarla come una principessa. Jenna non era tenuta a fare nulla in casa, le veniva concessa molta più libertà del normale, riceveva molte attenzioni e, per farla sentire meglio, le venivano comperati oggetti e vestiti costosi. Jenna non comprese la ragione di quel cambiamento, ma decise di approfittarne. A quell'epoca, non lo aveva nemmeno associato alla perdita della sorella.

I bambini hanno bisogno di regolarità, in particolare nei momenti di dolore. Si sentono rassicurati dalla presenza degli adulti, che rappresentano il loro punto di riferimento, e dal fatto che possono contare su di loro nei momenti di dolore, paura e bisogno. Il bambino si sente confortato dalla presenza di un adulto che capisce quando ha bisogno di sostegno, o che è disposto a parlare con lui dei momenti speciali che ha trascorso con la persona che non c'è più (intervento assertivo). L'adulto chiederà al bambino se vuole un po' di coccole, o se preferisce ricordare quella persona, ripensando a episodi del passato (sostegno). Un genitore che si comporta così viaggia saldamente al centro della strada dell'educazione.

Scarsa conoscenza delle fasi di crescita del bambino

Un genitore che non sa quale sia il giusto livello di sviluppo di un bambino dell'età di suo figlio potrebbe facilmente ritrovarsi a indulgere troppo, concedendogli troppo e troppo presto, e accordandogli ampi spazi di libertà, senza preoccuparsi del fatto che a tanta fiducia dovrebbe corrispondere altrettanta responsabilità.

TESTIMONIANZE DIRETTE

IN GENERALE, PERCHÉ I GENITORI SI COMPORTANO IN MODO ECCESSIVAMENTE INDULGENTE CON I LORO FIGLI?

✓ Perché anche loro sono stati trattati così, e non conoscono un altro modo di essere genitori. Non sanno quali siano le normali fasi di crescita di un bambino. Dopo tutto, essere padre o madre e soddisfare le esigenze di un figlio è una cosa difficile, e implica un processo di maturazione.

Zia Molly regalò un sonaglio alla nipotina di un mese, ma restò delusa perché la bimba non si mostrò per nulla interessata e non ci giocò.

Un mese di età è troppo poco perché un neonato cominci a giocare con un sonaglio.

A Mason, due anni, è permesso lanciare i suoi giocattoli contro i mobili o addosso alle persone.

A due anni un bambino pensa e comprende molto di più che a un anno, ed è importante che gli vengano imposti alcuni limiti. Mason, per esempio, viene trattato come un bebè.

La mamma di Nora è incantata di fronte alla figlia di quattro anni, che balla imitando le movenze sensuali di una ventunenne, e le compra minigonne e top aderenti.

A quattro anni il bambino è in grado di comprendere i ruoli e le dinamiche sulle quali si basano le relazioni con gli altri. Vestire una bambina in modo sessualmente provocante manda segnali sbagliati a lei e agli altri.

Quando Brittney, otto anni, chiede al papà di comprarle i trucchi, lui le regala una matita per gli occhi, il mascara e il rossetto. Gli piace mostrare agli amici la bambina truccata, e le fissa un appuntamento dal fotografo per un "servizio di gran classe".

I bambini fra i sei e i dodici anni cominciano a esaminare i valori sui quali si basano le regole. Brittney dovrebbe imparare a distinguere fra desideri e necessità, mentre il papà la sta catapultando nell'adolescenza.

Seth vive in periferia. I suoi genitori gli hanno dato il permesso di guidare la motoslitta fino a tre chilometri di distanza da casa. Seth ha dodici anni.

All'età di dodici anni, Seth dovrebbe essere consapevole della libertà e della sicurezza che derivano dal fatto di avere delle regole da rispettare e di aver appreso determinate competenze. In questo esempio, viene spontaneo domandarsi in base a che cosa i genitori di Seth abbiano deciso di potersi fidare della capacità del ragazzino di occuparsi di se stesso e della motoslitta a tre chilometri di distanza da casa, trovandosi completamente da solo.

Quando è a casa, Max guarda i film vietati ai minori di sedici anni insieme a suo papà.

Indipendentemente dall'età di Max, questa attività non favorisce nessuno dei suoi compiti di sviluppo.

I genitori di tutti questi esempi non sanno quali siano i compiti di sviluppo adeguati all'età dei propri figli, che vengono incoraggiati a non crescere, oppure a crescere troppo in fretta.

Nel libro *The Hurried Child*, pubblicato nel 1981, l'autore e psicologo David Elkind ha trattato un tema tuttora molto attuale:

Se è vero che allevare un figlio è un compito stressante, incoraggiandolo a crescere prima del tempo e trattandolo come un adulto, speriamo di sgravarci di parte del nostro fardello di ansie e preoccupazioni e di ottenere il suo aiuto per portare il peso della vita.

Il grafico dell'Appendice C (p. 345) vi aiuterà a ricordare quali sono i compiti di un bambino nelle varie fasi di sviluppo.

Immaturità dei genitori

I genitori che hanno delle lacune nella propria maturazione potrebbero cadere nella tentazione di colmarle a spese del proprio figlio. L'età non è l'unico fattore che determina la maturità. Probabilmente tutti noi conosciamo dei quarantacinquenni che si comportano da quindicenni.

I neonati e i bambini molto piccoli sopravvivono grazie alla simbiosi, cioè non sono in grado di prendersi cura e di proteggere se stessi, ma dipendono totalmente da un'altra persona che li accudisce, li protegge, fa tutto per loro. Man mano che crescono e cominciano a conoscersi, imparano a prendersi cura di sé e, in seguito, anche degli altri.

Al termine dell'adolescenza, si saranno trasformati in una giovane donna o in un giovane uomo che, dopo aver attraversato una fase di egoismo, comincerà ad accorgersi degli altri e a riflettere sulle sue relazioni all'interno della famiglia, la società, la nazione, il mondo. Coloro che scelgono di diventare genitori durante l'adolescenza sono costretti a crescere in fretta e ad assumere le responsabilità di un adulto prima del tempo.

La mamma sedicenne dà il latte al bambino con il biberon mentre legge una rivista di moda, spende in oggetti inutili i soldi destinati alle pappe, compra per la piccola Leslie dei vestitini eccentrici da mostrare alle amiche.

Dobbiamo stare attenti a scegliere delle attività che soddisfino le necessità dei nostri figli, non i nostri desideri.

Mentre dà il latte al neonato, il genitore deve creare un legame e stabilire una comunicazione con lui, guardandolo negli occhi. Inoltre, il bebè ha bisogno di vestiti morbidi e comodi, e di genitori che siano in grado di comprendere le sue necessità.

I genitori adolescenti devono mettere il loro dovere di mamma e papà davanti ai propri desideri, e devono stare attenti a non trasferire sul bambino le proprie esigenze e i propri sogni irrealizzati, magari trattandolo con eccessiva indulgenza e trascurando gli altri figli.

Quando era adolescente, Luis voleva disperatamente la moto. Ora vuole che suo figlio abbia l'adolescenza che a lui è stata negata da un padre alcolizzato, così gli compra una minimoto quando ha soltanto otto anni, e ogni sabato lo porta ai raduni di motocross. Le due figlie femmine vengono lasciate a casa.

Il tentativo di Luis di essere il padre che lui avrebbe desiderato assorbe il tempo e l'attenzione dell'intera famiglia. Forse farebbe meglio a comperare una moto per sé e a trovare un abile motociclista che gli faccia da maestro.

Dobbiamo stare attenti a scegliere delle attività che soddisfino le necessità dei nostri figli, non i nostri desideri.

Figli e nipoti unici, figli minori o bambini attesi a lungo

TESTIMONIANZE DIRETTE

IN GENERALE, PERCHÉ I GENITORI TENDONO A ESSERE ECCESSIVAMENTE INDULGENTI CON I PROPRI FIGLI?

✓ Io ero figlia unica. Ero la piccola principessa, e quello che i miei genitori facevano per me, per loro non era mai abbastanza. Non si rendevano conto delle conseguenze del loro comportamento. Volevano proteggermi, così mi tenevano sotto una campana di vetro.

Le situazioni che riportiamo qui di seguito hanno un aspetto in comune: sono circostanze che, dal desiderio di proteggere qualcosa di speciale, possono sfociare in eccesso di indulgenza.

FIGLI UNICI E FIGLI ATTESI A LUNGO

I nonni vedono Sabrina, la loro nipotina più piccola, di soli due anni, che vive lontano da loro, soltanto due volte all'anno. Ogni volta che vanno a trovarla le portano in regalo un animale di peluche o un libro. Tra una visita e l'altra, sentono la sua voce al telefono. Le inviano fotografie e cartoline.
Anche gli altri nonni abitano lontano da lei. Hanno aspettato a lungo questa nipotina, e le spediscono regali costosi in occasione di tutte le festività dell'anno. Spesso i giochi che le mandano non sono adatti alla sua età. Durante le loro frequenti visite, la loro attenzione è totalmente incentrata su Sabrina e dedicano pochissimo tempo agli adulti.

Entrambe le coppie di nonni stanno cercando di stabilire un legame con la nipote, ma la seconda delle due è caduta nella trappola dell'eccessiva indulgenza.

Se i genitori di Sabrina non stanno attenti, la bambina corre il rischio di essere messa al centro dell'universo o di trovarsi in mezzo a due messaggi contrastanti: "Cresci in fretta" – così potrai giocare con questi giocattoli, che sono per bambini più grandi di te – e "Non crescere" – continua a essere il centro del mondo della tua famiglia.

Le informazioni contenute in questo libro sono adatte sia ai figli unici sia ai bambini che hanno fratelli e sorelle. Provate a immaginare una fila di anatroccoli che nuotano dietro a mamma anatra. Gli anatroccoli seguono il capofila a distanza ravvicinata, mentre le grosse zampe della mamma li proteggono dalle creature che cercano di afferrare le zampine dei piccoli. Se uno degli anatroccoli si allontana, la mamma lo riporta subito al suo posto. Se ci fosse un solo anatroccolo, sarebbe la stessa cosa, solo che la fila sarebbe molto più corta. Lo stesso vale per i bambini.

IL "PICCOLINO" DELLA FAMIGLIA

Spesso il figlio più piccolo, oppure quello che viene trattato con maggior indulgenza, viene invidiato dai fratelli e dalle sorelle. *Non la sopporto più. Sono stufo di vedere che può permettersi di fare tutto quello che vuole, tanto c'è sempre qualcuno che la protegge. Com'è che lei ha sette vite con mamma e papà, mentre io vengo punito al primo sbaglio? Pensa solo a se stessa. Si muove come un elefante in a cristalleria, e non si rende nemmeno conto di quanto gli altri soffrano a causa sua. Non la voglio più fra i piedi.*

La sorella dell'amica di Nora non va molto d'accordo con i fratelli e le sorelle. Nora, che ha partecipato a un seminario sull'eccesso di indulgenza, pensa di trovarsi di fronte a uno dei casi che ha studiato, e decide di parlarne con la sua amica: «Stai parlando di mia sorella? Non è tutta colpa sua. I miei genitori l'hanno sempre protetta, l'hanno sempre trattata come una bambina. Non riesce a tenersi un lavoro, e non è capace di mantenere una relazione duratura, e questo la fa soffrire molto. Si lamenta e si inventa delle scuse, e questo ci fa andare su tutte le furie. Devo imparare a reagire in modo diverso, invece di arrabbiarmi a causa sua».

Incapacità di svolgere il ruolo di genitore

In genere, tutti noi impariamo a essere genitori dall'esempio che abbiamo ricevuto da mamma e papà. Tuttavia, il nostro ruolo di genitori si svolge in un mondo diverso da quello nel quale siamo cresciuti noi, e abbiamo bisogno di maggiori competenze, soprattutto se abbiamo la tendenza a indulgere troppo.

TESTIMONIANZE DIRETTE

QUANDO I TUOI GENITORI ERANO TROPPO INDULGENTI CON TE, TU CHE COSA PROVAVI?

✓ Mi sentivo insicuro, perché avevo l'impressione che i miei genitori non avessero il controllo della situazione, e sembrava che non avessero le idee molto chiare su come si alleva un figlio.

✓ Mi ricordo che, a dieci anni, ero piuttosto preoccupato del modo in cui sarei cresciuto, perché avevo capito che nessuno dei due sapeva che cosa stesse facendo.

Come si fa a diventare dei genitori migliori? Provate a seguire i consigli che riportiamo qui sotto

1. VALUTAZIONE: competenze ereditate e "prese in prestito"
   a. Come si comportò mia madre (o mio padre, o la figura che ha svolto il ruolo di genitore) in questa situazione quando io ero bambino? Quello che fece era giusto? Pensaci. Avrebbe potuto fare di meglio? Prova a pensarci.

b. Pensa a un genitore che ammiri. Osservalo e cerca di individuare i comportamenti e gli atteggiamenti che vorresti copiare.
c. Individua alcuni comportamenti e atteggiamenti che vuoi migliorare.

2. IL CAMBIAMENTO
   a. Scegli una cosa che vuoi cambiare, solo una cosa per volta. Non esagerare.
   b. Documentati. Segui i suggerimenti contenuti in questo libro, consulta la sezione bibliografica, leggi altri libri, frequenta dei corsi, chiedi agli amici, chiedi consiglio a un consulente familiare, fai domande ad altri genitori che ammiri, fissa un appuntamento con un terapeuta, usa tutti i mezzi che hai a disposizione.

Ecco che cosa direbbe al proprio figlio un genitore che svolge bene il suo ruolo:

A UN QUINDICENNE: «Amy, sarò felice di accompagnare te e i tuoi amici al centro commerciale, dopo che avrai lavato i piatti... a patto che tu finisca entro le sette».

A UN BAMBINO DI UNDICI ANNI: «Mi dispiace che il compito che devi presentare domani non sia pronto. Che cosa pensi di fare?»

A UN BAMBINO DI DUE ANNI: «Tesoro, capisco che tu ti stia divertendo e non abbia voglia di venire al centro commerciale con me, ma non posso lasciarti qui da solo. Andiamo». Il bambino continua a giocare. «Mi sembra che tu abbia deciso di non fare quello che ti ho chiesto. Puoi decidere se venire di tua spontanea volontà o per forza. Scegli tu». Il bambino fa finta di niente, il papà lo prende in braccio. «Andiamo, tesoro. Torneremo presto». Il papà tiene in braccio il figlio e cammina con passo deciso, senza rabbia. Lo fa salire in macchina, anche se lui continua a protestare.

Potrebbe essere utile rileggere il capitolo 22 (Fa' di me il tuo leader). Prima riuscite a far capire a vostro figlio chi comanda, meglio è. Convincere un ragazzo di quattordici anni che da un giorno all'altro deve ubbidire ai vostri "No" è molto più difficile che ottenere da lui la stessa cosa quando ne ha due. Anche le informazioni relative alle fasi di sviluppo contenute nell'Appendice A e la tabella della "strada dell'educazione" vi saranno utili.

Probabilmente vi starete chiedendo qual è la morale delle storie che vi abbiamo raccontato, e qual è il significato di questo capitolo. In poche parole, l'adulto deve assumersi le responsabilità dell'adulto e il bambino ha la responsabilità di diventare adulto. Rimanendo al centro della strada, raggiungerete più facilmente la vostra meta. I problemi che abbiamo trattato in questo capitolo sono stati evidenziati dalle persone che hanno partecipato ai nostri studi, ma sicuramente ce ne sono molti altri. Se desiderate approfondire ulteriormente l'argomento potete leggere i libri che abbiamo consigliato, ma su questo tema ne sono stati scritti moltissimi, che potete trovare facilmente nella libreria o nella biblioteca vicino a casa.

* * *

Dobbiamo allevare i nostri figli
in una prospettiva di servizio,
non di diritto.

KAARA ETTESVOLD

25
I pericoli fuori casa
Le pressioni esterne all'eccessiva indulgenza: il consumismo, i media, la società, gli altri

La bontà ha un posto a tavola.

FRED MEDNICK

Il ciglio dell'eccessiva indulgenza della strada su cui viaggia la nostra società è cosparso di inviti, a volte allettanti, a volte fastidiosi. Ci sono giorni in cui si limitano a chiamarci, altri in cui sono più insistenti e conquistano i nostri figli, e spesso anche noi. Qualche volta gli inviti sono così numerosi e insistenti da rendere pericolosa la guida, altre volte dobbiamo fare qualche piccolo lavoro di riparazione, dopo che i nostri figli, oppure noi, abbiamo ceduto al loro richiamo.

Non dobbiamo dimenticare che, per evitare di cedere all'indulgenza, servono un occhio attento e una mano ferma. A volte una frenata brusca ci impedisce di uscire di strada; altre volte, per aggirare un pericoloso richiamo, dobbiamo schiacciare a tavoletta, incuranti dei cartelli che ci invitano a rallentare e a sterzare verso il lato della strada. Non importa se slittiamo, l'importante è ritornare al centro della carreggiata il prima possibile, in modo che il risultato corrisponda alla nostra intenzione di essere dei bravi genitori.

La difficoltà di resistere alle "norme"

Sulla «Minneapolis Star Tribune» è stato scritto: «I membri della classe 1994 vivranno a lungo all'ombra del più grosso scandalo di frode che abbia mai colpito l'accademia navale degli Stati Uniti». Il ventunenne comandante di brigata, il più alto in grado fra i 4200 studenti dell'accademia navale, rilasciò la seguente dichiarazione:

La gente veniva qui e tutte quelle cose venivano date per scontate. Il concetto di integrità non era poi così difficile da capire. Ora, dal punto di vista istituzionale, non è cambiato quasi niente, ma il mondo sembra impazzito. La nostra classe... è cresciuta in un periodo in cui durante tutta la nostra vita, in nessuna sede, nessuno ci ha mai detto che cosa fosse giusto o sbagliato.[1]

Ognuno di voi si sarà fatto un'opinione su quello che ha detto il comandante di brigata. Sta accusando le istituzioni, sollevando i cadetti dalla responsabilità di aver commesso una frode, o sta cercando di capire come sia potuta accadere una cosa del genere, proprio all'interno dell'istituzione nella quale lui riveste un ruolo importante? Ciò che emerge dalle parole del comandante è la sua percezione della mancanza di moralità nei modelli contemporanei e nelle autorità. Forse il suo vuole anche essere un giudizio su quello che alcuni definiscono "vivere in un periodo di razionalizzazione culturale". Se è così, probabilmente qualcuno di noi si starà chiedendo: *come siamo arrivati a questo punto?*, ma la vera domanda è: *come facciamo a tornare al centro della carreggiata?*

In questo capitolo proveremo a sollevare la questione delle "norme", mettendo in evidenza alcuni dei dilemmi che i genitori si trovano ad affrontare e che includono l'eccesso di indulgenza.

Dilemmi

- influenza dei media e il consumismo
- pressione della società a cedere all'indulgenza su
  - scuola e coetanei
  - sistema legale
  - polizia
- esempio di altri che concedono troppo
- oppressione da parte di altri
- andare controcorrente
- saper riconoscere l'eccessiva indulgenza
  - il ballo degli studenti
  - il diploma
  - il mucchio di foglie
  - il coprifuoco

Influenza dei media e consumismo

Riuscire a non cedere all'indulgenza dentro le mura di casa propria è una cosa. Diverso è per i nostri figli conservare la loro integrità resistendo alla pressione del "è un tuo diritto" che imperversa nel mondo esterno. Le spinte all'indulgenza, giustificando o persino esaltando comportamenti sgradevoli e riprovevoli, sembrano essere costantemente in agguato.

Il genitore che resiste alla tendenza comune potrebbe sentirsi solo e giudicato. Una mamma ci ha confessato: «I vicini mi chiamano la mamma cattiva». Pare che molti genitori abbiano ceduto alle forti pressioni esterne, adottando le norme comportamentali "comuni", cioè quelle imposte dai media e dal mercato. I genitori che hanno la tendenza a concedere molto, hanno regole labili e sono assediati da figli tenaci, spesso finiscono col cedere.

Se vi capiterà di assistere alla discussione di un gruppo di genitori sui mezzi di comunicazione e sugli effetti che hanno sugli acquisti della famiglia, probabilmente quello che sentirete vi ricorderà le riflessioni di una madre pubblicate sul «Christian Science Monitor» nel 2001.

> *I figli dei Gunning, con grande dispiacere della madre, vogliono a tutti i costi un nuovo tipo di videogioco, un prodotto che i Gunning descrivono come "non molto stimolante". Tuttavia, la donna ammette che probabilmente alla fine finiranno per ottenere quello che vogliono, considerata la grande risonanza che sta avendo, dovuta anche al budget di 500 milioni di dollari destinato a promuovere la console.*

Come i Gunning, molti genitori sono sempre più frustrati dalla cultura del consumismo che sembra dilagare al di là del loro controllo. Gli esperti sostengono che non più tardi di quindici anni fa la scelta dei giochi era fatta dall'alto, nel senso che, nella maggior parte dei casi, erano i genitori a sceglierli. Da allora, il loro potere decisionale è calato drasticamente.

Questo solleva una questione importante: chi ha il controllo? Se i genitori hanno ceduto alle pressioni dei figli e della pubblicità, e non ne sono contenti, possono effettuare il *Test del 4*.

Test del 4

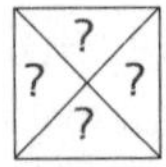

1. Questo contribuirà allo sviluppo fisico ed emotivo di mio figlio?
2. In che proporzione intendiamo destinare le nostre risorse all'intrattenimento, ai giochi, alle lezioni ecc.?
3. Questo servirà a soddisfare le nostre esigenze o quelle di nostro figlio?
4. Qualcuno potrebbe esserne danneggiato? È in sintonia con i nostri valori?

Molti bambini, se interrogati, risponderanno in modo spontaneo che il fatto di ottenere quello che desiderano per loro è un bene. Tuttavia, una volta diventati adulti, se continueranno a comprare tutto quello che vogliono nel momento esatto in cui lo vogliono, senza capire quando è il momento di dire basta e nell'assoluta incapacità di stabilire fino a che punto possono permettersi di spendere, probabilmente si ritroveranno indebitati fino al collo.

La madre di due figli, rispettivamente di dieci e sette anni, e di una bambina di cinque, ha scritto per noi la sua storia:

Per me spesso è difficile non poter dare ai miei figli quello che desiderano. Molti degli altri bambini hanno le cose che loro vorrebbero. Sono attanagliata dal conflitto fra gli standard comuni e quello che io posso o sono disposta a offrire.

Una volta ogni tanto, però, mi piace mettere le cose in chiaro. Per esempio, la scorsa settimana ho portato i bambini a una sala-giochi. Si sono lamentati per tutto il tempo. Volevano entrare nell'area dei videogiochi più costosi, e non erano soddisfatti di quello che potevano fare con il biglietto che avevo comprato per loro. Mi ricordo che era passato un anno dall'ultima volta che ci eravamo stati. Credo che ne passerà un altro, prima che decida di portarceli di nuovo, e la prossima volta stabilirò delle regole molto chiare.

Un picnic al parco è meno costoso, e probabilmente ci divertiremmo di più. Ci sono altre cose che amano fare, non capisco proprio perché insistano così tanto per andare alla sala-giochi. Credo che sia colpa della pubblicità. Ci fantasticano sopra, e quando si accorgono che non è come se lo aspettavano, restano delusi. È passato un altro giorno. Un'altra lezione per la mamma.

La pubblicità fa il suo mestiere, ma alla fine la decisione di acquistare o meno spetta all'utente. Logico, no? Ma non è sempre così semplice. È facile convincere un bambino a desiderare il prodotto che viene pubblicizzato, ma non è altrettanto semplice per i genitori evitare di scegliere quella che in genere è una "facile via d'uscita", cedendo alle richieste dei figli. Le domande che dovete farvi sono:

- Ne ho bisogno?
- In che modo questo oggetto, questo viaggio o questa nuova esperienza potrà migliorare la qualità della mia vita? O quella della mia famiglia o dei miei figli?
- Ho le idee chiare su che cosa determina la qualità della mia vita?

Adam, dieci anni, chiede al papà: «Perché noi non possiamo comprare tutto quello che vogliamo? George e Charles hanno la TV *in camera e il computer. Come mai io non li ho? Tu hai tanti soldi quanti ne ha il loro papà».*

Papà gli spiega che le famiglie spendono i soldi in base alla loro scala di priorità. «Abbiamo scelto di comperare uno chalet da usare tutti insieme durante le vacanze. Avremmo potuto comprare un televisore per te e uno per tuo fratello, ma tua madre e io pensiamo che la tua camera serva per fare i compiti e per dormire. Quando vogliamo guardare la TV*, possiamo farlo in soggiorno.»*

Per un attimo sembrò che Adam volesse fare un altro tentativo per convincere il papà, ma poi alzò gli occhi al cielo e si allontanò con un atteggiamento come a significare «Ah, va bene...».

Una bambina di otto anni dovrebbe mettere dei vestiti adatti alla sua età. Sierra, però, vorrebbe frequentare un gruppo di coetanee che ha ubbidito alle regole della pubblicità, secondo le quali bisogna avere un look da grandi.

Mark si lamenta della figlia di otto anni, Sierra. «Quando è andata a fare shopping con la mamma, Sierra si è rifiutata categoricamente di acquistare i vestiti che la mamma avrebbe voluto comperarle. Li ha definiti "roba da bambina", e si è diretta come un treno verso abiti corti e aderenti, come quelli che indossano le ventenni. Striscioline di tessuto e pancia nuda. Mia moglie non era affatto contenta quando è tornata dal giro di shopping con Sierra. La prossima volta, pri-

ma di andare, fisseremo delle regole molto chiare, e ci sarò anch'io ad accertarmi che vengano rispettate. Non ho intenzione di permettere che Sierra assuma il controllo di questa famiglia. Sono anche preoccupato per gli amici che sceglie. So che hanno un'importanza cruciale nella vita di un bambino.»

La storia di Sierra vale anche per i maschi, che seguono le regole della moda dettate dalla pubblicità. Tutto quello che un bambino sente e vede sui mezzi di comunicazione e sullo schermo può trasformarsi in una pericoloso modello che può violare le regole della famiglia, con parolacce, mancanza di rispetto, violenza.

I modelli diffusi dai mezzi di comunicazione, o le pressioni esercitate dalla pubblicità o dai messaggi che ci ripetono in continuazione "tutti i bambini sono..." possono indurci a essere eccessivamente indulgenti. A poco a poco la pressione aumenta, ed è proprio allora che i genitori devono tener fede ai propri valori e cercare di essere irremovibili.

La pressione della società a cedere all'indulgenza

SCUOLA E COETANEI

Isaac, undici anni, trova una banconota da venti dollari nel cortile della scuola. Un gruppo di amici si raduna rapidamente intorno a lui, e mentre Isaac si dirige verso l'ufficio del preside per consegnargli la banconota, gli altri gridano: «Tienila! Sei pazzo? C'è qualcosa che non va in te, amico».

La mamma sente suo figlio Colin, dodici anni, rivolgersi con una parolaccia al fratellino più piccolo. Furibonda, gli dice: «Colin, se usi quel linguaggio quando sei fuori casa, quando non posso sentirti, non posso impedirtelo, ma qui non permetterti di parlare in quel modo. Se ti sento un'altra volta, dovrai darmi un quarto di dollaro per ogni parolaccia che dici».

Poi aggiunge: «Se è questo il modo in cui ci si esprime alla tua età, spero che tu cresca in fretta».

La mamma di Colin ha stabilito una regola per suo figlio e ha trovato il modo per farla rispettare. Inoltre, la donna ha una regola personale, in base alla quale in casa sua non vengono tollerati comportamenti che la portino ad arrabbiarsi con suo figlio.

Se il ragazzino ha un atteggiamento irrispettoso, lei smette di fare certe cose per lui, come accompagnarlo, dargli i soldi che gli servono o assecondare i suoi desideri, almeno fino a quando è in collera con lui. Di contro, la donna lo gratifica quando rispetta le regole, di solito con un sorriso o un abbraccio, che significa, *Colin, sono molto orgogliosa del tuo autocontrollo.*

In un negozio di souvenir, una cliente sente una conversazione sull'influenza negativa della scuola e dei compagni, che spingono all'eccesso di indulgenza. La donna interviene:

> *Scusate se mi intrometto. Vorrei dirvi che sono d'accordo con voi. Sono un'insegnante, ed è molto difficile avere a che fare con studenti dei primi anni delle superiori che si sentono autorizzati a non collaborare e a sfidarmi. Io penso che loro sappiano perfettamente che non ci sono conseguenze per il loro comportamento, a parte il rischio di essere bocciati, e i voti non sembrano essere un incentivo sufficiente per loro. Mi chiedo dove siano i loro genitori.*

Provate a chiedere a degli educatori esperti come sono cambiati gli studenti nel corso degli anni. Vi risponderanno che mentre molte scuole hanno aggiunto corsi avanzati al loro programma di studi, molte altre hanno dovuto ridimensionare le loro aspettative, sia dal punto di vista accademico sia per quanto riguarda il comportamento, e vi diranno che molti studenti non sono particolarmente interessati allo studio, e gran parte di loro ha un atteggiamento provocatorio.

Si tratta del classico caso in cui è difficile decidere quale è la causa e quale l'effetto. Qual è stato l'elemento scatenante? La scuola costretta a puntare al ribasso, o gli studenti autorizzati a fare quello che vogliono e i genitori che avallano qualunque tipo di comportamento? Le strutture e gli organi scolastici adottano politiche e standard meno severi, nel tentativo di compiacere e per non offendere nessuno? Evitano di attribuire agli studenti la responsabilità del loro comportamento, perché temono azioni legali da parte dei genitori? I genitori pretendono che la scuola assuma parte delle responsabilità che in realtà sarebbero loro, e poi la criticano per aver fatto questo o non aver fatto quello? Gli insegnanti si sono arresi all'idea di dover adottare un atteggiamento esclusivamente positivo nei confronti degli studenti, per paura di ledere la loro autostima?

- «Anche se danno fastidio, non dire nulla, potresti ferire i loro sentimenti.»
- «Se vuoi che stia bene con se stessa, non darle mai un giudizio negativo. Questo vale per il suo rendimento e il suo comportamento.»

I genitori hanno smesso di sostenere gli insegnanti e di contribuire al processo educativo?

- «Non ti piace il compito che ti è stato dato? Be', in effetti la tua insegnante dà sempre compiti molto stupidi.»
- «I voti non indicano il valore di una persona.»
- «Quell'insegnante non è in grado di capirti.»

Da quando l'autostima si è trasformata in autogiustificazione? E come mai il diritto è degenerato in mancanza di rispetto?

Discutere su chi ha la colpa di quello che è successo è ridicolo. Siamo tutti inseriti in un contesto sociale, siamo parte di un sistema di istruzione ed è opinione diffusa che alcune scuole non funzionano come potrebbero, se ricevessero maggior sostegno da parte dei genitori, se ottenessero l'aiuto di cui hanno bisogno per assolvere alle loro numerose funzioni e se i genitori insistessero con i propri figli sull'importanza di fare i compiti e di comportarsi in modo rispettoso.

IL SISTEMA LEGALE

Un'altra istituzione importante che probabilmente ha risentito dello squilibrio fra diritti e responsabilità è il sistema legale. I tribunali hanno istituito molti programmi nel tentativo di fare in modo che i giovani criminali fossero ritenuti responsabili del loro comportamento antisociale e lo modificassero, invece di giustificarli. Tuttavia le corti, che dopo tutto sono il riflesso della volontà della società, così come viene definita dalle leggi e dalle procedure, sono diventati luoghi in cui i dettagli burocratici a volte riescono a ribaltare la verità e la tendenza a giustificare qualunque cosa ha reso praticamente impossibile attribuire agli autori di azioni perseguibili le loro responsabilità. Secondo voi l'applicazione del test dei quattro indizi potrebbe contribuire a fare un po' di chiarezza sulla separazione della giustizia dall'eccessiva indulgenza?

LA POLIZIA

Chase e la sua compagna stavano rincasando dalla scuola di danza. Avevano bevuto entrambi. Un poliziotto li ferma, e come poi riferito in seguito dallo stesso Chase, «deve aver capito subito che avevamo alzato un po' il gomito, perché quando ho abbassato il finestrino l'odore di alcol era inconfondibile».

«Avete bevuto, eh?»

«Sissignore. Un paio di bicchieri.» In realtà i bicchieri erano molti di più di due.

«Quanto dista casa tua, ragazzo?» chiede il poliziotto.

«Un paio di isolati.» In realtà distava tre chilometri.

«Credi di riuscire a guidare fino a là senza farti male?»

«Oh, sissignore. Certo.»

«Okay, allora vai pure, ma sta' attento.»

Una volta diventato adulto, Chase ha riferito che se quella volta avesse preso una multa o fosse stato portato in prigione, anche se sicuramente avrebbe passato un mucchio di guai, probabilmente si sarebbe reso conto molto prima di quanto fosse grave il suo problema con l'alcol. Di fatto, le cose andarono diversamente e quando si decise a chiedere aiuto aveva ormai trentacinque anni.

Pressata dall'opinione pubblica, divisa fra i fautori del "meglio andarci piano" e quelli del "pugno di ferro", la polizia si trova fra due fuochi. La gente dice, *quella manifestazione deve essere autorizzata,* poi, quando si scatena il putiferio e c'è chi grida allo scandalo, cambia idea: *non avrebbero dovuto permettere che accadesse.* Non va bene comunque: che lo facciano oppure no. È un circolo vizioso. Non è facile per la polizia prendere decisioni volte a garantire la sicurezza e l'ordine pubblico, perché corre il rischio di essere messa alla gogna per il solo fatto di aver agito in quella direzione. Dovremmo tenerne conto, essere meno precipitosi nel giudicare, offrire il nostro sostegno e chiedere che la polizia agisca in modo responsabile.

Come comportarsi con le persone che danno troppo

Chi riceve troppi regali o regali esageratamente generosi, non volendo sembrare ingrato, e sapendo che il gesto è stato fatto con le migliori intenzioni, potrebbe trovarsi in difficoltà.

Da circa sei mesi Diana ha una nuova amica, una donna affabile e generosa, che per il suo compleanno le fa un regalo molto costoso. Diana si sente a disagio, ma non dice nulla. Quando si avvicina il compleanno dell'amica, lei non sa cosa fare. Deve ricambiare con la stessa generosità? In genere non fa regali così costosi agli amici, ma poiché è convinta che ci debba essere una certa equità fra ciò che si dà e ciò che si riceve, decide di comprare un regalo che non l'avrebbe fatta sentire in difficoltà.

Qualche mese dopo, la sua amica la invita a una festa, nella quale è previsto uno scambio di regali a sorpresa. «Ognuno di noi deve portare dieci piccoli regali per ciascuna delle altre quattro persone presenti alla festa, ma il valore deve essere di un dollaro o poco più.»

Un po' riluttante, Diana porta dieci regali per ciascun partecipante, e lo scambio ha inizio. Quando la sua amica tira fuori una calza lunga più di un metro ricamata a mano, nella quale aveva messo il suo regalo per Diana, lei non sa cosa rispondere. Nella calza ci sono almeno venti regali, e quasi tutti costano fra i cinque e i quindici dollari. Diana ha un tuffo al cuore.

Dopo averci pensato un po', Diana decide di parlare nel modo più sincero possibile con la sua amica: «Ho apprezzato il pensiero, ma non voglio che tu ti comporti in questo modo con me. Non ho nessuna difficoltà ad accettare un piccolo regalo, ma di fronte a tanta generosità mi sento a disagio, come se dovessi ricambiare in qualche modo, e non so come. Non voglio sentirmi in debito con te. Non fa bene alla nostra amicizia».

In seguito, l'amica di Diana le confessa di aver paura che, se non fa dei regali, a sua volta non ne riceverà nemmeno uno. Diana le risponde: «La gente non ti vuole bene per i regali che fai, ma per quello che sei». Gli occhi della sua amica si riempiono di lacrime, e da quel giorno la pioggia di regali si interrompe.

L'eccessiva indulgenza non può sostituire l'affetto e l'amore.

Come comportarsi con le persone che tendono a essere troppo protettive

Sicuramente è fastidioso che vostro figlio venga trattato in modo troppo indulgente quando è fuori casa o da persone esterne alla famiglia, ma se ha contatti regolari con qualcuno che fa per lui cose che dovrebbe saper fare da solo, la faccenda si fa piuttosto seria e bisogna correre ai ripari, come nel caso degli esempi riportati qui sotto:

Una nuova maestra della scuola materna toglie i cappottini ai bambini di quattro anni e li appende, prima che loro possano farlo da soli. Ben presto i bambini cominciano a darlo per scontato, e aspettano che sia sempre lei a farlo anche se, arrangiandosi da soli, risparmierebbero tempo e potrebbero cominciare subito a giocare.

Cole è in difficoltà con il suo capo. Arriva perennemente in ritardo al lavoro, e la scorsa settimana il suo responsabile ha sentito odore di marijuana sui suoi vestiti. Il capo gli impone di presentarsi alle otto, e Cole risponde che lo farà. Il suo superiore, però, non si preoccupa di controllare se Cole mantiene la promessa, e due giorni dopo il ragazzo, di nuovo sotto gli effetti della marijuana, non rispetta un semaforo e uccide il passeggero di un'altra auto. Il suo capo è mortificato, perché è convinto che se avesse adottato la sua politica relativa all'uso di droghe per aiutare Cole, una persona innocente non sarebbe morta.

Essere troppo protettivi è una forma di eccessiva indulgenza, indipendentemente dal fatto che succeda in casa o nella società. Provate ad applicare il test dei quattro indizi a ciascuna delle situazioni proposte.

Andare controcorrente

Il direttore di un campeggio estivo allestito sulla riva di un grande fiume è anche un insegnante di nuoto nella scuola di un'importante città. Ogni anno compone lo staff del centro estivo scegliendo i nuotatori più promettenti dei suoi corsi e li fa allenare nuotando controcorrente. Nei giorni in cui il flusso del fiume è normale, i ragazzi si immergono e nuotano controcorrente per trenta minuti, a una distanza di circa duecento metri dalla riva. Dopo una pioggia violenta, invece, quando riemergono dal primo tuffo sono già nove metri a valle rispetto a dove sono entrati in acqua. Dopo mezz'ora di nuoto in quelle condizioni riescono a stento a raggiungere il molo.

Essere genitori senza indulgere troppo può essere paragonato a una faticosa nuotata controcorrente. Probabilmente avrete l'impressione che tutto e tutti si muovano nella direzione opposta: i messaggi proposti dai media, le pressioni che ricevete dai vostri figli e dai loro compagni, il giudizio dei *vostri* coetanei.

Vi invitiamo a concentrarvi sulle persone che hanno la vostra stessa determinazione. Se vi accorgete che avete la tendenza a orientarvi verso gli aspetti negativi e a giudicare gli altri, o vi sentite dire troppo spesso "ma non è terribile...", cercate di aggiustare subito il tiro, confrontandovi con persone che la pensano come voi. Cercate il confronto, concentratevi su ciò che è meglio per voi e per i vostri figli. Rafforzate i vostri legami con altre coppie, con persone che offrono sostegno ai genitori, con i vari gruppi di cui fate parte.

Riconoscere l'eccesso di indulgenza

Leggete gli episodi di eccessiva indulgenza che vi proponiamo e provate a capire se si tratta di un caso di eccesso di attenzione, della mancanza di una solida struttura di riferimento o della tendenza a dare troppo.

IL BALLO DEGLI STUDENTI

Manca un mese al ballo studentesco di Trevor. Lui e i suoi amici vogliono prenotare la suite di un albergo, dove potranno andare insieme alle loro compagne dopo il ballo. «Lo fanno tutti.» L'albergo non accetta la prenotazione dei ragazzi, anche se hanno i soldi per pagare, così Trevor chiede a suo papà di prenotare a suo nome. Lui non è d'accordo, ma cede alle insistenze della madre e paga al posto di Trevor, per sgravarlo di parte delle spese del ballo.

IL DIPLOMA

La tanto attesa cerimonia di consegna dei diplomi comincia in grande stile. Il preside dà il benvenuto ai trenta maturandi e ai loro ospiti, annunciando che ciascuno di loro potrà dire qualche parola, se lo desidera. Lo staff ha deciso di organizzare una cerimonia indimenticabile.

Man mano che viene pronunciato un nome a voce alta, lo studente sale sul palco, riceve il diploma e gli applausi del pubblico.

Victor è stato invitato da uno degli studenti, che ha lavorato saltuariamente nella sua tipografia. Quando si accorge che, dopo che il quinto diplomato è stato festeggiato, praticamente un'intera fila di ospiti si alza e se ne va, rimane letteralmente di sasso. Cosa sta succedendo? Si domanda. Se ne va tutta la famiglia? Un minuto dopo un gruppo di sei persone piuttosto rumorose si raduna in fondo all'aula per complimentarsi con il giovane studente che ha appena ricevuto il diploma. Poi un altro gruppetto si raccoglie intorno a uno dei festeggiati nel corridoio centrale. Mentre viene annunciato il no-

me dello studente successivo, quelle persone si avvicinano alla porta chiacchierando fra di loro. Victor va su tutte le furie e non riesce a trattenersi. Si alza e grida: «Noi siamo rimasti qui e abbiamo festeggiato i vostri diplomi, ora toccherebbe a voi festeggiare il nostro!»

UN MUCCHIO DI FOGLIE

La mamma di Bailey ha rastrellato le foglie formando un mucchio ordinato ed è andata a prendere un sacco nel quale raccoglierle. Quando torna, non riesce a trattenere un «Oh, no!», proprio mentre sta arrivando la sua vicina. Bailey, sette anni, ha inciampato nel mucchio, sparpagliando le foglie per tutto il giardino dei vicini.

«Bailey, ma cosa ti è saltato in mente? Chiedi scusa alla signora Jones e raccogli le foglie dal suo giardino.»

La signora Jones dà una pacca sulla spalla alla bambina, e dice: «Oh, non c'è problema. So che non lo ha fatto apposta. Ci penso io.»

IL COPRIFUOCO

A Bergville nei giorni feriali vige il coprifuoco, e i bambini al di sotto dei quattordici anni devono rincasare entro le nove, ma la polizia non lo fa rispettare.

Ad Amesville, i genitori di Garrett criticano la polizia perché fa rispettare il coprifuoco per i bambini al di sotto dei quattordici anni, valido nei giorni feriali.

Troverete altri ostacoli sulla corsia dell'eccessiva indulgenza lungo la strada dell'educazione. Ricordate che sbandare ogni tanto, finendo nelle corsie laterali, non è grave, ma seguire regolarmente quel percorso accidentato finirà col danneggiare chi riceve – e anche chi offre – troppa indulgenza.

Possiamo fare meglio di così per i nostri figli e per noi stessi.

* * *

Un po' di lievito fa crescere l'intero impasto.

CORINZI I, 5-6

Una lettera di speranza

Cari lettori,

a voi che state cercando di liberarvi degli effetti dell'eccessiva indulgenza che avete subito da bambini vogliamo dire che c'è sempre speranza. Quando siete spaventati dall'entità e dai rischi dell'eccessiva indulgenza, è il momento di sperare. La speranza aiuta a sentirsi più leggeri, a camminare a testa alta, a superare il breve tratto di strada che percorrerete oggi. Ecco che cosa auspichiamo per tutti coloro che sono stati vittime di un comportamento eccessivamente indulgente.

Speriamo che conserviate tutto ciò che c'è stato di buono e riusciate a cambiare un po' alla volta ciò che deve essere cambiato.

Speriamo che troviate delle persone disposte ad ascoltare la vostra storia. Persone che diano la stessa attenzione e la stessa importanza a tutte le cose che sono successe, a quelle brutte e a quelle apparentemente insignificanti.

Speriamo che comprendiate che chi vi ha trattato con indulgenza non può far parte di quel gruppo di persone. Se la loro intenzione era quella di volervi bene, accontentatevi di questo e cercate di superare da soli le conseguenze.

Speriamo che, una volta genitori, abbiate la forza di sostituire all'indulgenza un'educazione equilibrata, basata sul rispetto, anche se i vostri sforzi potrebbero essere disdegnati o persino osteggiati. Vale la pena di cambiare ciò che si è avuto in eredità. Ricordate che offrire ai nostri figli ciò di cui hanno realmente bisogno è un dono prezioso.

Speriamo che, se cambiare è troppo difficile, se il senso di vuoto vi impedisce di reagire, troviate la forza di chiedere l'aiuto di cui avete bisogno: pareri, terapie, guide spirituali, libri, corsi, qualunque cosa, perché anche le vostre esigenze sono importanti, e sarà più facile soddisfare quelle dei vostri figli, se prima avrete pareggiato il conto con le vostre.

Infine, speriamo che ciascuno di voi non si limiti a sperare, ma sia capace di gioire. Speriamo che decidiate di festeggiare ogni piccolo cambiamento, ogni passo avanti, persino ogni errore, perché dagli errori c'è sempre qualcosa da imparare. Apprezzate i doni che avete ricevuto e quelli che farete.

E ricordate che ogni volta che il risultato corrisponde alle vostre buone intenzioni, contribuite a essere determinanti in questo nostro mondo.

Connie, Jean e David

Glossario

ABBASTANZA: la quantità sufficiente a garantire la salute e lo sviluppo.

ABBONDANZA: il valore aggiunto che dà colore alla vita e la rende più divertente ma non sazia.

ADATTABILITÀ DELLA FAMIGLIA: il grado di flessibilità o disponibilità al cambiamento in un sistema familiare che può variare da rigido a caotico.

ATTACCAMENTO: il legame affettivo che nasce fra due persone, il cui prototipo ha origine durante l'infanzia. Una relazione basata sull'attaccamento si misura in base alla sua sicurezza o insicurezza, ed è caratterizzata dalla fiducia e dall'affidabilità.

ATTENZIONI: tutti i modi attraverso i quali una persona soddisfa le necessità di un'altra persona (cibo, vestiti, casa, contatto, conforto, ascolto, ecc.). Fra questi rientra anche l'affermazione dell'altro e l'incoraggiamento al conseguimento dei compiti di sviluppo.

AUTOCONTROLLO: capacità di autoregolarsi, anche in ambito affettivo, e di limitarsi quando è necessario.

AUTOSTIMA: convinzione, sensazione e capacità di agire sentendosi apprezzati ed essendo in grado di trattare gli altri in un modo che implica la convinzione che anch'essi siano apprezzabili e capaci.

CAMBIAMENTO DELLA DIREZIONE DI MARCIA (nella metafora della strada dell'educazione): è il passaggio drastico da una serie di comportamenti indesiderati a un'altra, nel tentativo di correggere i propri errori. L'obiettivo, cioè il centro della strada, viene mancato.

CENTRO DELL'ATTENZIONE: quando l'attenzione degli adulti si riversa completamente sul bambino al di sopra dei tre anni, indipendentemente dalle circostanze.

CO-DIPENDENTE: detto di chi fa troppo per gli altri e troppo poco per se stesso.

COESIONE FAMILIARE: il legame affettivo (come la voglia di stare insieme, la capacità stabilire dei confini e prendere delle decisioni ecc.) che unisce i membri della famiglia l'uno all'altro, che può variare da disimpegnato a soffocante.

CONFINE: nell'accezione in cui il termine viene usato in questo libro, è la linea immaginaria che separa la sicurezza dal pericolo; la linea di confine personale che distingue ciò che è accettabile (salutare) da ciò che è invadente e insano.

CONSEGUENZA: il risultato o l'effetto di una decisione o di un comportamento. Può essere positiva o negativa.

CONTROLLO: manipolazione o controllo diretto finalizzato a cercare di far cambiare qualcun altro. In altre parole, tendenza a scegliere e a determinare i comportamenti degli altri.

DANNO (nell'accezione utilizzata nel test dei quattro indizi): ferita, dolore.

DISFUNZIONI COMPORTAMENTALI: atteggiamenti e pensieri negativi autodenigratori che sono stati associati alla mancanza di autostima, alla depressione e a scarse capacità di stabilire relazioni interpersonali.

ECCESSO DI ATTENZIONI: tendenza a prendersi cura dell'altro, anche quando è perfettamente in grado di farlo da solo, senza domandare se l'aiuto è necessario e desiderato.

ECCESSO DI INDULGENZA STRUTTURALE: un altro modo per descrivere una struttura di riferimento debole.

EFFICIENZA: sensazione di essere in grado di gestire con successo i problemi quotidiani.

FAMIGLIA MISTA: famiglia che nasce dall'unione di nuclei familiari diversi.

FASI DI SVILUPPO: domande specifiche su se stessi e su stessi in relazione agli altri, che ci si pone durante la crescita. Queste domande si presentano sotto forma di compiti specifici rapportati alle diverse età. Il comportamento dei genitori può incoraggiare o scoraggiare il raggiungimento di questi compiti da parte del bambino (rispondere alle domande su se stessi nel mondo).

IDENTITÀ: la percezione che si ha di se stessi, costruita sulla base delle decisioni prese autonomamente nel corso dell'esistenza. La formazione della propria identità è un processo che dura per tutta la vita, ed è uno dei principali compiti di sviluppo dell'adolescenza.

IMPATTO: l'effetto di un'intenzione, di un'azione o di una serie di azioni.

INDULGENZA MATERIALE: un altro modo per definire il troppo.

INDULGENZA RELAZIONALE: un altro modo per descrivere l'eccesso di attenzioni.

INIBIZIONE: limitazione attraverso una barriera che impedisce il progresso.

INTERVENTO ASSERTIVO: soddisfare le esigenze di un altro che non è in grado di farlo da solo. Di solito, chi si prende cura dell'altro è in grado di riconoscere le necessità e appagarle senza che gli venga chiesto.

LASSISMO: termine utilizzato per descrivere la tendenza di alcuni genitori a stabilire delle regole e successivamente modificarle, con o senza pressioni, per compiacere il bambino.

LEADER (capofamiglia): nell'accezione in cui il termine viene usato in questo libro, è colui che guida le attività della famiglia attraverso i propri desideri e le proprie decisioni.

LEADER EFFETTIVO: colui che prende le decisioni, che si accerta che le cose vengano fatte, e le cui istruzioni con ogni probabilità verranno seguite.

LEADER PSICOLOGICO: la persona che ha il potere e che deve essere sempre compiaciuta o placata; la sua energia determina la direzione delle attività della famiglia.

LEADER RESPONSABILE: colui che viene designato come il o la leader preminente. In una famiglia il leader responsabile è il genitore.

LOCUS OF CONTROL: atteggiamenti e comportamenti associati al destino personale. Se interno, il soggetto crede che il potere sia dentro di lui. Se esterno, il soggetto crede che siano gli altri o il fato a determinare il suo destino.

NARCISISMO: eccessiva attenzione alle proprie necessità.

PARTECIPANTI O SOGGETTI: individui che hanno preso parte a studi sperimentali.

PERMISSIVITÀ: atteggiamento indulgente e poco determinato da parte del genitore.

POTERE PERSONALE: la sensazione che, indipendentemente da ciò che accade, riusciremo a trovare una soluzione, anche se questo implica un'ammissione di impotenza, che è l'inizio della risoluzione di molti problemi. La sensazione che otterremo ciò che desideriamo e che eviteremo ciò che non vogliamo. Efficacia.

RECUPERO: graduale liberazione da modi di pensare o comportamenti desueti e relativa sostituzione con altri che rendano la vita più piacevole.

REGOLA: limite stabilito al fine di garantire protezione e sicurezza. È lo strumento principale per insegnare la responsabilità. Per essere efficace, ciascuna regola deve prevedere conseguenze negative e positive.

REGOLA NEGOZIABILE: una regola che viene negoziata in base al cambiamento di determinate condizioni, in particolare lo sviluppo del bambino (o del lavoratore). La negoziazione può essere avviata da entrambe le parti, ma chi ha la responsabilità deve informarsi in merito ai cambiamenti proposti e, sulla base della validità delle obiezioni avanzate, stabilisce se una regola non negoziabile è adeguata. Quando i genitori trattano con i propri figli, la nuova regola deve soddisfare la necessità del genitore di offrire sicurezza a suo figlio, e spesso si basa su una regola non negoziabile.

REGOLA NON NEGOZIABILE: esprime un limite o impone uno standard, con conseguenze precise per chi la rispetta oppure no. Entro i limiti stabiliti dalla regola viene garantita la sicurezza. Le regole consentono una certa prevedibilità e incoraggiano l'acquisizione di competenze e responsabilità. RICERCA: lo studio scientifico di un argomento per identificare i fatti e trarre nuove conclusioni.

RICICLO: processo che consiste nell'espletare i compiti di sviluppo, che erano primari in età più giovane, in modo sempre più competente e sofisticato, così da essere pronti ad affrontare le circostanze della vita che cambiano in continuazione.

SCARSITÀ: quantità inferiore al necessario per garantire la salute e il benessere.

SOSTEGNO: offerta di aiuto nei confronti dell'altro, o risposta a una richiesta di aiuto. Le condizioni dell'aiuto offerto vengono negoziate. Si ha solo quando chi si prende cura dell'altro è disposto a ricevere un no come risposta.

STRUTTURA: include i confini all'interno dei quali l'essere umano è al sicuro, le capacità di affrontare le situazioni della vita, i principi morali e i valori sui quali si basano le scelte.

STRUTTURA DI RIFERIMENTO DEBOLE: mancanza di regole o regole labili e incapacità di provvedere allo sviluppo delle capacità del bambino. Non si pretende che l'altro contribuisca al successo del gruppo o si adegui agli standard vigenti. Viene concessa troppa libertà.

TEAM DI SUPPORTO: gli amici, la famiglia e le persone che cercano di aiutare chi è determinato ad apportare dei cambiamenti per migliorare la qualità della sua vita.

TEST DEI QUATTRO INDIZI: quattro domande che possono essere poste in qualunque circostanza o situazione per determinare se si è di fronte a un caso di eccessiva indulgenza.

TRASCURATEZZA: incapacità di stabilire delle regole e/o di controllarle e farle rispettare.

TRIANGOLO: situazione in cui la comunicazione fra due persone avviene attraverso un terzo. Essere coinvolti in un triangolo significa essere al servizio di una relazione fra altri, che cercano di evitarsi l'un l'altro e di mantenere le distanze.

TROPPO: concessione di beni, privilegi o libertà che prevedono un esborso che supera il livello di "abbastanza" o di "abbondanza".

Appendice A

Età e fasi

1ª fase: esistere. Dalla nascita a sei mesi circa

La prima fase riguarda la decisione del bambino di esistere, vivere, crescere, fidarsi, attirare l'attenzione perché qualcuno provveda a soddisfare i suoi bisogni, aspettare che qualcuno si prenda cura di lui, essere felice. Questi presupposti sono importanti per lo sviluppo successivo e hanno ripercussioni sull'intera esistenza.

1. IL LAVORO DEL BAMBINO (COMPITI DI SVILUPPO)

- richiamare l'attenzione
- piangere o far capire in altro modo che si ha bisogno di qualcosa
- accettare il contatto
- accettare che qualcuno si prenda cura di lui
- creare un legame affettivo, imparare a fidarsi di se stesso e degli adulti che si occupano di lui
- decidere di vivere, di esistere

2. COMPORTAMENTI TIPICI DEL BAMBINO

- piange o si lamenta per segnalare le sue necessità
- si coccola
- fa piccoli versi
- osserva e risponde al contatto visivo
- imita

3. AFFERMAZIONI RELATIVE ALL'ESISTERE

- «Sono felice che tu ci sia.»
- «Tu fai parte del nostro mondo.»
- «Le tue necessità sono importanti per me.»
- «Sono felice per come sei.»
- «Puoi crescere secondo i tuoi ritmi.»
- «Puoi provare liberamente ciò che senti.»
- «Ti voglio bene e sono contento di prendermi cura di te.»

4. COMPORTAMENTI CORRETTI DA PARTE DEI GENITORI

- aiutare il bambino ad apprendere i compiti di sviluppo
- offrire amore e attenzione coerente
- rispondere con sicurezza ai bisogni e alle sensazioni del neonato
- ringraziare per la sua presenza
- tenere in braccio il bambino e guardarlo mentre lo si nutre
- parlargli e imitare i suoi versi
- toccarlo, guardarlo, parlargli e cantare
- chiedere aiuto quando non si è sicuri del giusto modo di prendersi cura di lui
- essere affidabili e degni di fiducia
- accettare l'aiuto degli altri

5. COMPORTAMENTI SCORRETTI DA PARTE DEI GENITORI

- nutrire il bambino prima che lui lo chieda (eccesso di indulgenza)
- offrire troppi stimoli con un numero sproporzionato di giocattoli che si muovono o fanno rumore (eccesso di indulgenza)
- non rispondere ai segnali del neonato
- non toccarlo abbastanza o non prenderlo in braccio
- essere rigidi, arrabbiati, agitati
- punizioni
- assenza di un ambiente salutare
- mancanza di protezione, anche dagli altri fratelli o sorelle
- criticarlo troppo
- non lasciarlo mai (eccesso di indulgenza)

2^a *fase: fare. Da sei a diciotto mesi circa*

La seconda fase – quella del fare – è un periodo importante per il bambino, che deve decidere se fidarsi degli altri, stabilire che la scoperta è sicura e meravigliosa, imparare a fidarsi dei suoi sensi, assimilare ciò che sa, essere creativo e attivo, e farsi aiutare a realizzare tutto questo.

1. IL LAVORO DEL BAMBINO (COMPITI DI SVILUPPO)

- scoprire ed esplorare l'ambiente
- prendere coscienza di ciò che lo circonda attraverso i sensi
- comunicare le proprie necessità, fidarsi degli altri e di se stesso
- consolidare il legame con i genitori
- chiedere aiuto nel momento del bisogno
- cominciare a capire che ci sono diverse possibilità di scelta e non tutti i problemi sono facili da risolvere
- sviluppare l'iniziativa
- proseguire i compiti appresi durante la prima fase

2. COMPORTAMENTI TIPICI DEL BAMBINO

- mette alla prova i propri sensi per esplorare l'ambiente
- è curioso
- si distrae facilmente
- vuole esplorare da solo, ma quando serve è capace di chiedere aiuto
- comincia a giocare a nascondino
- verso la metà o l'ultima parte di questa fase, comincia a dire alcune parole

3. AFFERMAZIONI RELATIVE AL FARE

- «Puoi esplorare e sperimentare, io ti sosterrò e ti proteggerò.»
- «Puoi usare tutti e cinque i sensi quando esplori ciò che ti circonda.»
- «Puoi ripetere le cose tutte le volte che ti serve.»
- «È giusto che tu sappia ciò che sai.»
- «Puoi mostrare interesse per qualunque cosa.»
- «Mi piace vederti scoprire, crescere, imparare.»
- «Ti voglio bene quando sei vivace e quando sei tranquillo.»

4. COMPORTAMENTI CORRETTI DA PARTE DEI GENITORI

- aiutare il bambino a mettere in pratica i compiti di sviluppo
- continuare a offrirgli il proprio affetto
- offrirgli un ambiente sicuro
- proteggerlo dai pericoli
- continuare a nutrirlo, coccolarlo, incoraggiarlo
- dire due volte sì per ogni volta che gli si dice no
- procurargli esperienze sensoriali diverse (messaggi, musica, nascondino con le mani, giochi morbidi al tatto, cubi per le costruzioni, giochi che fanno rumore)
- cercare di non interromperlo, quando è possibile
- cercare di non interpretare il suo comportamento con «Ti piace guardarti allo specchio»
- piuttosto, descrivere il comportamento del bambino: «Judy si sta guardando allo specchio».
- imitare i suoni da lui emessi
- parlare molto con lui
- assecondarlo quando inizia un gioco
- prendersi cura delle proprie necessità

5. COMPORTAMENTI SCORRETTI DA PARTE DEI GENITORI

- non permettere al bambino di sforzarsi di prendere gli oggetti da solo (eccesso di indulgenza)
- dargli troppi giochi in una volta sola (eccesso di indulgenza)
- non offrirgli protezione
- limitare la sua voglia di muoversi
- criticarlo o sgridarlo per il suo desiderio di scoprire o per qualsiasi cosa
- punirlo
- pretendere che non tocchi oggetti "preziosi"
- pretendere che sia responsabile della sua igiene

3ª fase: pensare. Da diciotto mesi a tre anni circa

Per potersi staccare dai genitori, i figli devono imparare a pensare e a risolvere i problemi. È importante anche che imparino a esprimere e a gestire le proprie sensazioni. Queste lezioni sono il fulcro della fase numero tre, quella nella quale il bambino impara a pensare.

1. IL LAVORO DEL BAMBINO (COMPITI DI SVILUPPO)

- imparare a pensare in modo autonomo
- testare la realtà, spingersi oltre i limiti e l'autorità degli altri
- imparare a riflettere e a risolvere i problemi con ragionamenti di causa ed effetto
- cominciare a ubbidire ad alcuni semplici ordini per la sua incolumità: fermati, vieni qui, rimani qui, va' là
- esprimere rabbia e altri sentimenti
- staccarsi gradualmente dai genitori, senza perdere il loro affetto
- liberarsi della convinzione di essere al centro del mondo
- imparare a eseguire alcuni semplici compiti
- approfondire ciò che si è appreso nelle fasi precedenti

2. COMPORTAMENTI TIPICI DEL BAMBINO

- comincia a pensare stabilendo una reazione fra causa ed effetto
- comincia a fare giochi paralleli
- comincia a essere metodico, persino compulsivo
- qualche volta ubbidisce a semplici comandi, qualche volta no
- tende a mettere l'altro alla prova: «No, non lo faccio, e tu non puoi obbligarmi»
- qualcuno prova a ricorrere ai capricci

3. AFFERMAZIONI RELATIVE AL PENSARE

- «Sono contento che tu cominci a pensare da solo.»
- «Non c'è niente di male se sei arrabbiato, ma io farò in modo che tu non ti faccia male o non faccia del male a qualcun altro.»
- «Puoi dire di no, e insistere e mettere alla prova i miei limiti quanto vuoi.»
- «Tu puoi imparare a pensare in modo autonomo, e io continuerò a pensare per me.»
- «Puoi pensare e allo stesso tempo provare delle sensazioni.»
- «Ora cominci a capire quello che ti serve e puoi chiedere aiuto.»
- «Anche se a poco a poco ti staccherai da me, io continuerò a volerti bene.»

4. COMPORTAMENTI CORRETTI DA PARTE DEI GENITORI

- aiutare il bambino a mettere in pratica i compiti di sviluppo
- continuare a coccolarlo, dargli affetto, sicurezza e protezione
- incoraggiarlo a riflettere stabilendo una relazione fra causa ed effetto
- procurargli tempo e spazio per permettergli di organizzare i suoi pensieri
- stimolarlo a riflettere sulle proprie sensazioni e a cominciare a pensare a quelle degli altri
- festeggiarlo quando dimostra di aver messo in pratica la sua capacità di pensare
- aiutarlo a passare da un'attività all'altra
- insegnargli il nome delle cose
- spiegargli la ragione delle cose, come fare, e dargli altre informazioni di cui ha bisogno
- affidargli dei semplici incarichi
- accettare le espressioni positive e negative dei suoi sentimenti
- insegnargli come esprimere le proprie sensazioni, senza usare le mani e senza mordere
- stabilire dei limiti ragionevoli e pretendere che vengano rispettati
- evitare di farsi coinvolgere in battaglie per stabilire chi vince o perde
- rimanere calmi di fronte agli accessi d'ira e ai capricci; non cedere né dare troppa importanza all'episodio
- dargli alcune istruzioni semplici e chiare da seguire; incoraggiarlo e lodare i suoi successi
- insegnargli alcuni comandi basilari per la sua sicurezza, per. es. vieni, no, vai, siediti, resta qui, aspetta.
- pensare a questa fase della vita del bambino come agli "splendidi due anni"
- soddisfare le proprie necessità

5. COMPORTAMENTI SCORRETTI DA PARTE DEI GENITORI

- lasciare che il bambino sia il centro dell'universo (eccesso di indulgenza)
- rifiutarsi di stabilire dei limiti o degli obiettivi (eccesso di indulgenza)
- non insistere affinché porti a termine gli incarichi che gli vengono affidati (eccesso di indulgenza)
- rifiutarsi di usare la disciplina quando non pensa (eccesso di indulgenza)
- dire troppo spesso "non farlo" e troppo raramente "fallo pure"
- lasciarsi coinvolgere in piccole lotte di potere
- cercare di apparire un bravo genitore agli occhi degli altri, grazie al fatto di avere un figlio ubbidiente
- pensare a questa fase della vita del bambino come ai "terribili due anni"
- porsi delle aspettative troppo alte
- pretendere che il bambino giochi "con" gli altri prima che abbia imparato a giocare "vicino" agli altri
- farlo vergognare

4ª fase: identità e potere. Da tre a sei anni circa

I compiti di questa fase sono incentrati principalmente sull'apprendimento e sulle attività che aiutano il bambino a stabilire la propria identità, ad apprendere determinate competenze e a comprendere i ruoli e le relazioni di potere con gli altri.

1. IL LAVORO DEL BAMBINO (COMPITI DI SVILUPPO)

- affermare una propria identità, distinta da quella degli altri
- acquisire informazioni sul mondo, su se stesso, il suo corpo, la distinzione fra i sessi
- imparare che ogni comportamento ha delle conseguenze, positive o negative
- scoprire gli effetti del proprio comportamento sugli altri e il proprio ruolo nel gruppo
- imparare a esercitare il proprio potere e influire sulle relazioni
- tenere comportamenti socialmente adeguati
- separare la fantasia dalla realtà

- imparare su che cosa ha potere e su cosa non ha nessuna influenza
- svolgere semplici incarichi
- continuare ad assimilare i compiti di sviluppo imparati nelle fasi precedenti

2. COMPORTAMENTI TIPICI DEL BAMBINO

- fa giochi di fantasia, magari con dei compagni immaginari
- raccoglie informazioni: come, perché, quando, per quanto tempo, cosa, dove e così via
- sperimenta varie identità attraverso il gioco
- comincia a comprendere le relazioni di potere osservando, insistendo e intraprendendo piccole lotte di potere
- assume comportamenti volti a comprendere la distinzione fra i sessi
- comincia a fare giochi basati sulla collaborazione
- assume comportamenti socialmente adeguati
- comincia a mostrare interesse verso i giochi e le regole

3. AFFERMAZIONI RELATIVE ALL'IDENTITÀ E AL POTERE

- «Puoi esplorare per scoprire chi sei e chi sono gli altri.»
- «Puoi essere forte e allo stesso tempo chiedere aiuto.»
- «Puoi sperimentare ruoli diversi e vari modi di esercitare la tua influenza.»
- «Puoi imparare le conseguenze del tuo comportamento.»
- «Con me puoi manifestare liberamente le tue sensazioni.»
- «Puoi imparare la distinzione fra finzione e realtà.»
- «Ti voglio bene così come sei.»

4. COMPORTAMENTI CORRETTI DA PARTE DEI GENITORI

- insistere affinché il bambino svolga regolarmente dei semplici incarichi
- aiutarlo a mettere in pratica i compiti di sviluppo
- continuare a offrirgli affetto, sicurezza, protezione
- sostenerlo mentre lui continua a esplorare il mondo delle cose, delle persone, delle idee, dei sentimenti
- incoraggiarlo a essere un maschietto o una femminuccia,

spiegandogli la distinzione fra i sessi e insegnandogli che non c'e n'è uno migliore dell'altro
- stimolarlo a esprimere le proprie sensazioni e ad associare il sentimento e il pensiero
- dargli informazioni sull'ambiente in cui vive e correggere eventuali informazioni scorrette
- rispondere alle sue domande
- applicare conseguenze positive o negative alle sue azioni
- usare un linguaggio dal quale emerga chiaramente chi è responsabile di che cosa
- incoraggiare le fantasie del bambino e insegnargli a distinguere fra fantasia e realtà
- complimentarsi per i comportamenti corretti e correggere quelli inadeguati
- rispondere in modo chiaro e preciso alle sue curiosità sul corpo umano e sulle differenze fra maschio e femmina
- mantenere i contatti con persone in grado di aiutare i genitori nel loro ruolo educativo
- risolvere i propri problemi di identità, nel caso dovessero affiorare

5. COMPORTAMENTI SCORRETTI DA PARTE DEI GENITORI

- non pretendere da lui che svolga i semplici incarichi che gli vengono affidati (eccesso di indulgenza)
- regalargli così tanti giocattoli che per lui è persino difficile riporli dopo averli usati (eccesso di indulgenza)
- permettergli o incoraggiarlo a essere il centro dell'universo
- prenderlo in giro
- essere incoerente
- non pretendere che il bambino pensi con la propria testa
- non rispondere in modo preciso alle sue domande
- ridicolizzare i suoi giochi o le sue fantasie
- rispondere alle sue fantasie come se fossero reali
- utilizzare la fantasia per spaventarlo o confonderlo
- esprimere giudizi o discutere con lui in merito a chi ha ragione o torto o che cosa sia meglio o peggio

5ª fase: struttura di riferimento. Da sei a dodici anni circa

Durante la quinta fase il bambino impara che cos'è una struttura di riferimento e comincia a elaborare la propria. In questo periodo comprende la necessità di avere delle regole e la loro importanza, e impara che il fatto di avere delle regole lo porta a conquistare la libertà. In questo contesto è importante esaminare i valori sui quali si basano le nostre regole. Un altro compito importante di questa fase è l'acquisizione di numerose competenze.

1. IL LAVORO DEL BAMBINO (COMPITI DI SVILUPPO)

- acquisire competenze, imparare dai propri errori, decidere di comportarsi in modo opportuno
- imparare a osservare e ad ascoltare per raccogliere informazioni e riflettere
- diventare progressivamente più competente e responsabile nello svolgimento di incarichi gradualmente più complessi
- pensare e agire
- riflettere su desideri e necessità
- imparare le regole della famiglia e confrontarle con le strutture di riferimento esterne al contesto familiare
- comprendere l'importanza delle regole
- sperimentare le conseguenze dell'inosservanza delle regole
- mostrare il proprio disaccordo con gli altri, senza smettere di essere amati
- sperimentare idee e valori e conoscere valori al di fuori del contesto familiare
- imparare a controllarsi
- distinguere fra le proprie responsabilità e quelle degli altri
- imparare quando è meglio rinunciare e quando è opportuno perseverare
- imparare a collaborare
- testare le proprie capacità con gli altri
- identificarsi con il proprio sesso
- continuare ad assimilare i compiti di sviluppo appresi nelle fasi precedenti

2. COMPORTAMENTI TIPICI DEL BAMBINO

- fa domande e raccoglie informazioni
- apprende e mette in pratica le proprie competenze
- frequenta gruppi composti da persone del suo stesso sesso
- confronta, prova, dissente, stabilisce, disubbidisce e sperimenta le conseguenze di comportamenti rispettosi o irrispettosi delle regole
- mette in discussione i valori in cui credono i genitori, discute, litiga
- può essere aperto e affettuoso oppure irascibile, riservato o egocentrico, o può alternare questi tipi di comportamenti

3. AFFERMAZIONI RELATIVE ALLA STRUTTURA DI RIFERIMENTO

- «Puoi pensare prima di dire sì o no e imparare dai tuoi errori.»
- «Puoi fidarti del tuo intuito per decidere che cosa fare.»
- «Puoi trovare il modo giusto per te di fare le cose.»
- «Puoi imparare le regole che ti aiuteranno a vivere insieme agli altri.»
- «Puoi imparare quando e come dissentire.»
- «Puoi pensare con la tua testa e chiedere aiuto, anziché arrovellarti da solo.»
- «Ti voglio bene anche quando la pensiamo in modo diverso. Sono contento di crescere insieme a te.»

4. COMPORTAMENTI CORRETTI DA PARTE DEI GENITORI

- aiutare il bambino a mettere in pratica i compiti di sviluppo
- continuare a offrigli affetto, sicurezza e protezione
- valutare se l'ambiente in cui si muove il bambino è sicuro e insegnargli come risolvere i conflitti
- assecondare i suoi sforzi volti a imparare e a fare le cose nel modo che ritiene giusto
- dargli molto amore e gratificarlo quando apprende nuove competenze
- insistere affinché svolga gli incarichi che gli vengono affidati in famiglia
- insistere perché si prenda cura delle sue cose

- essere una fonte di informazione affidabile sulle persone, il mondo e il sesso
- fargli notare i comportamenti e le decisioni sbagliate; incoraggiarlo a pensare in termini di causa ed effetto
- essere chiari in merito a chi è responsabile di che cosa
- incoraggiarlo a pensare in modo logico e creativo
- offrirgli gli strumenti per risolvere i problemi
- discutere con lui di quando è meglio rinunciare e quando è meglio perseverare
- stabilire regole negoziabili e non negoziabili e pretendere che vengano rispettate
- permettergli di sperimentare le conseguenze naturali non pericolose delle sue azioni
- fargli capire che continuerete a prendervi cura di lui, anche quando è in disaccordo con voi
- aiutarlo a distinguere fra fantasia e realtà, incoraggiandolo a riferire con precisione i fatti
- fare attenzione ai comportamenti adolescenziali e scoraggiarlo dal crescere troppo in fretta
- essere responsabili e incoraggiarlo ad assumere la responsabilità delle proprie decisioni, del proprio modo di pensare e delle proprie sensazioni
- incoraggiare lo sviluppo delle sue competenze offrendo stimoli nelle aree di interesse, cercando di essere un maestro entusiasta, insistendo sulla qualità del rendimento e, in seguito, probabilmente non prima dell'adolescenza, agendo da modello e mentore.

5. COMPORTAMENTI SCORRETTI DA PARTE DEI GENITORI

- applicazione incostante delle regole (eccesso di indulgenza)
- non porre un limite all'uso dei dispositivi elettronici, inclusa la TV (eccesso di indulgenza)
- insistere sulla perfezione
- pretendere che il bambino acquisisca competenze senza offrirgli indicazioni, supporto, parametri di riferimento (eccesso di indulgenza)
- riempire tutto il suo tempo con lezioni, attività sportive o altro, privandolo dei momenti liberi necessari a esplorare i

propri interessi e a comprendere l'importanza delle regole (eccesso di indulgenza)
- comperargli qualunque cosa chieda o pretenda (eccesso di indulgenza)
- essere troppo indulgenti con lui, non insistendo affinché svolga gli incarichi che gli vengono affidati, contribuendo attivamente alla vita familiare
- impedirgli di sentirsi tristi per brevi momenti
- eccessiva rigidità o assenza di regole e valori
- mancanza di disponibilità o incapacità di discutere con lui di opinioni e valori, di riconsiderare le regole, di pretendere che il bambino diventi responsabile delle proprie azioni
- cedere alle sue pressioni infantili (eccesso di indulgenza)
- lasciare che creda che i suoi desideri sono più importanti di quelli degli altri membri della famiglia (eccesso di indulgenza)

6ª fase: identità, sessualità e distacco. Da tredici a diciannove anni circa

I compiti di questa fase sono incentrati sull'identità, il distacco, la sessualità e l'aumento delle competenze.

1. IL LAVORO DELL'ADOLESCENTE (COMPITI DI SVILUPPO)

- fare ulteriori passi verso l'indipendenza
- completare il distacco emotivo dalla famiglia
- affermarsi gradualmente come individuo separato e indipendente, con una propria identità e dei valori, all'interno del contesto familiare
- essere competente e responsabile delle proprie azioni, dei propri comportamenti, delle proprie sensazioni e necessità
- trovare un valido gruppo di coetanei che sia di sostegno
- continuare a svolgere i propri incarichi per contribuire alla gestione della casa
- integrare la propria sessualità nell'affermazione della propria identità
- continuare a partecipare alle ricorrenze importanti della famiglia
- acquisire gradualmente indipendenza e integrità morale

2. COMPORTAMENTI TIPICI DELL'ADOLESCENTE

Gli adolescenti fanno alcune delle loro scelte relative all'identità e al distacco rivisitando o riutilizzando ciò che hanno imparato nelle fasi precedenti – essere, fare, pensare, affermazione di identità e potere e struttura di riferimento – aggiungendo le nuove informazioni apprese e le pressioni, a volte insistenti, della loro sessualità emergente. Pertanto, è possibile che l'adolescente alterni comportamenti da adulto ad atteggiamenti estremamente immaturi. Le età nelle quali in genere riutilizza e fa proprie le competenze apprese in precedenza sono le seguenti:

All'inizio della pubertà o approssimativamente all'età di tredici anni, riutilizza le competenze relative all'essere e al fare apprese durante l'infanzia:
- qualche volta è indipendente e qualche volta vuole che qualcuno si prenda cura di lui
- esplora nuove aree, senza essere necessariamente preoccupato dagli standard e dalla perfezione del risultato

All'età di quattordici anni riutilizza le competenze di quando aveva due anni, cioè la capacità di pensare in modo indipendente:
- qualche volta è ragionevole e competente, con episodi intermittenti di ribellione

All'età di quindici, sedici e diciassette anni riutilizza le competenze apprese fra i tre e i cinque anni, l'affermazione della propria identità e potere:
- Chiede «perché?» e «come mai?», sviluppando nuovi ruoli di identità con lo stesso sesso e con l'altro sesso, con i coetanei e gli adulti. Impara a risolvere problemi complessi.

Dai sedici ai diciannove anni riutilizza le competenze apprese fra i sei e i dodici anni, ossia l'importanza di una struttura di riferimento:
- si comporta in modo adulto e responsabile, con qualche improvviso breve ritorno ai comportamenti del passato, con i quali sperimentava le regole e le loro conseguenze

- potrebbe infrangere alcune regole, come parte del processo di distacco dai genitori.

3. AFFERMAZIONI RELATIVE ALL'IDENTITÀ, AL DISTACCO E ALLA SESSUALITÀ

- «Puoi capire chi sei e imparare e mettere in pratica competenze che dimostrino la tua indipendenza.»
- «Puoi imparare la differenza fra sesso e affetto ed essere responsabile dei tuoi comportamenti, dei tuoi sentimenti e delle tue necessità.»
- «Puoi approfondire i tuoi interessi, le relazioni e le cause.»
- «Puoi imparare a utilizzare in un modo nuovo le vecchie competenze.»
- «Puoi crescere nella tua femminilità o mascolinità e continuare a essere indipendente.»
- «Non vedo l'ora di scoprire come sarai da adulto.»
- «Ti vorrò sempre bene. So che chiederai il mio aiuto, quando ne avrai bisogno.»

4. COMPORTAMENTI CORRETTI DA PARTE DEI GENITORI

- aiutare l'adolescente a mettere in pratica i compiti di sviluppo
- continuare a offrigli affetto, sicurezza e protezione
- insistere affinché porti a termine gli incarichi che gli vengono affidati
- pretendere che l'adolescente contribuisca al benessere fisico, emotivo e sociale della famiglia
- pretendere che partecipi alle ricorrenze importanti della famiglia
- tenere sotto controllo le sue attività e gli amici
- accettare tutte le sue sensazioni e parlare con lui di come vi sentivate voi quando avete provato le prime pulsioni sessuali
- criticare i comportamenti inaccettabili
- essere molto determinati sul consumo della droga e dell'alcol e sui comportamenti sessuali
- identificare i segnali di distacco dell'adolescente e favorire i comportamenti che contribuiscono a renderlo indipendente
- comprendere e incentivare la rielaborazione delle competenze apprese durante le fasi di sviluppo precedenti

- gioire per la sua crescita e accoglierlo nel mondo degli adulti
- incoraggiare la sua indipendenza e accettare l'identità che sta cercando di plasmare, incentivandolo a "essere se stesso" e a conformarsi ai comportamenti socialmente accettabili. Non sempre questo coincide con le vostre aspettative e i sogni che avevate per lui.
- sostenere il suo contributo al benessere della società
- intraprendere delle azioni per favorire la sicurezza nelle scuole e sulle strade

5. COMPORTAMENTI SCORRETTI DA PARTE DEI GENITORI

- non insistere affinché l'adolescente porti a termine gli incarichi che gli vengono affidati, facendolo al suo posto (eccesso di indulgenza)
- proteggere l'adolescente dalle conseguenze spiacevoli del suo comportamento (eccesso di indulgenza)
- non permettere che si senta triste per brevi momenti (eccesso di indulgenza)
- assumere un comportamento insensibile e incurante
- abusare o astenersi da manifestazioni di affetto
- reagire in modo inopportuno allo sviluppo della sua maturità sessuale
- usare regole troppo rigide, non usarne affatto, non curarsi che vengano rispettate o rifiutarsi di negoziarle (eccesso di indulgenza)
- non pretendere da lui che rifletta e adotti comportamenti volti a risolvere i problemi (eccesso di indulgenza)
- ironizzare pesantemente sulle sue pulsioni sessuali, i suoi interessi, le sue fantasie, i sogni, l'aspetto, gli amici
- non criticare comportamenti scorretti o autolesionistici – dall'abuso delle droghe alla mancanza di amici o interessi (eccesso di indulgenza)
- cercare di impedire il distacco (eccesso di indulgenza)
- permettergli di trascurare la famiglia per stare con gli amici (eccesso di indulgenza)
- concedergli libertà senza responsabilità (eccesso di indulgenza)
- procurargli soldi, giochi, vestiti, attività, mezzi di trasporto, senza che ci sia un contributo da parte sua (eccesso di indulgenza)

- disinteressarsi delle sue attività ricreative e delle vacanze (eccesso di indulgenza)
- rifiutarsi di chiedere un aiuto esterno se si è incapaci di attribuirgli le sue responsabilità (eccesso di indulgenza)

Giovani adulti che vivono a casa dei genitori

Un genitore non smette di esserlo quando suo figlio ha diciannove o vent'anni. Continuerà a essere padre o madre per sempre. Il modo in cui i genitori offrono e ricevono sostegno cambia nel corso degli anni, ma l'amore e l'affetto non finiscono mai.

Molti giovani adulti si trovano ad affrontare una fase di transizione di parziale dipendenza nella quale, non essendo ancora del tutto autonomi dal punto di vista economico ed emotivo, vivono a casa dei genitori. Questo periodo è più difficile per loro se mamma e papà continuano a trattarli come se fossero bambini, cucinano, puliscono e fanno il bucato, o li supportano dal punto di vista economico senza pretendere che contribuiscano alle spese, oppure se pretendono ancora che il giovane adulto rispetti rigorosamente le regole stabilite durante la sua adolescenza.

È utile che i genitori e figli ormai adulti tengano presenti alcune cose gli uni riguardo agli altri.

- I figli ormai grandi stanno entrando nella fase adulta dell'interdipendenza.
- I genitori devono continuare a stabilire regole non negoziabili riguardo a tutti gli aspetti rilevanti per i loro valori e le loro opinioni, e fino a quando continuano a vivere in casa i figli sono tenuti a rispettarle.
- La maggior parte delle altre regole può e dovrebbe essere rinegoziata.
- In genere è meglio prevenire le esigenze, stabilire o negoziare delle regole e pianificare una suddivisione dei compiti prima che i genitori e i giovani adulti incomincino a organizzare la loro vita in comune.
- In genere è meglio non fare supposizioni su chi farà che cosa, ma è preferibile domandare e concordare la suddivisione dei compiti.

- Non c'è niente di male se i genitori continuano ad aiutare i loro figli, a condizione che l'aiuto offerto non si trasformi in condiscendenza ed eccessiva indulgenza e che non rappresenti un peso per loro.
- Non c'è niente di male se i giovani adulti vivono con i genitori, a condizione che contribuiscano al proprio vitto e alloggio, partecipino alla gestione della casa, e si comportino con la stessa attenzione e cortesia che offrirebbero se vivessero con un'altra famiglia.
- È importante che i genitori siano consapevoli del fatto che ci sono quattro modi con i quali i figli si separano da mamma e papà:
  - Alcuni se ne vanno e ritornano da adulti.
  - Alcuni restano e diventano adulti.
  - Alcuni vanno e vengono più di una volta.
  - Alcuni infrangono le regole della famiglia, costringendo i genitori ad allontanarli.

Il modo in cui un giovane sceglie di andarsene da casa probabilmente non sarà molto diverso da quello utilizzato dai genitori. La cosa importante non è come si allontana, ma il fatto che diventerà indipendente, sarà in grado di prendere le proprie decisioni, interagirà con i propri genitori come un adulto che, a sua volta, è in grado di offrire sostegno.

- È importante che i genitori incoraggino i propri figli a diventare adulti e li trattino indipendentemente dal posto in cui vivono.
- È importante che i figli permettano ai propri genitori di crescere a loro volta, vedere, sperimentare, e che li trattino come persone che cambiano, e non arroccate all'immagine che avevano di loro quando avevano quattro, nove o diciassette anni.
- Non c'è nulla di male se i giovani adulti si comportano da genitori negli ambiti in cui sanno cose che potrebbero essere utili ai loro genitori.
- È molto bello sia per i figli sia per i genitori scoprire che questi anni possono portare gioia e soddisfazione, mentre gli uni trovano negli altri un adulto in grado di offrire sostegno.

- Questo può essere il periodo ideale, sia per i figli sia per i genitori, per poter fare ilteriori importanto passi di crescita.

7ª fase: interdipendenza. L'età adulta

I compiti di sviluppo dell'età adulta sono incentrati sul passaggio dall'indipendenza all'interdipendenza, e includono il riutilizzo di competenze apprese nelle fasi precedenti in modi che favoriscono lo svolgimento di funzioni specifiche di questa età.

1. IL LAVORO DELL'ADULTO

- acquisire le competenze necessarie per il lavoro e il divertimento
- trovare una guida e diventarlo a propria volta
- crescere nell'amore e nella serenità
- offrire e accettare gesti di intimità
- aumentare la propria creatività e valorizzare l'unicità
- accettare le responsabilità personali e prendersi cura della generazione successiva e anche della precedente
- trovare un sostegno per la propria crescita e favorire quella degli altri
- ampliare la propria sfera di interessi al di là di se stessi e della propria famiglia, occupandosi della società e del mondo
- trovare l'equilibrio fra dipendenza, indipendenza e interdipendenza
- coltivare l'integrità e la spiritualità
- affinare l'arte del saluto, del congedo, della manifestazione del dolore.

2. COMPORTAMENTI TIPICI DELL'ADULTO

Sono molti i comportamenti tipici della lunga fase della vita adulta. Quelli più importanti per voi in questo momento sono quelli che state mettendo in atto. Fate un elenco dei vostri atteggiamenti tipici attuali:

____________________	____________________
____________________	____________________
____________________	____________________
____________________	____________________

3. AFFERMAZIONI RELATIVE ALL'ETÀ ADULTA

- «Le tue necessità sono importanti.»
- «Puoi essere una persona inimitabile e rispettare l'unicità degli altri.»
- «Puoi essere indipendente e interdipendente.»
- «Con il passare degli anni puoi allargare i tuoi interessi alla tua crescita, alla tua famiglia, ai tuoi amici, alla società e all'intero genere umano.»
- «Puoi costruire e riflettere sul tuo impegno verso i valori e le cause in cui credi, il tuo ruolo, i tuoi compiti.»
- «Puoi essere responsabile dell'impegno che metti in ciascuno dei tuoi interessi.»
- «Puoi essere creativo, competente, produttivo e allegro.»
- «Puoi fidarti della tua saggezza.»
- «Puoi dare il benvenuto e il congedo a persone, ruoli, sogni e decisioni.»
- «Puoi concludere ognuno dei viaggi che intraprenderai e guardare a quello successivo.»
- «Il tuo amore matura e diventa più grande.»
- «Ti vorrò sempre bene, a qualunque età.»

4. COMPORTAMENTI CORRETTI DELL'ADULTO VERSO SE STESSO

- mettere in pratica i compiti di sviluppo appresi durante tutte le fasi della crescita
- guardare a se stesso con amore, obiettività e capacità di perdonare
- giudicare le proprie esperienze di crescita e correggere eventuali mancanze, nel caso ci siano stati episodi di eccessiva indulgenza
- festeggiare i successi, piccoli o grandi che siano
- crescere e cambiare
- assumere e rispettare gli impegni verso la famiglia e la società
- attenersi a comportamenti che portino al raggiungimento degli obiettivi
- rivalutare e riaffermare regolarmente i propri valori e migliorare, se necessario

5. COMPORTAMENTI SCORRETTI DELL'ADULTO VERSO SE STESSO

- rifiutarsi di imparare a capire quando è abbastanza
- sostituire alla crescita spirituale gli oggetti materiali (eccesso di indulgenza)
- opporre resistenza ai cambiamenti che l'età comporta (eccesso di indulgenza)
- rifiutarsi di imparare, crescere e cambiare (eccesso di indulgenza)
- essere avidi: prendere a discapito degli altri (eccesso di indulgenza)
- mettersi in competizione con gli altri, inclusi i bambini, affinché le proprie necessità emotive vengano soddisfatte
- imporre agli altri la propria visione del mondo (eccesso di indulgenza)
- accettare la visione del mondo imposta da altri
- passività, dipendenza e co-dipendenza

Appendice B

Siete genitori troppo indulgenti?

(Per genitori con figli di due anni o più)

	Sì	No	V	F	Sì	No
NELLA MAGGIOR PARTE DEI CASI...						
1. do a mio/a figlio/a tutti i vestiti che vuole	❑	❑				
2. do a mio/a figlio/a tutti i giocattoli che vuole	❑	❑				
3. concedo a mio/a figlio/a un mucchio di privilegi	❑	❑				
4. mi assicuro che mio/a figlio/a si diverta sempre	❑	❑				
5. organizzo un mucchio di passatempi, lezioni, attività sportive per lui/lei	❑	❑				
6. gli/le do più di quanto chieda	❑	❑				
7. do a mio/a figlio/a anche cose che non ha chiesto.	❑	❑				
NELLA MAGGIOR PARTE DEI CASI...						
8. non stabilisco alcuna regola per mio/a figlio/a			❑	❑		
9. non faccio rispettare le regole che stabilisco per mio/a figlio/a			❑	❑		
10. non pretendo che dia una mano in casa			❑	❑		
11. gli/le lascio molta libertà			❑	❑		
12. permetto che mio/a figlio/a assuma il comando e abbia il controllo nelle questioni che riguardano la famiglia			❑	❑		
13. non pretendo che mio/a figlio/a apprenda le stesse competenze degli altri bambini			❑	❑		
14. non pretendo che si attenga agli standard			❑	❑		
NELLA MAGGIOR PARTE DEI CASI...						
15. sono coinvolto in qualunque cosa faccia mio/a figlio/a					❑	❑
16. do a mio/a figlio/a moltissima attenzione					❑	❑
17. faccio per lui/lei cose che dovrebbe da solo/a					❑	❑
18. piuttosto che vederlo/a scontento/a, faccio le cose al suo posto					❑	❑
19. faccio delle cose perché mi voglia bene					❑	❑
20. odio vederlo/a frustrato					❑	❑
21. prevedo le sue necessità e le soddisfo					❑	❑
NUMERO TOTALE DELLE CASELLE	TROPPO ______		ASSENZA DI REGOLE ______		TROPPE CURE ______	

PUNTEGGI

Troppo

0-1 Eccesso di indulgenza improbabile
2-3 Possibile eccesso di indulgenza
4-5 Attenzione: eccesso di indulgenza
6-7 Serio caso di eccessiva indulgenza

Assenza di regole

0-1 Eccesso di indulgenza improbabile
2-3 Possibile eccesso di indulgenza
4-5 Attenzione: eccesso di indulgenza
6-7 Serio caso di eccessiva indulgenza

Troppe cure

0-1 Eccesso di indulgenza improbabile
2-3 Possibile eccesso di indulgenza
4-5 Attenzione: eccesso di indulgenza
6-7 Serio caso di eccessiva indulgenza

Appendice C

Partecipazione alle faccende domestiche

Il grafico riporta un elenco delle faccende domestiche, la percentuale dei bambini coinvolti e la loro età media a vari livelli di coinvolgimento.

A: il bambino deve essere aiutato per terminare il compito che gli è stato affidato;
R: il bambino ha bisogno che qualcuno gli ricordi quello che deve fare e lo controlli;
S: il bambino esegue il compito richiesto senza che nessuno glielo ricordi o lo controlli.

COMPITO	PERCENTUALE DI BAMBINI COINVOLTI	ETÀ E GRADO DI COINVOLGIMENTO 3	4	5	6	7	8	9	10	11	12	13
Si veste da solo	99	A		R					S			
Si lava i denti	99	A					R			S		
Si fa il bagno da solo	99	A				R				S		
Riordina le sue cose	99		A				R				S	
Mette i vestiti sporchi nel cesto della biancheria	99		A				R			S		
Appende gli abiti puliti	97			A					R		S	
Rifà il letto	93			A					R	S		
Tiene in ordine la sua stanza	98			A					R		S	
Asciuga quando rovescia qualcosa	93	A						R	S			
Passa l'aspirapolvere	79			A							R S	
Pulisce il lavandino	75				A					R	S	
Porta fuori la spazzatura	72			A						R	S	
Si prende cura del cucciolo	72		A			R				S		
Fa il bucato	54							A				R/S
Apparecchia la tavola	93	A							R	S		
Lava i piatti	75				A				R			S
Prepara la merenda	89		A			R				S		
Cucina	71					A		R				S

Appendice D

Il progetto "eccessiva indulgenza"

Questo progetto è nato nel 1996, con l'intento di studiare il tipo di relazione esistente tra il fatto di essere stati trattati in modo eccessivamente indulgente da bambini e le difficoltà incontrate nella vita adulta e nell'essere genitori. Fino a oggi, noi (David Bredehoft, Jean Illsley Clarke, Connie Dawson e i nostri assistenti) abbiamo condotto tre studi su questo tema, coinvolgendo complessivamente 1195 persone (Bredehoft, Mennicke, Potter & Clarke, 1998; Bredehoft, Clarke & Dawson, 2001; Bredehoft, Clarke & Dawson, 2003; Bredehoft, Dawson, Clarke & Morgart 2003). Queste ricerche costituiscono il fondamento scientifico di questo libro. Nonostante l'approccio basato sugli esempi personali, riteniamo che i risultati ottenuti arricchiscano il bagaglio di conoscenze su questo tema e offrano nuove prospettive sulle difficoltà incontrate dai genitori in questo particolare ambito. Qui di seguito riportiamo una breve sintesi dei risultati dei tre studi condotti.

Conclusioni e sintesi dei risultati*

STUDIO	CONCLUSIONI E SINTESI DEI RISULTATI
I Studio Percezioni che l'adulto attribuisce al comportamento eccessivamente indulgente dei propri genitori durante l'infanzia I risultati di questo studio sono tratti da una raccolta di dati da parte di ricercatori, basata su colloqui con adulti trattati in modo eccessivamente indulgente in età infantile.	1. La responsabilità della maggior parte dei comportamenti eccessivamente indulgenti è dei genitori. 2. Il più delle volte l'eccesso di indulgenza era dovuto a questioni legate all'esperienza dei genitori (es. il fatto di essere cresciuti in condizioni di povertà, o di aver sempre dovuto lavorare). 3. L'eccesso di indulgenza è una questione complessa. Oltre alla concessione di troppe cose, ha a che fare con la mancanza di una struttura di riferimento e l'eccesso di attenzioni. 4. Gli adulti che sono stati trattati in modo troppo indulgente quando erano bambini crescono con tratti negativi della personalità, come il fatto di non sentirsi amati, la necessità di approvazione costante dall'esterno, la mancanza di competenze, l'incapacità di prendersi cura di se stessi. 5. Gli adulti che sono stati trattati in modo troppo indulgente quando erano bambini, molto probabilmente faranno lo stesso con i propri figli. 6. Gli adulti che sono stati trattati in modo troppo indulgente quando erano bambini tendono a essere indulgenti con se stessi, e questo spesso comporta tendenza a ingrassare, sensi di colpa, scarsa autostima, salute cagionevole e solitudine.

* Per informazioni dettagliate su questi studi visitate il sito www.overindulgence.info e cliccate su <research>.

STUDIO	CONCLUSIONI E SINTESI DEI RISULTATI
Il Studio Relazione fra eccesso di indulgenza in età infantile, unità e capacità di adattamento della famiglia, autostima, efficienza, rettitudine, soddisfazione della vita, disfunzioni comportamentali e disagio esistenziale in tarda adolescenza e prima vita adulta I risultati di questo studio sono basati sull'uso delle seguenti scale di valutazione, adottate in psicologia, la cui validità e affidabilità sono comunemente riconosciute: scala di valutazione dell'unità e della capacità di adattamento della famiglia; scala Rosenberg di valutazione dell'autostima; scala delle disfunzioni comportamentali; scala del disagio esistenziale; scala dell'efficienza; scala della rettitudine; scala di soddisfazione nella vita, e inoltre quattordici domande in scala Likert sull'eccesso di indulgenza preparate da altrettanti autori.	1. L'eccesso di indulgenza è una faccenda complessa. Riguarda molte cose (p.es. vestiti, giocattoli, divertimenti), la mancanza di una solida struttura di riferimento (p.es. l'assenza di regole o l'incapacità di farle rispettare) e l'eccesso di attenzioni. 2. L'eccesso di indulgenza si verifica in tutti i tipi di famiglie (equilibrate, normali e problematiche). 3. L'eccesso di indulgenza in età infantile è direttamente collegato alla difficoltà di elaborazione del pensiero, a sensazioni di inadeguatezza e di autocoscienza nell'adolescenza e nella prima vita adulta. 4. L'eccesso di indulgenza in età infantile non sembra essere associato all'autostima, alla soddisfazione nella vita o al disagio esistenziale in tarda adolescenza e prima vita adulta.

STUDIO	CONCLUSIONI E SINTESI DEI RISULTATI
III Studio Relazione fra eccesso di indulgenza in età infantile, unità e capacità di adattamento della famiglia, autostima, disfunzioni comportamentali e locus of control nei genitori I risultati di questo studio sono basati sull'uso delle seguenti scale di valutazione, adottate in psicologia, la cui validità e affidabilità sono comunemente riconosciute: scala di valutazione dell'unità e della capacità di adattamento della famiglia; scala Rosenberg di valutazione dell'autostima; scala delle disfunzioni comportamentali; scala del locus of control dei genitori, e inoltre quattordici domande in scala Likert sull'eccesso di indulgenza preparate da altrettanti autori.	1. L'eccesso di indulgenza in età infantile è legato all'autostima (genitore adulto), alla capacità di adattamento della famiglia (famiglia di origine) e alle disfunzioni comportamentali. 2. L'eccesso di indulgenza in età infantile è legato a convinzioni errate dei genitori, come: «Mio figlio regola la mia vita», «Ho poco controllo su mio figlio», e «Non sono responsabile del comportamento di mio figlio». 3. L' eccessiva indulgenza è di tre tipi: materiale (troppi oggetti), strutturale (mancanza di una solida struttura di riferimento) e relazionale (troppe attenzioni).

Ringraziamenti

Sono davvero molte le persone che hanno contribuito alla realizzazione di questo libro. Vorremmo ringraziare tutti quelli di voi che si sono prestati come volontari per gli studi di ricerca, che ci hanno raccontato le loro storie, ci hanno incoraggiato, ci hanno stimolato e qualche volta hanno persino insistito affinché portassimo a termine questo progetto. Se ci avete aiutato in qualche modo, vi preghiamo di accettare tutta la nostra riconoscenza, anche se il vostro nome non è nell'elenco.

Per il loro sostegno ringraziamo in particolare: A. Myrth Ogilvie, Gloria Wallace, Ada Alden, Sandy Keiser, e soprattutto Judi Klingsick per averci messo in contatto con il nostro agente.

Per il loro incoraggiamento, il loro sostegno, e in generale per averci incentivati in molti modi, ringraziamo: Phyllis e Bob Porter, Trudi Newton, Rosemary Napper, Susannah Temple, Marty Rossman, Rose Allen, Susan Legender Clarke, Dennis Thoennes, Betty Cooke, Deane Gradous, Joyce McFarland, Sue Murray, Marsha Meyers e le Peninsula Girls, Mary Paananen e il Support Team della 33ª strada, Jean Scott, lo staff dell'Attachment Center Northwest, Kate Calhoun, Pam McElmeel, le Sparkle Sisters, Pat Daunt, Ginty Furmage, Ev Goodall, Betsy Crary, Maggie Lawrence, Susan Hoch, Carl Schoenbeck, il presidente Robert Holst e Connie Strohschein.

Siamo in debito con le seguenti persone per aver letto il manoscritto e averci offerto i loro preziosi suggerimenti: Dick Lundy, Kelly Donaldson, Joan Comeau, Beverly Cuevas, Suzanne Rogers, Wendy Bertony, Gill Samuel, Kris Jacobson, Melinda Creed, Kristin Croteau, Marilyn Sackariason, Susan Courtney, Nancy Gonzalez, Todd Nichols del Family Attachment Center del Minnesota, Melissa Wendorf, Tish Poserina, Ulla Kuleoea, Marion Mowrooz, Kaye Centers, Susan Farmer, Sue Johnson, Diane Wagenhals, Claire Williams, Steve Morgan, Barbara Schoenbeck, Michael Walcheski e Marylyn Reineck.

Siamo grati alle persone che stiamo per nominare, per aver messo a disposizione le loro storie, raccontate in questo libro (sono stati modificati solo i nomi): Kay Lagerquist, Paula Pugh, Shirley Nyberg, Susan Makepeace, Kathleen Anderson, Fanita English, Drew Lenore Betz, Jane Legwald, Leanne M. Sponsel, Bruce

Kidd, Kathy Morris, Sissy Hessler, Carol Carper, Mary Ann Walters, Valerie Redman, Robin Brooks, Maren Noyes, Rosie Cunningham, Karen Bradley, Beth McComb, Eileen Piersa, Kaara Ettesvold e Carole Gesme.

Ringraziamo gli assistenti alla ricerca Kimberly Clary, Jessa Walters, Heather Dyslin e Megan Morgart, che hanno offerto il loro aiuto inestimabile nella raccolta dei dati e hanno contribuito alla realizzazione del progetto sull'eccessiva indulgenza.

Il supporto tecnico e informatico è stato offerto da Eric LaMott, Mark Schuler, Jason Moran e Reagan Hicks.

Da parte di Connie Dawson

Sono grata alla mia famiglia per avermi spinta a cambiare e a riconoscere i cambiamenti che ho fatto. La mia riconoscenza va a Tom, Mary Claire, Charles e i loro compagni, e ai nipoti Anya, David, Elly, Sean, Tom, Emma, Tina, Lily Beth, e ad Aneta Engelbrecht Goodridge.

Da parte di Jean Illsley Clarke

I membri della mia famiglia hanno contribuito più di quanto immaginino. Mille grazie a Dick, Marc, Jennifer, Wade e Amy Clarke, Gary Rowland, e soprattutto ai nipoti Gressa, Freya, Disa, Adelaide, Katherine e Alex.

Da parte di David Bredehoft

Grazie a tutta la mia famiglia per essersi interessata a questo progetto e avermi offerto il suo affettuoso sostegno durante l'intero viaggio: Elsie Bredehoft, Mark Bredehoft, Bev Watson, Jennifer Bredehoft, John Bredehoft, Linda Bredehoft, Michael e Joey Bredehoft, Barbara Tanner, Linda Bethane, Gene Shepherd, Opal Shepherd, Debbie Shepherd, Geoff Gregg, Tyler e Jake Gregg, e Rachel, Chuck e Anne Gregg. E, soprattutto, un grazie davvero speciale a mia moglie Adena Shepherd Bredehoft per la sua comprensione e il suo amore.

Un ringraziamento particolare al nostro agente Scott Edelstein per aver creduto in questo libro e avergli trovato un editore, alla nostra editor Sue McCloskey per la sua lungimiranza e il suo incoraggiamento, e Athalie Terry per il suo sostegno quotidiano, che ha reso possibile la realizzazione di questo libro.

Note

INTRODUZIONE
CHE COSA SI INTENDE PER ECCESSIVA INDULGENZA

[1] I tre studi che fanno parte del progetto di ricerca sull'eccessiva indulgenza: Studio I, *Perceptions Attributed by Adults to Parental Overindulgence During Childhood*, di David J. Bredehoft, Sheryll A. Mennicke, Alisa M. Potter, Jean Illsley Clarke, 1998; Studio II: *Overindulgence, Personality and Family Interaction among College Students*, di David J. Bredehoft, Jean Illsley Clarke, Connie Dawson, 2000; Studio III: *Overindulgence, Personality and Family Interaction and Parental Locus of Control* di David J. Bredehoft, Jean Illsley Clarke, Connie Dawson, 2001. Per ulteriori informazioni su questo progetto si rimanda all'Appendice D.

1. QUANDO È TROPPO È TROPPO

[1] Studio I. La tabella «Come definisce la sua infanzia chi è stato trattato con eccessiva indulgenza» è stata riprodotta con il consenso degli autori e degli editori di: Bredehoft/Mennicke/Potter/Clarke, *Perceptions Attributed by Adults to Parental Overindulgence During Childhood*, «Journal of Family and Consumer Sciences Education» 1998, 16(2), 3-17, © 1998 «Journal of Family and Consumer Sciences Education».
[2] Sintesi delle risposte raccolte nello Studio I.
[3] Indicatori di un comportamento troppo indulgente riportati con il consenso degli autori. © 2002 David J. Bredehoft, Jean Illsley Clarke e Connie Dawson.
[4] Studio I e II.
[5] «Minneapolis Star Tribune», cronaca di una rapina in banca pubblicata sul quotidiano.

2. COM'È VIZIATO QUEL BAMBINO!

[1] Studio I, II e III.

3. CHE COSA C'È DI SBAGLIATO?

[1] Sarebbe opportuno scoprire se Damian soffre di una condizione organica (difficoltà di concentrazione, difficoltà di apprendimento ecc.) che influisce sulla sua capacità di eseguire i compiti assegnati.

4. PRENDINE ANCORA

[1] *Troppe cose* (orig.: *Stuff*) è stata scritta da alcuni partecipanti allo studio II.
[2] Le cinque affermazioni sono riportate con il consenso degli autori. © 2002 David J. Bredehoft, Jean Illsley Clarke e Connie Dawson.

5. VOGLIO QUALCOSA CON CUI GIOCARE

[1] Studio II.
[2] David Walsh, National Institute on Media and the Family (Minneapolis, USA). Copie di *Media Wise* sono disponibili all'indirizzo www.mediafamily.org.
[3] Si ringrazia Rosie Cunningham per aver condiviso la sua poesia.

6. NON HO NIENTE DA METTERMI

[1] Studio II. Le prime due affermazioni sono state riportate con il consenso degli autori da A.N. Wiseman e A.T. Beck, *Development and Validation of the Dysfunctional Attitude Scale: A Preliminary Investigation,* documento presentato all'incontro dell'American Education Research Association, Toronto (Canada), 1978. © A.N. Wiseman e A.T. Beck 1978.

7. COSÌ TANTO DA FARE, COSÌ POCO TEMPO

[1] Studio I.
[2] Brad Steinfield come da citazione riportata nell'articolo di Nina Rogozen e Patricia Bailey, *Shedding Light on Mental Illness in Children*, North West Health, inverno 2002.
[3] David Walsh, National Institute on Media and the Family (cit.).

8. QUANDO DIRE "BASTA"

[1] Studio I.
[2] Si ringraziano Kaara Ettesvold e Ksenia Weisz per aver condiviso con noi questa storia.

[3] La somma delle percentuali dello Studio I non dà 100 perché sono stati fatti degli arrotondamenti.
[4] Si ringrazia Sandy Keiser per aver condiviso con noi questo augurio.

9. PER TE VOGLIO IL MEGLIO

[1] Studi I, II, III. Le affermazioni sono riportate con il consenso degli autori. © David J. Bredehoft, Jean Illsley Clarke e Connie Dawson.

10. LO FACCIO IO PER TE

[1] Alison Gopnik - Andrew N. Meltzoff, - Patricia K. Kuhl, *The Scientist in the Crib: What Early Learning Tells Us About the Mind*, Harper Perennial, New York 2000.
[2] Elizabeth Crary, *Pick Up Your Socks... And Other Skills Growing Children Need!* Parenting Press, Seattle 1990.
[3] Studio III.
[4] Carol S. Pearson, *Awakening the Heroes Within*, Harper, San Francisco 1991.
[5] Studi I, II.

11. UN AMORE SOFFOCANTE

[1] Studio I.
[2] Fra gli esperti di salute mentale il termine *narcisismo* viene utilizzato per indicare la diagnosi di un disturbo narcisistico della personalità. La gente comune in genere attribuisce questo termine a soggetti egocentrici che pensano soltanto a sé. Stephanie Donaldson-Pressman e Robert M. Pressman in *The Narcissistic Family* (Jossey-Bass, San Francisco 1994), definiscono la famiglia in questione come un nucleo in cui «le necessità dei genitori sembrano avere la precedenza su quelle dei figli». Aggiungono: «... Il narcisismo implica un accentramento su se stessi, la mancanza di attenzioni genuine verso l'altro, una certa superficialità, la preoccupazione per le apparenze, frivolezza, distacco, e l'indisponibilità a stringere legami forti o a dare troppo». I Pressman fanno notare che, quando ci si riferisce a una persona della quale si tende a dire che «pensa solo a se stesso», l'osservatore potrebbe «confondere il narcisismo con il solipsismo, la tendenza a pensare a se stessi come all'unica cosa che esiste, che si conosce o che ha importanza».
[3] Studio III.

12. IL PRINCIPINO E LA PRINCIPESSA

[1] Da una ricerca del Center for a New American Dream, riportata su «The Christian Science Monitor», 7/8/2002.

13. UN MONDO DI DIVERTIMENTI

[1] Studio II. Le affermazioni tratte dalla Scala dell'autostima di Rosenberg sono riprodotte con il consenso della Morris Rosenberg Foundation da: www.bsos.umd.edu/socy/Rosenberg.html. © Morris Rosenberg Foundation 2003.

14. LA STRADA DELL'EDUCAZIONE

[1] Si ringrazia Jim Jump di Kalamazoo (Michigan) per la metafora dell'educazione come strada.
[2] Studio I.
[3] Studio I.

15. UNA STRUTTURA PERMISSIVA

[1] Dalla homepage del sistema di *Juvenile Probation* della contea di Porter, *Overindulgence Danger*, dalla *Guide to Parenting* di John Rosemond.
[2] Studi II, III.

16. CHI TI HA FATTO DA SCHIAVO LA SETTIMANA SCORSA?

[1] Studio I.
[2] Studio II. Le prime due affermazioni sono riportate con il consenso degli autori da A.N. Wiseman e A.T. Beck, *Development and Validation of the Dysfunctional Attitude Scale: A Preliminary Investigation* (cit.).
[3] Marty Rossman, *Involving Children in Household Tasks: Is It Worth the Effort?* «Works Research», Università di Minnesota, College of Education Human Development, 2002.
[4] Martha Irvine, *Parent Nagging the Norm for Many Kids*, «Seattle Post-Intelligencer», Associated Press, 18/6/2002.
[5] Questo accade in particolare se il bambino ha motivo di non fidarsi delle capacità del genitore di controllare la situazione in modo corretto e sicuro. Vedi Terry M. Levy e Michael Orlans, *Attachment, Trauma and Healing*, Child Welfare League of America Press, 1998.
[6] Foster Cline - Jim Fay, *Parenting with Love and Logic, Teaching Children Responsibility*, Pinion Press, Colorado Springs 1990.

17. NON C'È BISOGNO CHE TU LO FACCIA

[1] A cura di Dean E. Murphy, del «Los Angeles Times», pubblicato sul «Seattle Times» del 4/10/1999.
[2] Studio I.
[3] Studio II. Le affermazioni sono riprodotte con il consenso degli autori da A.N. Wiseman e A.T. Beck, *Development and Validation of the Dysfunctional Attitude Scale: A Preliminary Investigation,* op. cit.

18. BASTA REGOLE!

[1] Studio II. Le affermazioni sono riprodotte con il consenso degli autori da A.N. Wiseman e A.T. Beck, *Development and Validation of the Dysfunctional Attitude Scale: A Preliminary Investigation,* op. cit.
[2] Studio III.
[3] Da una comunicazione personale, 13/8/2001.
[4] *What's new in research: parental disapproval helps prevent smoking.* Lettera sul comportamento infantile e adolescenziale dell'Università di Brown, gennaio 2002.
[5] *Bottom Line Newsletter,* Casella Postale 735, Springfield, NJ 07081, USA.

19. FA' COME VUOI

[1] «The Christian Science Monitor», 4/9/2001, versione universitaria di *Stop and smell the roses* di Mark Clayton.
[2] La terza affermazione è riportata con il consenso degli autori da A.N. Wiseman e A.T. Beck, *Development and Validation of the Dysfunctional Attitude Scale: A Preliminary Investigation,* op. cit.
[3] Diana Baumrind, *Rejoinder to Lewis's Reinterpretation of Parental Firm Control Effects: Are Authoritative Families Really Harmonious?,* «Psychological Bulletin», 94, 1983, pp. 132-142); Diana Baumrind, *Parenting Styles and Adolescent Development*, in J. Brooks-Gunn - R. Lerner - A.C. Petersen (cur.), *The Encyclopedia of Adolescence*, pp. 758-772, Garland, New York 1991.

22. FA' DI ME IL TUO LEADER

[1] Martha Farrel Erickson, *Creating a Culture for Healthy Marriage,* «American Experiment Quarterly», estate 2001, IV, 2.

23. NON LO FARÒ MAI!

[1] Studio III.
[2] Le affermazioni riportate sono riprodotte con il consenso degli autori da L.K. Campis - R.D. Lyman - S. Prentice-Dunn, *The Parental Locus of Control Scale: Development and Validation,* «Journal of Clinical Child Psychology» 1986, 15(3), 260-67. © L.K. Campis, R.D. Lyman e S. Prentice-Dunn 1986.
[3] Studio III. Le affermazioni riportate sono riprodotte con il consenso degli autori da L.K. Campis - R.D. Lyman - S. Prentice-Dunn, *The Parental Locus of Control Scale: Development and Validation,* «Journal of Clinical Child Psychology» 1986, 15(3), 260-67. © L.K. Campis, R.D. Lyman e S. Prentice-Dunn 1986..
[4] Studio III. Le affermazioni riportate sono riprodotte con il consenso degli autori da L.K. Campis - R.D. Lyman - S. Prentice-Dunn, *The Parental Locus of Control Scale: Development and Validation,* «Journal of Clinical Child Psychology» 1986, 15(3), 260-67. © L.K. Campis, R.D. Lyman e S. Prentice-Dunn 1986.

[5] Affermazioni riportate con il consenso degli autori da L.K. Campis - R.D. Lyman - S. Prentice-Dunn, *The Parental Locus of Control Scale: Development and Validation,* «Journal of Clinical Child Psychology» 1986, 15(3), 260-67. © L.K. Campis, R.D. Lyman e S. Prentice-Dunn 1986.

25. I PERICOLI FUORI CASA

[1] Pezzo giornalistico apparso sulla «Minneapolis Star Tribune» del 3/4/1994 con il titolo *Gli studenti dell'accademia navale apprendono la dura lezione dell'onore*.

[3] Studio III.

[4] Pearson, Carol S. *Awakening the Heroes Within.* San Francisco: Harper San-Francisco, 1991.

[5] Studi I, II.

Bibliografia

Ashner, Laurie - Meyerson, Mitch, *When Is Enough, Enough? What You Can Do If You Never Feel Satisfied*, Hazelden, Center City 1996.

Baylor, Byrd, *The Table Where Rich People Sit*, Aladdin Paperbacks, New York 1994.

Bianco, Margery Williams, *The Velveteen Rabbit*, Camelot 1996.

Berne, Eric, *The Structure and Dynamics of Organizations and Groups*, Grove Press, New York 1963.

Bloom, Benjamin S. (cur.), *Developing Talent in Young People*, Ballantine Books, New York 1985.

Bosch, Carl W., *Bully on the Bus*, Parenting Press, Seattle 1988.

Chapman, Gary - Campbell, Ross, *The Five Love Languages of Children*, Northfield Publishing, Chicago 1997.

Childs-Gowell, Elaine, *Good Grief Rituals*, Station Hill Press, New York 1992.

Clarke, Jean Illsley, *Connections: The Threads That Strengthen Families*, Hazelden, Center City 1999.

—, *Time-In: When Time-Out Doesn't Work*, Parenting Press, Seattle 1999.

—, *Self-Esteem: A Family Affair*, Hazelden, Center City 1978.

Clarke, Jean Illsley - Dawson, Connie, *Growing Up Again, Parenting Ourselves, Parenting Our Children*, Hazelden, Center City 1998.

Cline, Foster - Fay, Jim, *Parenting with Love and Logic*, Pinon Press, Colorado Springs 1990.

Coles, Robert, *Privileged Ones: The Well-Off and Rich in America*, «Children of Crisis», V, Little, Brown & Co., Boston 1980.

Crary, Elizabeth, *Pick Up Your Socks*, Parenting Press, Seattle 1990.

Curran, Dolores, *Tired of Arguing With Your Kids: Wisdom from Parents Who Have Been There*, Family Information Services, Minneapolis 1999.

De Gaetano, Gloria - Bander, Kathleen, *Screen Smarts: A Family Guide to Media Literacy*, Houghton Mifflin Co., New York 1996.

Doherty, William J., *The Intentional Family: How to Build Family Ties in Our Modern World*, Addison-Wesley Publishing Co., Reading 1997.

—, *Take Back Your Kids: Confident Parenting in Turbulent Times*, Sorin Books, Notre Dame 2000.
Elkind, David, *The Hurried Child: Growing Up Too Fast Too Soon*, Addison-Wesley Publishing Co., Reading 1981.
Estess, Patricia Schiff, *Kids, Money and Values*, Betterway Books, Cincinnati 1994.
Gallo, Jon ed Eileen, *Silver Spoon Kids*, Contemporary Books, Chicago 2002.
Giannetti, Charlene C. - Sagarese, Margaret, *Cliques: 8 Steps to Help Your Child Survive the Social Jungle*, Broadway Books, New York 2001.
Goldin, Barbara Diamond, *Just Enough Is Plenty: A Hanukkah Tale*, Viking Kestrel, New York 1988.
Goleman, Daniel, *Emotional Intelligence*, Bantam Books, New York 1997.
Gopnik, Alison - Meltzoff, Andrew N. - Kuhl, Patricia K., *The Scientist in the Crib: Minds, Brains, and How Children Learn*, William Morrow and Company, New York 1999.
Gossen, Diane Chelsom, *Restitution: Restructuring School Discipline*, New View Publications, Chapel Hill 1996.
Gottman, John, *Raising an Emotionally Intelligent Child*, Fireside Books, New York 1997.
Gray, Deborah, *Attachment in Adoption*, Perspectives Press, Indianapolis 2002.
Hammerseng, Kathryn M., *Telling Isn't Tattling*, Parenting Press, Seattle 1995.
Heath, Harriet, *Using Your Values to Raise Your Child to Be an Adult You Admire*, Parenting Press, Seattle 2000.
Jones, Elizabeth - Reynolds, Gretchen, *The Play's the Thing: Teachers' Roles in Children's Play*, Teachers College Press, New York 1992.
Kanyer, Laurie, *25 Things To Do When Grandpa Passes Away, Mom and Dad Get Divorced, or the Dog Dies*, Parenting Press, Seattle 2003.
Kiyosaki, Robert T. - Lechter, Sharon L., *Rich Dad, Poor Dad: What the Rich Teach Their Kids About Money That the Poor and Middle-Class Do Not*, Tech Press, Paradise Valley 1998.
McDonell, Nick, *Twelve*, Grove Press, New York 2002.
O'Neill, Jessie H., *The Golden Ghetto, the Psychology of Affluence*, Hazelden, Center City 1997.
Pert, Candace B., *Molecules of Emotion: The Science Behind Mind Body Medicine*, Simon & Schuster, New York 1997.
Pollock, David C. - Van Reken, Ruth E., *Third Culture Kids*, Nicholas Brealey Intercultural Press, Inc., Boston 2001.
Simons, Laurie, *Taking "No" for an Answer*, Parenting Press, Seattle 2000.
Sprinkle, Patricia H., *Children Who Do Too Little: Why Your Kids Need to Work Around the House (and how to get them to do it)*, Zondervan Publishing House, Grand Rapids 1996.
Ury, William, *The Third Side*, Penguin Books, New York 2000.
Walsh, David, *Dr. Dave's Cyberhood*, Fireside Books, New York 2001.

Indice analitico